베트남 한자음과 중국어 역사 음운학

이 저서는 2022년 대한민국 교육부와 한국연구재단의 지원을 받아 수행된 연구임
(NRF-2022S1A5B5A16052734).

베트남 한자음과 중국어 역사 음운학

김태경 지음

學古房

서 문

베트남 한자음은 중국어의 음운 변천사를 연구하는 독자들이라면 누구나 한두 번쯤은 참고 자료로 인용한 경험이 있을 것이다. 베트남 한자음에는 위진魏晉 이전의 한대漢代 한자음, 당대唐代를 전후한 시기의 한자음, 그 이후의 한자음이 고스란히 보존되어 있다. 따라서 베트남 한자음은 중국어 음운 변천의 역사를 연구하는 데 없어서는 안 될 귀중한 자료이다. 베트남에서는 현재 베트남어를 기록하는 수단으로 라틴 문자가 사용된다. 그런데 라틴 문자는 언어마다 그 음이 다르다. 예를 들면 영어의 알파벳 d와 베트남 문자 đ는 그 음이 매우 다르다. 이러한 사실을 모른 채 베트남 문자로 표기된 한자음을 인용하면 크고 작은 오류를 범하기 쉽다. 따라서 중국어 역사 음운학을 공부하며 베트남 한자음을 참고하려는 연구자라면 먼저 베트남 문자 체계에 대한 기초 지식을 반드시 갖추어야 한다.

그러므로 본서의 제1편에서는 먼저 베트남에서 사용되는 문자 체계와 베트남어의 음운체계에 대해 간략하게 기술한 후, 당대를 전후한 시기의 중국어, 즉 중고中古 중국어의 음운체계에 관해서 핵심 내용을 간추려 정리했다. 또한 베트남 한자음과 중국 한자음을 비교한 후, 그 결과에 근거해 선행 연구자들이 재구성한 중고 중국어의 운모 체계를 조금 수정해 보았다. 제2편에서는 상고上古 중국어 음운체계의 재구성 과정을 한대 베트남 한자음을 활용해 독자들이 알기 쉽게 풀이했고, 한대 이후 중국어 음운체계에 발생한 변화에 대해서도 간략하게 기술했으며, 베트남 한자음의 성조 체계를 토대로 성조의 기원에 관한 학설을 검토해 보았다.

읽기 편하도록 개별 한자를 예로 들 때는 한자를 먼저 쓰고 그 뒤에 한글 독음을 표기했고, 운韻의 명칭과 같은 고유 명사가 처음 나올 때는 일반 명사의 표기와 같이 한글을 먼저 쓰고 한자를 뒤에 표기했다. 중국어 한글 표기는 기본적으로 엄익상(2002) 표기법을 따랐다. 다만 베이징北京과 같이 공식적으로 사용되는 명칭은 공식 명칭을 사용했다. 또한 인명 표기에 쓰인 白도 '바이'로 옮겼다.

끝으로 이 책의 출판을 위해 도와주신 출판사 관계자 여러분과 귀중한 시간을 내어 교정을 봐준 서미령, 이경희 두 분 선생님께도 감사드린다. 또한 필자의 음운학 스승이셨던 최영애 선생님과 엄익상 선생님께도 깊이 감사드린다. 이 책이 중국어 역사 음운학을 공부하는 연구자들에게 조금이나마 도움이 되기를 간절히 소망한다.

2025년 12월

김태경

Contents

제1편 베트남 한자음과 중고 중국어

제2편 상고 중국어의 음운체계

제 1 편 베트남 한자음과 중고 중국어

베트남 한자음은 한대漢代 중국어의 음운체계를 반영한 한자음부터 당대唐代를 전후한 시기의 중국어를 반영한 한자음 및 그 이후의 중국어를 반영한 한자음 등으로 시기별로 나뉜다. 이 가운데 당대를 전후한 시기의 한자음(Sino-Vietnamese), 즉 중고中古 중국어를 반영한 한자음이 주를 이룬다. 그러나 위진魏晉 이전의 음을 나타내는 한대 한자음(Old Sino-Vietnamese)도 상당수 남아있어 베트남 한자음을 통해 상고上古 중국어와 중고 중국어의 특징을 함께 파악할 수 있다. 베트남 한자음과 중국 한자음을 비교하려면, 먼저 베트남 문자를 읽을 줄 알아야 한다. 따라서 본 편에서는 베트남 문자와 베트남어의 음운체계에 대해 알아보고 베트남 한자음을 중고 중국어의 음운체계와 비교해 본다.

01 베트남어의 음운체계

베트남어를 기록하는 데 쓰이는 베트남 문자를 통해 베트남어의 음운체계를 살펴본다. 현재 베트남에서 사용되는 문자, 쯔꾸옥응으(chữ quốc ngữ, 字國語)는 17세기 프랑스 선교사 알렉상드르 드 로드(Alexandre De Rhodes)[1]가 고안한 것에서 비롯했다. 그러나 포르투갈의 가톨릭 선교사들이 16세기부터 베트남어를 로마자로 표기하기 시작했고, 포르투갈어의 로마자 표기와 베트남 문자의 표기가 비슷한 것으로 보아[2] 알렉상드르는 포르투갈 선교사들이 전부터 쓰던 것을 참조해 정리한 것으로 보인다.

1.1 자음

베트남어도 한국어와 마찬가지로 하나의 모음만으로 이루어진 개음절도 있고 자음과 모음으로 이루어진 개음절도 있으며, 모음 뒤에 자음

1) 알렉상드르는 1620년에 하노이에 부임하여 10년간 베트남 왕궁에서 근무하며 베트남어와 문화를 익혔다고 전해진다. 이때 "베트남어의 로마자 표기법"을 고안했는데, 이 체계가 현 베트남 문자로 연결된다. 1624년에는 동인도제도로 파견되었고, 1627년에는 북 베트남 통킹 등을 여행하며 그곳에서 1630년까지 머물렀다. 1630년부터 베트남에서 로마 가톨릭교회 신앙을 금지하고 박해하자 마카오에서 10년을 지낸 후 다시 베트남 남부에 입국했고, 1649년 로마로 갔다가 1660년 페르시아로 파견된 후 이스파한에서 향년 69세로 사망했다. 1951년 로마에서 『베트남어-라틴어-포르투갈어 사전』을 편찬했다(『위키백과』).

2) 예를 들면 'nha'는 베트남어와 포르투갈어에서 똑같이 '냐'로 읽힌다.

이 오는 폐음절도 있다. 음절을 나타내는 나무 그림인 〈그림 1-1〉을 보면, 음절은 크게 두음과 각운으로 나뉘는데, 두음은 자음으로 구성되고 각운은 다시 모음 핵과 자음으로 된 말음으로 나뉜다. 두음과 말음으로는 언어에 따라 하나의 자음만 쓰일 수도 있고 두 개 이상의 자음군이 쓰일 수도 있다. 또한 모음 핵으로는 단모음뿐 아니라 이중모음, 삼중모음이 쓰일 수도 있다.

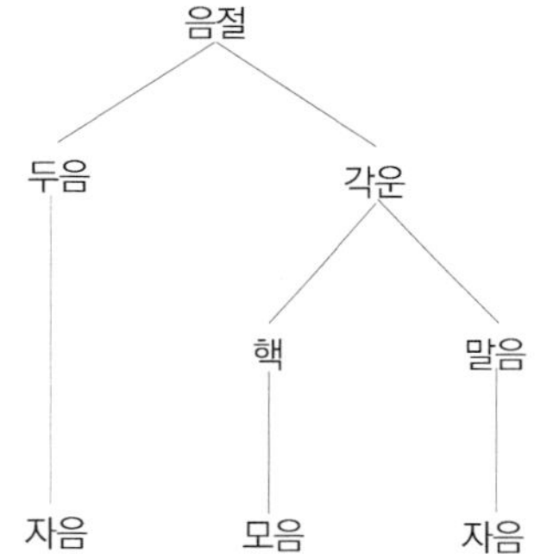

〈그림 1-1〉 음절 구조

영어에서는 spring, fast와 같이 두음과 말음에 자음군이 쓰일 수 있다. 그러나 현대 베트남어에서는 두음과 말음에 자음군이 쓰이지 않는다.

베트남어에서 두음을 표기하는 데 쓰이는 자음으로는 b, c, ch, d, đ, g, gh, gi, h, k, kh, l, m, n, ng, ngh, nh, p, ph, q, r, s, t, th, tr, v, x의 27가지 문자가 사용되는데, 27가지 문자 모두 하나의 자음만을 나타낼 뿐 두 가지 이상의 음을 나타내는 것은 아니다. 예를 들면 tr[c]는 어두자음군이 아니다. 27가지 자음 가운데 p는 어두 자음으로 거의 사용되지 않고 주로 고유 명사나 외래어의 표기에 제한적으로 사용된다. 그런데 두음으로 쓰이는 이 27가지 자음이 제각각 다른 음을 나타낸다면 두음에만 27개의 음이 존재하겠지만, 실제로는 그렇지 않다. c, k, q는 모두 하나의 음 [k]를 나타낸다. 또한 g와 gh는 유성의 연구개 마찰음인 [ɣ]이고, ng와 ngh는 연구개 비음 [ŋ]이다. 한국어, 영어, 중국어에서는 [ŋ]이 어말 자음으로만 쓰이는데, 베트남어에서는 두음으로도 쓰인다.

두음에 쓰이는 27가지 문자 가운데 ch, c, m, n, nh, ng, p, t의 8개 문자는 어말 자음으로도 쓰인다. 베트남어의 자음을 국제 음성 문자(IPA)로 표기하면 다음과 같다.

〈표 1-1〉 베트남어의 자음

	양순음	순치음	치조음	치조 경구개음	권설음	경구개음	연구개음	성문음
파열음	p[p]		t[t] th[tʰ]				c/k/q[k]	
내파음	b[ɓ]		đ[ɗ]					
비음	m[m]		n[n]			nh[ɲ]	ng/ngh[ŋ]	
파찰음				ch[ʨ]		tr[c]		
마찰음 무성		ph[f]	x[s]		s[ʂ]		kh[x]	h[h]
마찰음 유성		v[v]	d/gi/r[z]	d/gi/r[ʑ]			g/gh[ɣ]	
유음			l[l]					
접근음			(r[ɹ])			(d/gi[j])		

자음은 조음 위치와 조음 방식에 따라 분류된다. 조음 위치에 따라 분류된 자음으로는 양순음, 순치음, 치조음, 치조경구개음, 경구개음, 연구개음, 성문음 등이 있다. 파열음, 파찰음, 마찰음, 유음, 접근음, 권설음 등은 조음 방식에 따라 분류된 자음이다. 또한 유성음과 무성음, 유기음과 무기음도 조음 방식에 따라 분류된 자음이다.

1. 조음 위치에 따른 분류

(1) 양순음(bilabial)

양순음은 윗입술과 아랫입술이 맞닿아 나는 소리로 한국어의 ㅂ, ㅃ, ㅍ, ㅁ이 해당한다. 베트남어의 양순음으로는 p[p], b[ɓ], m[m]가 있는데, p는 주로 말음으로 쓰이고, 어두 자음으로 쓰일 때는 고유 명사나 외래어의 표기에 제한적으로 사용된다. b, m 모두 발음할 때 성대의 진동이 수반되는 유성음으로, m은 영어의 m과 같지만, b는 영어의 유성 파열음 [b]와는 조금 다른 유성 내파음內破音 [ɓ]로 읽힌다. 파열음은 조음 기관이 완전히 폐쇄되었다가 파열되면서 나는 음성인데, 파열음을 발음할 때는 폐쇄 단계, 지속 단계, 파열 단계를 거친다. 그런데 내파음은 파열 단계를 거치지 않은 채 발음된다. 우리말에서는 '목', '입'의 종성과 같이 어말 자음으로 쓰이는 폐쇄음이 파열 단계가 생략된 내파음으로 읽힌다.

(2) 순치음(labiodental)

순치음은 아랫입술이 윗니에 닿아 나는 소리로 한국어에는 없는 음성이다. 영어와 베트남어에는 순치음으로 [f]와 [v]가 있고, 현대 표준 중국어에도 순치음 [f]가 있다. 베트남 문자 ph가 성대를 진동시키지 않고 내는 무성의 마찰음인 [f]이고, v는 성대의 진동이 수반되는 유성의 마찰음 [v]이다. 마찰음은 조음 기관이 완전히 붙지 않고 아주 가깝게 좁혀진 상태에서 마찰이 생기며 나는 음성이다.

(3) 치조음(alveolar)

치조음은 혀끝을 치조에 붙이거나 가깝게 접근시켜 내는 소리이다. 한국어의 ㄴ, ㄷ, ㄸ, ㅌ, ㄹ, ㅅ 등이 해당한다. 베트남어에는 치조음이 많다. t[t], th[tʰ], đ[ɗ], n[n], l[l], x[s], gi[z] 등이 있다. t와 th는 둘 다 조음 위치가 같은 무성의 파열음으로, t가 무기음, th가 유기음이라는 것만 다르다. 유기음은 음성을 발음할 때 발음 기관이 열리면서 공기가 강하게 빠져나오는 음을 가리키고, 무기음은 상대적으로 공기가 약하게 빠져나오는 음을 가리킨다. 베트남어의 t는 한국어의 ㄸ, th는 ㅌ에 해당한다. 베트남어에는 t, th와 조음 위치가 같은 유성음 đ도 있다. 그런데 đ는 영어의 유성 파열음 [d]와는 조금 다른 유성 내파음 [ɗ]로 읽힌다. 또한 n은 한국어 ㄴ에 해당하는 비음이고, l은 한국어의 ㄹ에 해당하는데, ㄹ은 유음流音 또는 설측음舌側音이라고도 불린다.

베트남 문자 x는 국제 음성 문자 [x]와 표기가 같아 혼동하기 쉽지만, 실제 음가는 무성의 마찰음 [s]이다. 베트남 문자 d, gi, r은 현재 북부 방언에서 모두 [z]로 읽히는데, [z]는 [s]와 조음 위치가 같은 유성의 마찰음이다. 베트남은 북부지역의 발음과 중·남부지역의 발음이 상당히 차이가 난다. 〈표 1-1〉을 보면 괄호 안에 표기된 음이 남부지역에서 사용되는 음이다. 북부 방언에서는 d, gi, r이 모두 [z] 또는 [ʑ]로 발음되지만, 남부 방언에서는 d, gi가 [j]로 발음되고 r는 [ɹ]로 읽힌다.

(4) 치조경구개음(palato-alveolar, post-alveolar)

치조경구개음은 치조와 경구개의 접경 부분에 혀의 앞면을 접근시켜 내는 소리이다. 베트남 문자 d, gi, r을 치조음 [z]보다 치조경구개음 [ʑ]에 가깝게 읽는 화자話者들도 있다. 한국어의 ㅈ, ㅉ, ㅊ 등이 치조경구개음에 해당하는데, 베트남 문자 ch[tɕ]가 한국어의 ㅉ으로 읽힌다. 북부 베트남에서는 tr도 ch와 똑같이 [tɕ]로 읽는 화자들이 많다.

한국어에서는 다른 언어에서는 구분하지 않는 예사소리와 된소리를 구분한다. 예를 들면 ㄷ, ㅌ, ㄸ에서 ㄷ은 예사소리로 [t]로 표기된다면 ㅌ은 거센소리, 즉 유기음으로 [tʰ]에 해당한다. 그런데 된소리인 ㄸ을 표기하는 국제 음성 문자가 없다. 베트남어에서 t는 한국어의 된소리 ㄸ으로 발음되는데, 굳이 된소리 표기를 하지 않아도 된다. 한국어의 ㄷ처럼 발음되는 예사소리가 없기 때문이다. 중국어의 발음 부호인 한어병음자모漢語拼音字母의 g는 한국어로 예사소리인 ㄱ 또는 된소리인 ㄲ으로 발음되고 d도 ㄷ 또는 ㄸ으로 발음된다.3) 그러나 중국어에서 두 말소리는 음소가 아닌 변이음이므로 굳이 된소리 표기를 사용하지 않아도 된다. ㅈ, ㅉ, ㅊ도 마찬가지로 ㅈ이 [tɕ]라면 ㅊ은 [tɕʰ]로 표기할 수 있지만, ㅉ을 표기할 수 있는 국제 음성 문자는 없다. 그러나 베트남어에서는 ㅈ, ㅉ을 구분해서 표기하지 않아도 되므로, ch는 우리말 ㅉ에 해당하지만 [tɕ]로 표기할 수 있다.4)

(5) 권설음(retroflex)

권설음은 혀끝을 치조 돌기의 뒷부분에 가까이 접근시켜 내는 소리이다. 한국어에는 권설음이 없다. 베트남어의 s가 권설음 [ʂ]인데, 북부 지역 사람들은 s를 더 이상 권설음으로 발음하지 않고 x[s]처럼 읽는다고 한다. 권설음은 조음 방식에 따라 지어진 용어이므로 조음 방식에 따른 분류에서 한 번 더 살펴볼 것이다.

---

3) 예를 들면 哥哥(gēge)에서 첫음절의 초성은 된소리인 ㄲ으로 발음되고 두 번째 음절의 초성은 예사소리인 ㄱ으로 발음되지만, 두 음성은 위치에 따른 변이음으로 단어의 의미를 변화시키는 음소는 아니다. 그러나 '굴'과 '꿀'에서 알 수 있듯이 한국어에서 ㄱ과 ㄲ은 단어의 의미를 변화시키는 음소이다.

4) 『위키백과』에는 된소리를 표기하기 위해 국제 음성 문자 밑에 점 두 개를 찍어 'ㄲ'을 'k̤'로 표기해 놓았다. 요즘 실험음성학에서는 *를 달아 된소리를 표기하기도 한다.

(6) 경구개음(palatal)

한국어 어휘 '힘'을 발음할 때처럼 혀를 경구개 쪽으로 올려서 내는 음성이다. 한국어의 ㅎ은 성문음이지만 'ㅎ' 뒤에 모음 'ㅣ'가 오면 'ㅎ'은 경구개음으로 발음된다. 베트남 문자 tr가 경구개음 [c]이다.[5] [c]는 한국어 'ㅉ'처럼 들리는데, ch보다 후설後舌인 경구개 파열음으로 분류된다. 고대 중국어에서 권설 파열음 *ʈ나 권설 파찰음 *tʂ로 읽혔던 한자가 베트남어에서 주로 tr로 실현되었다. 베트남어의 비음 nh[ɲ]도 경구개음이다. 또한 남부 베트남 지역에서는 d와 gi 역시 경구개음 [j]로 발음되는데, [j]는 조음 기관이 서로 닿지 않고 근접하여 내는 경구개 접근음이다. nh는 ni와 비슷하게 발음되어 집을 의미하는 베트남어 어휘 nhà는 '냐'로 발음된다.[6]

『위키백과』에 베트남 문자 ch의 발음이 [tɕ]뿐 아니라 [c]로도 표기되어 있는데, ch가 어두 자음으로 쓰이면 [tɕ]로 읽히지만, 어말 자음으로 쓰이면 대체로 경구개음 [c]로 읽힌다.

(7) 연구개음(velar)

혀의 뒷부분을 연구개에 대거나 가까이해서 내는 소리이다. 한국어의 ㄱ, ㄲ, ㅋ과 종성 ㅇ이 연구개음이다. 베트남어의 연구개음으로는 c, k, q, ng, ngh, kh, g, gh가 있다. c, k, q는 국제 음성 문자로 표기하면 모두 [k]이고, 한국어의 ㄲ에 해당한다. q는 u와만 결합하고 k는 e, ê, i, y와만 결합하며 c는 u 및 그 밖의 모음과 결합한다. 앞에서 밝힌

5) 『위키백과』에 tr의 음이 [c] 또는 [tʂ]로 소개되어 있는데, 베트남어 화자는 tr를 중국어의 권설음 [tʂ]보다는 경구개음인 [c]에 가깝게 읽는다.
6) 베트남의 유명한 관광지 냐짱(Nha Trang)이 '나트랑'으로 잘못 알려져 있는데, 베트남 문자 nh와 tr을 잘못 읽은 데서 기인한다.

바와 같이 베트남어에서는 [ŋ]이 종성은 물론 초성에도 올 수 있다. ng, ngh가 [ŋ]으로, 뒤에 모음 a, ă, o, ô, ơ, u, ư가 오면 ng으로 표기하고 e, ê, i가 오면 ngh으로 표기한다. g, gh는 연구개 마찰음 [ɣ]인데, ng, ngh와 마찬가지로 g는 모음 a, ă, o, ô, ơ, u, ư와 결합하고 gh는 모음 e, ê, i와 결합하는 것만 다를 뿐 음은 같다. kh는 [x]이며, [x]는 한국어 'ㅎ'[h]보다 조음 위치가 앞쪽인 연구개 마찰음이다. 중국어의 한어병음 자모 h가 [x]이다. kh는 한국어에 없는 음이고 [h]보다 마찰의 강도가 세기 때문에 베트남어를 강의하는 한국인 교사들은 베트남 문자 kh를 종종 'ㅋ[kʰ]'이라고 한다. 북부지역에서는 일부 화자들이 [kʰ]로 발음하기도 하지만, 베트남 사람들은 대부분 kh를 마찰음 [x]로 읽는다. [ɣ]와 [x]는 둘 다 연구개 마찰음이지만 [x]는 무성음이고 [ɣ]는 유성음이다.

(8) 성문음(glottal)

조음 기관인 성문이 폐쇄되었다가 빠르게 열리면서 나는 파열음 [ʔ]와 성문이 좁혀진 상태로 마찰이 생겨 발음되는 마찰음 [h]가 성문음이다. 한국어의 'ㅎ'이 성문음이다. 베트남어도 성문 마찰음 h[h]가 있다.

2. 조음 방식에 따른 분류

(1) 성대의 진동 여부에 따른 분류

발음할 때 성대가 진동하며 나는 소리는 유성음(voiced)이고, 성대의 진동이 수반되지 않은 채 나는 소리는 무성음(unvoiced)이다. 대부분의 언어에서 비음은 유성음으로, 베트남어의 m, n, nh, ng, ngh도 유성음이다. 유음 l[l]도 유성음이고, 양순음 b[ɓ], 치조음 đ[ɗ]도 유성음이다. 순치음 ph[f]는 무성음이고, v는 무성음 ph와 조음 위치와 발음 방식(마찰)이 같은 유성음이다. g, gh[ɣ]는 무성음인 kh[x]와 유무성의 차이만 있는 유성의 연구개 마찰음이다. 또한 gi[z]도 무성음 x[s]와 유무성의 차이만 있는 유성의 치조 마찰음이다.

흔히 비음은 모두 유성음이라고 하지만, 현재 미얀마어에서는 비음과 유음이 무성음과 유성음의 두 갈래로 존재한다. 미얀마어에는 비음 m, n, ɲ, ŋ과 유음 l 외에 m̥, n̥, ɲ̊, ŋ̊, l̥의 무성음이 있다. 무성의 비음은 코에서 기류가 강하게 나오는 유기음有氣音이다. 미얀마어를 오래 배운 학습자는 m̥과 m의 차이에 대해 "m̥은 [hm]으로 [m]을 발음할 때보다 기류가 강하게 나온다"7)고 설명한다. 따라서 비음이 모두 유성음은 아니지만, 유기음은 반드시 무성음이라고 할 수 있다.

(2) 기氣의 유무에 따른 분류

발음할 때 기류가 강하게 빠져나오는 음은 유기음(aspirated), 약하게 빠져나오는 음은 무기음(unaspirated)이다. 무기음無氣音을 글자 그대로 풀이하면 발음할 때 빠져나오는 기류가 없는 음이지만, 발음할 때 기류가 빠져나오지 않는 음은 없다. 다만 유기음에 비해 빠져나오는 기류가 훨씬 적어서 붙여진 명칭이다. 유기음은 국제 음성 문자로 발음기호 오른쪽에 [ʰ]를 붙여 표기한다. 한국어의 ㅋ, ㅌ, ㅍ, ㅊ이 유기음이고, ㄱ, ㄷ, ㅂ, ㅈ은 무기음이다. 중국어에서는 p[pʰ], t[tʰ], k[kʰ], q[ʨʰ], c[ʦʰ], ch[tʂʰ]가 유기음이다. 베트남어에는 유기음이 현저히 적어서 무기음 t[t]에 대응되는 th[tʰ]만 있다.

---

7) 무성의 비음인 m̥의 발음 방식에 대해서는 '언어 평등 × 오르비타 공식 유튜브'의 '미얀마어 첫걸음 준비 학습(2) 자음편'(2020년 4월 23일)을 참조했다.

(3) 기류의 통로에 따른 분류

발음할 때 기류가 입으로 빠져나오는 음은 구강음(oral), 코로 빠져나오는 음은 비강음(nasal)이다. 비강음은 간단히 비음이라고 한다. 한국어에서는 비음인 ㄴ, ㅁ, ㅇ(종성)을 제외한 나머지 자음은 구강음이다. 베트남어에서는 m, n, nh, ng, ngh이 비강음이고, 나머지 자음은 구강음이다.

(4) 발음 방식에 따른 분류

발음할 때 조음 기관이 폐쇄되어 발음되는지 또는 마찰이 생기면서 발음되는지 등 발음이 이루어지는 방식에 따라서도 자음을 분류하는데, 폐쇄음(stop), 마찰음(fricative), 파찰음(affricate), 유음(liquid), 접근음(approximant), 권설음(retroflex) 등으로 구분할 수 있다.

① 폐쇄음: 조음 기관의 어느 부분이 완전히 폐쇄되었다가 파열되면서 나는 음성이다. 파열음(plosive)이라고도 한다. 베트남어의 b[ɓ]와 đ[ɗ], c, q, k[k], t[t], n[n], m[m] 등이 폐쇄음이다. 앞에서 밝혔듯이 파열음을 발음할 때는 폐쇄 단계, 지속 단계, 파열 단계를 거쳐 발음하는데, 베트남어의 b와 đ는 파열 단계를 거치지 않은 채 발음되는 내파음(implosive)이다.

② 마찰음: 조음 기관의 사이가 좁혀진 상태에서 마찰이 생기며 발생하는 소리이다. 베트남어의 ph[f], v[v], x[s], s[ʂ], kh[x], h[h], g[ɣ] 등이 마찰음이다. 베트남 북부 방언에서는 d, gi, r도 마찰음 [z] 또는 [ʑ]로 읽힌다.

③ 파찰음: 한국어의 ㅈ, ㅊ처럼 조음 기관의 어느 부분이 폐쇄되었다가 파열될 때 파열되는 속도가 파열음보다 느려서 결과적으로 마찰이 생기면서 발생하는 소리이다. 다른 언어에 비해 베트남어에는 파찰음

이 적은데, 베트남어의 ch[tɕ]가 파찰음에 해당한다. 앞에서 언급했듯이 북부지역에서는 tr도 ch처럼 읽는 화자들이 많다.

④ 유음: l[l]은 유음(liquid) 또는 설측음(lateral)이라고 불린다. 유음은 l을 발음하면 물 흐르는 소리처럼 들린다고 해서 붙여진 명칭이고, 설측음은 l을 발음하면 기류가 혀의 양옆으로 빠져나간다고 해서 붙여진 명칭이다.

⑤ 접근음: 발음할 때 조음 기관이 마찰음을 발성할 때보다 덜 좁혀진 상태에서 나는 소리이다. d, gi가 베트남의 남부 방언에서는 접근음인 [j]로 발음되고, r는 접근음인 [ɹ]로 발음된다.

⑥ 권설음: 권설음에 대해서는 조음 위치에 따른 분류에서 간략하게 살펴보았다. 권설음을 발음할 때 혀의 위치가 치조경구개음을 발음할 때보다 조금 뒤쪽이어서 흔히 권설음을 치조경구개음과 경구개음 사이에서 발음되는 음으로 분류하고, 국제 음성 문자 표에도 치조경구개음과 경구개음 사이에 권설음을 수록한다. 물론 조음 위치는 치조경구개음과 경구개음 사이이지만, 권설음은 양순음이나 연구개음, 성문음처럼 조음 위치에 따라 정해진 명칭이 아니고 발음 방식에 따라 지어진 명칭이다. 권설음捲舌音을 글자 그대로 풀이하면 혀를 말아서 내는 소리이다. 그러나 실제로 권설음은 혀끝을 올려서 치조 돌기의 뒷부분에 가까이 접근시켜 내는 소리이다. 베트남어의 s[ʂ], 중국어의 zh[tʂ], ch[tʂʰ], sh[ʂ], r[ɹ]가 권설음이다.

1.2 모음

영국의 음성학자 존스(Daniel Jones)는 모음을 발음할 때 입안이 벌어진 정도, 혀의 정점頂點의 위치, 입술의 원순圓脣 정도(입술이 둥근

모양이 되는가 그렇지 않은가)의 세 가지 기준으로 기본 모음사각도(cardinal vowel system)를 만들어 여러 가지 모음을 기술했다. 입안이 벌어진 정도에 따라 고모음과 저모음이 결정되는데 [i], [u]는 고모음, [a], [ɑ]는 저모음이다. 또한 [i], [a]는 발음할 때 혀의 정점의 위치가 입안의 앞쪽인 전설前舌 모음, [u], [ɑ]는 혀의 정점의 위치가 입안의 뒤쪽인 후설後舌 모음이다. 전설 고모음 [i]와 전설 저모음 [a] 사이에 전설 모음 [e]와 [ɛ]가 위치한다. 또 후설 모음 [u]와 [ɑ] 사이에 후설 모음 [o]와 [ɔ]가 위치한다. 이렇게 얻은 8개의 모음을 제1차 기본 모음(primary cardinal vowels)이라고 하는데, 이 가운데 원순 모음은 [u], [o], [ɔ], 평순平脣 모음은 [i], [e], [ɛ], [a], [ɑ]이다. 다음 〈그림 1-2〉에서 왼편이 제1차 기본 모음이다. 제1차 기본 모음의 평순 모음에 대응되는 원순 모음이 있고, 원순 모음에 대응되는 평순 모음이 있는데, 제1차 기본 모음에 대응되는 이 8개의 모음을 제2차 기본 모음(secondary cardinal vowels)이라고 한다. 〈그림 1-2〉에서 [y], [ø], [œ], [ɶ], [ɯ], [ɤ], [ʌ], [ɒ]가 제2차 기본 모음이다. 고모음의 전설과 후설 사이에 평순 모음 [ɨ]와 이에 대응되는 원순 모음 [ʉ]를 설정하면 모두 18개의 기본 모음이 생긴다. 18개의 기본 모음에는 포함되지 않지만, 모음사각도의 중앙에 위치하는 중앙 모음(mid central vowel, schwa) [ə]도 자주 사용되는 음으로, 베트남어에도 있는 모음이다(〈그림 1-3〉 참조).

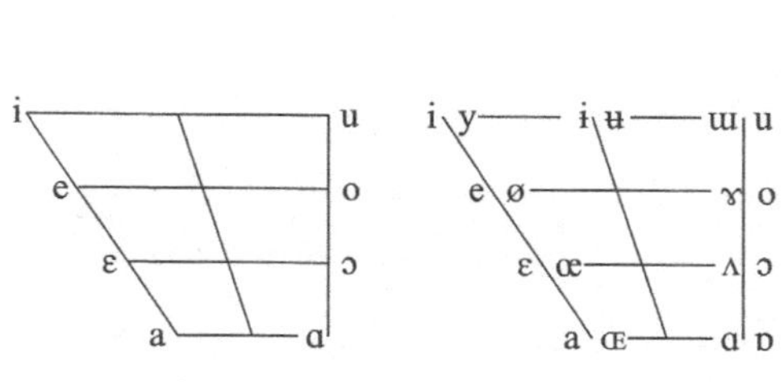

〈그림 1-2〉 모음사각도

음절의 나무 그림에서 모음 핵의 위치에는 단모음이 올 수도 있지만, 이중모음, 삼중모음이 올 수도 있다. 베트남어에는 가장 기본적인 단모음만 해도 a, ă, â, e, ê, i, y, o, ô, ơ, u, ư의 12개나 있다. 이 가운데 ă[a]와 a[aː], i[i]와 y[iː], â[ə]와 ơ[əː]는 서로 대응되는 단모음과 장모음 쌍이다.

〈표 1-2〉 베트남어의 모음

	전설모음	중설모음	후설모음
고모음(폐모음)	i[i] y[iː]	ư[ɨ]	u[u]
반폐모음	ê[e]	â[ə] ơ[əː]	ô[o]
반개모음	e[ɛ]		o[ɔ]
저모음(개모음)	ă[a] a[aː]		

모음사각도로 보면 베트남어의 전설 모음은 모두 평순 모음이고, 후설 모음은 모두 원순 모음이다.[8)]

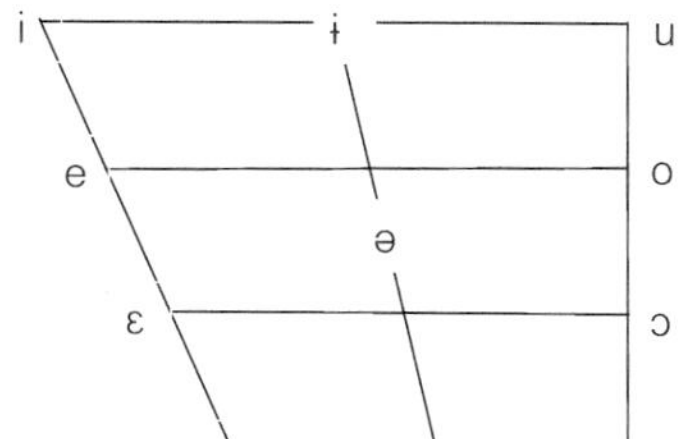

〈그림 1-3〉 베트남어의 모음

8) 『네이버 베트남어 사전』에서 càng, cẳng[kaŋ] 등을 검색하고 녹음된 발음을 들어보면, 모음 a가 한국어 '강'에서의 모음 'ㅏ'나 중국어 어휘 gāng(刚)에서의 모음 a보다 전설 모음으로 발음되는 것을 느낄 수 있다.

모든 언어에서 그렇듯이 베트남어에서도 각 문자끼리의 결합에는 제약이 있어서 c, g, ng가 두음으로 쓰이면 뒤에는 모음으로 쓰이는 문자 가운데 a, ă, â와 o, ô, ơ 및 u, ư만 올 수 있고, k가 두음으로 쓰이면 뒤에 e, ê와 i, y만 올 수 있다. 또한 gh와 ngh 뒤에는 e, ê와 i만 올 수 있고, 원순음을 나타내는 q 뒤에는 u만 올 수 있다.

베트남어에서 단모음은 다른 단모음과 결합해 oa, oe, eo, ươ, uô, ao, ai, êu, iê, ay, oi, ia, ua, ưa 등 여러 가지 이중모음과 iêu, uyê, ươi 등의 삼중모음을 형성한다. 이 가운데 이중모음 ia, ua, ưa를 제외하고는 단모음을 발음할 때의 음가와 다르지 않다. 이중모음 ia, ua, ưa는 자음 뒤에서 각각 [iə], [uə], [ɨə]로 발음한다. 그런데 q 뒤에 ua는 [ua]로 발음한다. 즉 mua, cưa, kia는 각각 무어[muə], 끄어[kɨə], 끼어[kiə]로 발음하지만, qua는 꽈[kua]로 발음한다.

어느 하나의 음이 앞이나 뒤의 음의 영향을 받아 앞이나 뒤의 음에 가깝게 변화되는 동화작용(assimilation)은 어느 언어에나 발생할 수 있다. 베트남어에서 매우 두드러진 동화작용으로는 원순 모음인 u, ô[o], o[ɔ] 뒤에 연구개음 말음 ng[ŋ]이 오면 원순 모음의 영향으로 [ŋ]이 순음인 [m]으로 발음되는 것을 들 수 있다. 또한 원순 모음 뒤에 연구개음 말음 c[k]가 오면 [k]는 순음 [p]로 발음된다. 따라서 메콩강(Sông Mêkông)은 '솜메꼼(쏨메꼼)'으로 발음한다.[9] 음소를 사용해 음운 규칙으로 정리하면 다음과 같다.[10]

---

9) 베트남어에서는 피수식어가 항상 수식어의 앞에 위치한다. 따라서 강을 뜻하는 어휘 Sông이 강 이름인 Mêkông 앞에 놓인다. 메콩강처럼 고유 명사를 제외하고 k는 o, ô와 결합하지 않는다.

10) ㉡은 화자(話者)에 따라 잘 지켜지지 않을 때도 있다고 한다. 그러나 ㉠은 철저히 지켜지고 있는 동화작용이다. 단 xuống[suoŋ]처럼 이중모음 음절은

㉠ ŋ → m / u, o, ɔ___________

㉡ k → p / u, o, ɔ___________

1.3 성조

현대 베트남어에는 ngang, huyền, hỏi, ngã, sắc, nặng의 6개 성조가 있는 것으로 알려져 있다. ngang 성조는 모음에 아무런 표기를 하지 않는다. huyền 성조는 모음 위에 `를 찍어 표기하고, hỏi 성조는 모음 위에 ˀ를 찍어 표기하며, ngã 성조는 모음 위에 ˜를 붙인다. sắc 성조는 모음 위에 ˊ를 찍어 표기하고, nặng 성조는 모음 아래에 점을 찍어 표기한다.

각종 베트남어 교재에도 성조의 순서는 다소 달라도 이 6개의 성조만 기술되어 있다.[11] 그러나 말음이 폐쇄음 -p, -t, -k인 음절, 이른바 중국어 입성入聲의 글자들이 다른 자음 말음을 가진 음절이나 말음이 없는 음절과 다른 높낮이로 읽히기 때문에, 베트남어를 공부하다 보면 성조가 같더라도 음의 높낮이가 다른 경우를 발견하게 된다. 다음은 ngang 성조 음절과 sắc 성조 음절로 이루어진 두 단어를 음성분석프로그램(praat)으로 분석한 결과이다.

해당하지 않는다.

11) 1.3 성조의 내용은 김태경(2021)에 실린 내용을 요약했다.

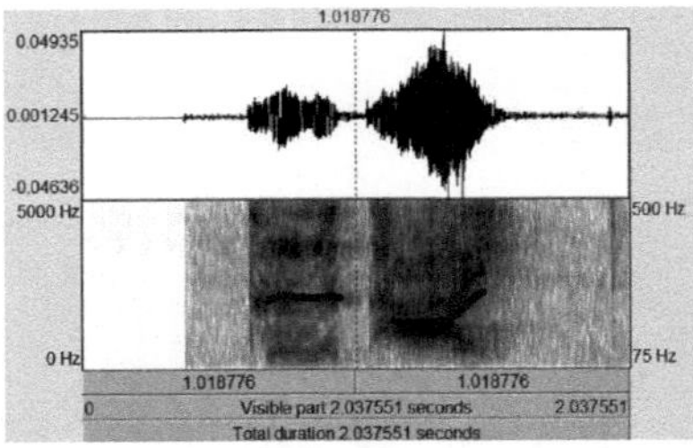

〈그림 1-4〉 thư thái의 음성분석

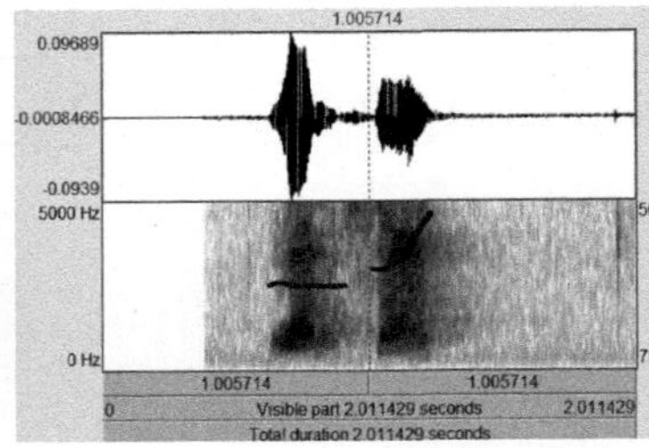

〈그림 1-5〉 quan sát의 음성분석

〈그림 1-4〉는 '기분이 좋다'라는 의미의 단어 thư thái, 〈그림 1-5〉는 '관찰하다'라는 뜻의 어휘 quan sát의 음성분석 결과이다.12) 두 단어에서 첫 번째 음절은 ngang 성조 음절인데, ngang 성조는 위의 두 그림에서도 볼 수 있듯이 같은 음높이가 처음부터 끝까지 유지되는 성조이다. 두 번째 음절의 성조는 모두 sắc 성조로, sắc 성조는 그림에서 볼 수 있듯이 올라가는 성조, 즉 상승조이다. 그런데 〈그림 1-4〉를 보면, 두 번째 음절인 sắc 성조 음절의 음높이가 ngang 성조 음절보다 낮은 음높이에서 시작된 것을 알 수 있다. 반면 〈그림 1-5〉에서는 sắc 성조 음절의 음높이가 ngang 성조 음절보다 높은 음높이에서 시작된 것을 볼 수 있다. thái와 sát 모두 상승조인 것은 같으나 음높이는 확연히 다르다. sát은 이른바 말음이 폐쇄음인 음절이다. 말음이 폐쇄음 -p, -t, -k인 음절은 베트남어에서 sắc 또는 nặng 성조를 갖는다. 따라서 sắc 성조와 nặng 성조는 말음이 폐쇄음인가 그렇지 않은가에 따라 두 가지 성조로 나뉘는데, 특히 sắc 성조에서 이러한 차이가 두드러진다. 그런데 베트남어 화자들이 대체로 그 차이를 인식하지 못하는 경우가 흔한 것 같다.

---

12) thư thái와 quan sát 모두 한자어에서 유래한 어휘이다. thư thái는 舒泰(서태), quan sát은 觀察(관찰)의 베트남 한자음이다.

언어를 전공한 베트남 출신 연구자들조차 자신들의 모국어에 존재하는 성조의 성조 값을 파악하기 어려운 것처럼 보인다.

다음은 베트남 학자들이 오도제五度制 표기법을 적용해 제시한 베트남어의 성조 값이다. 오도제 성조 표기법이란 자오 위앤런趙元任이 중국어 성조의 값을 1에서 5까지의 숫자로 기록하면서 사용되기 시작한 성조 표기법으로, 1이 가장 낮은 음높이를, 5가 가장 높은 음높이를 나타낸다.[13] 말음이 폐쇄음 -p, -t, -k인 음절의 성조에는 다음과 같이 入(입성)을 표기했다.

〈표 1-3〉 베트남 학자가 제시한 베트남어의 성조 값

	ngang	huyền	hỏi	ngã	sắc	rặng	sắc入	nặng入
潘武俊英	33	21	312	325	24	32		
阮廷賢	33	21	313	35	25	33	45	22
Nghiem	44	211	313	425	334	331	34	31

thư thái와 quan sát의 음성분석 그림만 보아도 말음이 폐쇄음이 아닌 thái와 폐쇄음인 sát의 성조 차이는 음높이의 차이인 것을 분명히 알 수 있다. 물론 입성의 sắc 성조는 非입성 음절의 sắc 성조보다 길이도 짧다. 그런데 응이엠 투이 항(Nghiem Thuy Hang 2006:27)은 두 sắc 성조의 성조 값을 각각 334와 34로 표기함으로써 두 성조의 차이를 음높이가 아닌 음길이의 차이로만 인식하고 있음을 알 수 있다. 베트남 하노이 출신인 판 보뚜언 아인[14](潘武俊英 2008:59-65)은 아예 말음이

13) Y. R. Chao(1930), "A System of Tone Letters" *Le Maître Phonétique*, 45: 24-27. 자오 위앤런의 오도제 표기법은 최영애(2011:95-96)에서 재인용.

14) Phan Võ Tuấn Anh(潘武俊英). 베트남도 한자 문화권이어서 중국처럼 일반적으로 세 글자로 된 이름을 사용한다. 그런데 우리나라를 포함한 동아시아 국가들과는 달리 성씨와 직급을 붙여서 말하지 않고 이름의 맨 마지막

폐쇄음인 음절의 성조를 제시하지 않았다. 그는 20명의 하노이 사람을 대상으로 그들의 발음을 녹음한 후, 그중 가장 대표성을 띤다고 본 남녀 한 명씩 두 사람의 발음을 선정했다. 그는 두 사람이 ta, ma를 여섯 개의 베트남어 성조로 발음한 것에 오도제 표기법을 적용해 표기했다. 응우옌 딘 히엔[15](阮廷賢 2012:25-34)은 남성 2명, 여성 3명의 베트남어 원어민의 발음을 녹음한 후 분석해 역시 오도제 성조 표기법으로 나타냈고, 응이엠 투이 항도 베트남어의 성조를 오도제 표기법으로 표기했는데, 응이엠이 제시한 성조 값이 다른 두 베트남 학자가 제시한 성조 값과 차이가 큰 것으로 보아 기계로 분석하지 않은 채 자신이 생각한 모국어의 성조 값을 기록한 것으로 보인다. 그런데 ngã 성조의 값은 응우옌 딘 히엔이 제시한 성조 값이 다른 두 베트남 학자가 제시한 성조 값과 비교했을 때 상당히 다르다.

각종 교재에 실린 베트남어의 성조를 묘사한 그림도 중국어의 성조 그림과는 달리 음높이를 수치로 표기하지 않는다. 다음은 『위키백과』에 실린 베트남어의 성조를 묘사한 그림이다.

글자에 직급을 붙여 호칭한다. 예를 들면 Phan Võ Tuấn Anh에게 사장이라는 직급을 붙여 부를 때 판(潘)이 성씨이지만 판사장이 아닌 아인(英)사장이라고 부른다. 언제부터 이런 식으로 호칭했는지 알 수 없지만, 프랑스의 식민 지배와 연관이 있어 보인다. 서양에서는 성을 마지막에 붙이는데, 프랑스인들이 세 글자로 된 베트남 인명을 서양의 인명과 같이 first name, middle name, last name과 같이 생각해서 베트남 인명의 마지막 글자를 성씨처럼 사용한 데서 비롯되었을 것이라는 생각이 든다. 따라서 네 글자로 된 인명 Phan Võ Tuấn Anh은 가운데 두 글자를 묶어서 '판 보뚜언 아인'으로 옮겼다.

15) Nguyễn Đình Hiền(阮廷賢).

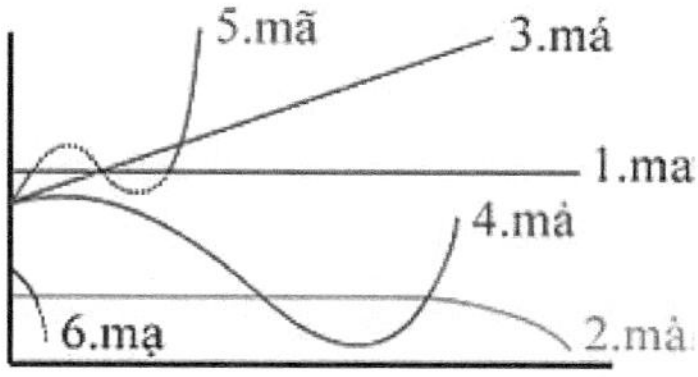

〈그림 1-6〉 베트남어의 성조(『위키백과』)

교재에 따라서는 성조를 위와 같이 하나의 그림으로 나타내지 않고 6개의 성조를 각각 다른 그림으로 제시한다. 중국어의 성조를 배울 때 학습자는 성조의 음높이까지 배우지만, 베트남어의 성조를 배울 때 학습자는 음높이에 대한 정보보다는 성조의 발성 방식에 초점을 맞춘 설명을 듣는다. 예를 들면 sắc 성조는 올라가는 성조이고 nặng 성조는 점을 찍듯이 발음하라고 설명한다. 베트남어 원어민들도 nặng 성조를 발음할 때 지역에 따라 음높이가 차이 나게 발음한다. 북부지역 사람들은 nặng 성조를 ngang 성조보다는 조금 낮긴 하지만 ngang 성조의 음높이에 거의 가깝게 발음한다. 판 보뚜언 아인은 ngang 성조와 nặng 성조의 성조 값을 각각 33, 32로 제시했고, 응우옌 딘 히엔은 두 성조 모두 33으로 제시했다. 그러나 위의 〈그림 1-6〉을 보면 nặng 성조(6.mạ)는 ngang(1.ma) 성조뿐 아니라 hỏi(4.mả), ngã(5.mã), sắc(3.má) 성조보다도 낮은 음높이에서 시작한다. 그렇다면 위의 그림의 nặng 성조 값은 잘못된 것인가라는 의문이 들 수 있다. 이것은 성조의 음높이가 통일되어 있지 않아서 생긴 현상이다. 지역에 따라서도 음높이가 다르고, 각 성조를 단독으로 읽었을 때의 성조 값과, 다른 성조 음절과 함께 2음절어로 읽었을 때의 성조 값이 차이가 난다. 이러한 이유로 중국어의 성조와 달리, 베트남어의 성조는 화자에 따라 상당히 다르게 느껴진다.[16)]

김태경(2021:386-387)에는 베트남어의 각 성조를 다른 성조 음절과 함께 2음절어로 읽었을 때의 성조 값이 분석되어 있다. 다음은 『네이버 베트남어 사전』에 녹음된 각 어휘의 음성 파일을 대상으로, 음성 분석 프로그램을 활용해 각 성조의 값을 측정한 후 매긴 성조 값이다.17) 오도제 표기법으로 표기한 결과는 다음과 같다.

ngang 33	huyền 21	hỏi 213	ngã 325(214)
sắc 24	sắc(입성) 45	nặng 21	nặng(입성) 2

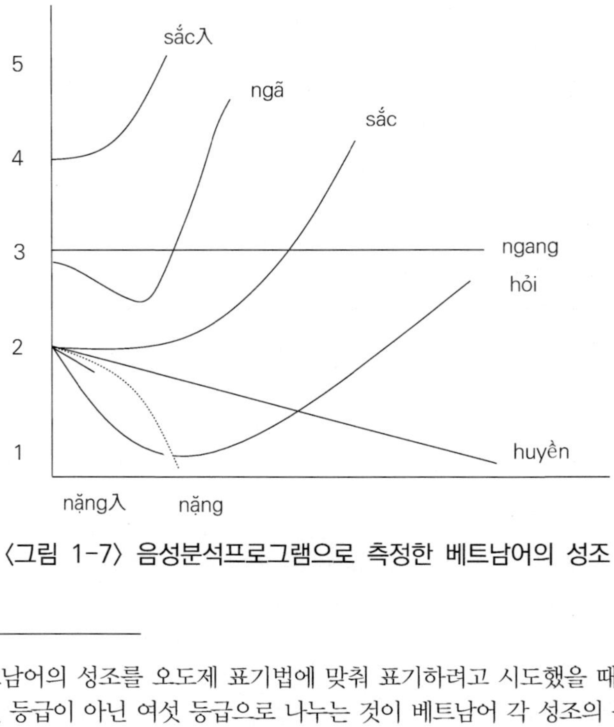

〈그림 1-7〉 음성분석프로그램으로 측정한 베트남어의 성조

16) 베트남어의 성조를 오도제 표기법에 맞춰 표기하려고 시도했을 때, 필자는 다섯 등급이 아닌 여섯 등급으로 나누는 것이 베트남어 각 성조의 음높이를 비교적 정확하게 나타낼 수 있겠다고 생각했다.

17) 『네이버 베트남어 사전』에 녹음된 파일이므로, 북부 방언의 성조 값과 다소 차이가 있을 수 있다.

huyền과 nặng 성조의 성조 값은 똑같이 21이지만, nặng은 강세를 주어 짧게 끊어 읽는 성조라면 huyền은 낮은 음역에서 더 낮은 음역으로 서서히 내려가는 성조이다. ngã 성조도 어휘에 따라 ∧∕와 같이 두 번을 꺾어 발음하기도 하지만, 대체로 〈그림 1-7〉에서 볼 수 있듯이 아래로 살짝 내렸다 급하게 올리는 방식으로 발음한다. 단독으로 읽으면 3에서 2의 높이까지 내리지 않고 2.5 정도의 높이로 내렸다가 다시 상승조로 읽는다. 2음절어, 또는 문장 안에서 다른 어휘와 함께 읽을 때는 2에서 1.5 정도의 높이로 내렸다가 다시 상승조로 읽는다.

『네이버 베트남어 사전』에 녹음된 음성 파일에 근거하면, 다음과 같은 성조 변화 현상도 볼 수 있다. 첫째, 대체로 nặng 성조는 내려가는 성조, 즉 하강조인 huyền 성조 뒤에서 가장 낮은 음으로 발음된다.[18] 둘째, 입성과 非입성의 nặng 성조는 통합되는 추세로 보인다. 입성이 어말 자음이 폐쇄음이어서 더 짧게 발음될 뿐이다. 셋째, ngã 성조는 단독으로 발음될 때의 음높이가 더 높고, 다른 음절과 함께 발음되면 다른 음절의 음높이의 영향을 받는 성조 변화 현상을 보인다. 그런데 ngã 성조가 단독으로 발음되는 경우가 드물고, 대부분 문장 안에서 다른 어휘와 함께 읽히므로 위의 성조 값보다는 조금 낮은 음역에서 발음된다. 즉 문장 안에서 ngã 성조는 2에서 살짝 내려가지만 1까지는

18) 녹음 파일에 의하면 nặng 성조 음절은 대체로 huyền 성조 음절 뒤에서 huyền 성조보다 낮은 음으로 발음되는 경향을 보이는데, 모든 어휘에서 그런 것은 아니다. 상황을 의미하는 tình trạng, 수도인 하노이 Hà Nội에서는 확실히 두 번째 nặng 성조 음절이 첫 번째 huyền 성조 음절보다 낮은 음으로 발음되었다. 그러나 너비를 의미하는 어휘 chiều rộng에서는 rộng의 음높이가 chiều보다 낮은 음으로 발음되지 않았다. 북부 하노이 지역의 화자들이 nặng 성조를 조금 높은 음역에서 발음하는 것으로 보아서 chiều rộng의 발음이 하노이 방언에 가깝다고 할 수 있다.

내려가지 않고 바로 높은 음역으로 빠르게 꺾여 올라간다고 할 수 있다. 여기에 한 가지 더 덧붙인다면 베트남 북부지역의 원어민들은 다른 지역 원어민들보다 nặng 성조를 조금 높은 음역에서 발음한다는 것이다.

02 중고 중국어의 음운체계

중국어의 음운체계를 기술할 때 흔히 상고 중국어, 고대 중국어, 중고 중국어 및 상고음, 중고음 등의 용어를 사용하는데, 먼저 이 여러 용어의 의미를 정리해 본다.

2.1 중국어 음운의 역사

중국어 음운의 역사, 즉 음운사를 논할 때 대체르 상고 중국어, 중고 중국어, 근대 중국어, 현대 중국어로 크게 나눈다. 상고 중국어는 한대漢代까지의 중국어를 가리키는데, 『시경詩經』이 가장 중요한 연구자료이다. 상고 중국어가 반영하는 음운체계를 줄여서 상고음이라고 한다. 중고 중국어는 수隋나라 때 간행된 운서韻書인 『절운切韻』(601년)과 운도韻圖에 반영된 언어로, 당대唐代 및 당대를 전후한 시기의 중국어를 의미한다. 마찬가지로 중고 중국어가 반영하는 음운체계를 줄여서 중고음이라고 한다. 근대 중국어는 원대元代에 간행된 운서인 『중원음운中原音韻』에 반영된 언어이며, 현대 중국어는 일반적으로 19세기 이후의 중국어를 가리킨다.

운서는 운韻(rhyme)이 같은 글자를 성조별로 모아놓은 책으로, 시詩를 지을 때 참고 자료로 사용되었다. 음절의 초성, 중성 및 종성, 성조의 결합표라고 할 수 있는 운도는 주로 당대 말기부터 송대宋代에 제작되었다. 『절운』이 유실되어 전하지 않기 때문에 중국어 음운학자들은 『절운』을 계승한 『광운廣韻』 등을 통해 『절운』의 음운체계를 연구해

왔다. 『절운』을 계승한 『절운』계 운서가 반영하는 음운체계와 운도가 반영하는 음운체계는 수백 년의 시간 차이가 나기 때문에 『절운』이 반영하는 음운체계는 전기 중고음, 운도가 반영하는 음운체계는 후기 중고음으로 분류하기도 한다. 한편 한국 한자음, 베트남 한자음, 일본 한자음은 주로 중고음을 반영한다. 따라서 중국의 한자음과 이웃 국가의 한자음을 비교하려면 먼저 중고 중국어의 음운체계 및 관련된 용어에 익숙해져야 한다.

2.2 중고 중국어의 음운체계

다음에서 중고 중국어의 음운체계를 파악할 때 꼭 알아야 하는 개념인 성모聲母, 운모韻母, 반절反切 등에 대해 알아보고 36자모字母, 『광운』의 206운韻과 운도의 16섭攝 등을 통해 중고 중국어의 음운체계에 대해 살펴본다.

1. 36자모字母

고대인들은 지금처럼 통일된 발음기호를 사용해 언어에 존재하는 자음과 모음을 표기하는 방법은 상상조차 할 수 없었을 것이다. 따라서 고대 중국인들은 표음 대상이 되는 글자와 음이 같거나 비슷한 글자로 표음 대상이 되는 글자의 음을 표기했다. 그러나 표음 대상이 되는 글자와 음이 같은 글자를 찾는 것이 쉽지 않았고 음이 같은 글자를 찾았다 해도 찾아낸 글자가 더 어려운 글자라면 표음의 의미가 없었다. 따라서 그들은 궁리 끝에 음이 같은 글자를 구할 수 없어도 표음할 수 있는 기발한 방법을 생각해 냈다.

고대 중국인들은 표음 대상인 글자의 음을 두 부분, 즉 성모와 운모로 나누고, 표음 대상인 글자와 같은 성모를 가진 글자 및 같은 운모를 가진 글자를 나란히 배열해 표음 대상인 글자의 음을 표기했다. 성모는 음절의 초성에 해당하고 운모는 중성과 종성을 합한 개념인데, 중국 음운학자들은 중국어의 음절을 성모와 운모로 나누고 운모는 다시 세 부분으로 나누어 분석한다. 그림으로 표기하면 다음과 같다.

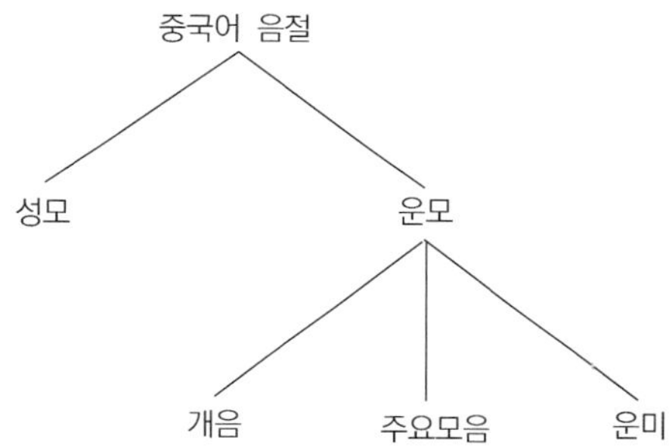

〈그림 2-1〉 표준 중국어의 음절 구조

위의 음절 구조 그림을 보면 운모는 다시 개음介音, 주요모음, 운미韻尾의 세 부분으로 나뉜다. 개음은 중국어 음운학 용어로 운두韻頭, 주요모음은 운복韻腹이라 칭한다. 한어병음자모로 kuān으로 표기되는 음절에서는 k가 성모, uan이 운모이다. 운모를 세분하면 u가 개음, a가 주요모음, n이 운미이다. 주요모음만으로도 음절을 이룰 수 있으며, 현대 표준 중국어에서는 개음 자리에 [i], [u], [y]가 올 수 있다. 또한 운미에는 자음뿐 아니라 모음도 올 수 있다. 예를 들면 tuán에서는 자음 n이 운미이고, lóu에서는 모음 u가 운미이다.

두 글자로 표음 대상이 되는 글자의 음을 표기하는 방법은 상당히 획기적인 방법이었다. 예를 들면 東동의 음을 표기하기 위해 東과 성모가 같은 德덕, 운모가 같은 紅홍을 나란히 배열해 德紅切덕홍절이라고 표기했다. 切절의 뜻에 근거해 유추한다면 음이 德과 紅으로 나뉜다는 뜻으로 추정된다. 德紅切과 같이 표음된 것을 반절反切이라 하며, 성모를 표기하는 데 쓰인 글자는 반절상자反切上字, 운모를 표기하는 데 쓰인 글자는 반절하자反切下字라고 한다. 동음자同音字를 구할 수 없어도 쉽게 표음할 수 있었으므로, 반절은 위진魏晉 이후부터 20세기 초인 1918년 주음부호注音符號라는 발음기호가 고안되기 전까지 계속 사용되었다.[1)]

반절 표기법의 문제점은 성모 *t를 표기하기 위해 德 외에도 같은 성모를 가진 수많은 다른 한자가 쓰일 수 있고, 운모 *uŋ을 표기하기 위해 紅 외에도 같은 운모를 가진 수많은 다른 한자가 쓰일 수 있다는 점이다. 중고 중국어를 반영한, 『절운』계 운서 『광운』에는 모두 26,194개의 글자가 수록되어 있는데, 이 글자들을 표음하기 위해 3,000여 개의 반절이 사용되었다. 이 가운데 성모를 표음하는 데 470개가량의 글자가 사용되었고, 운모를 표음하는 데 1,200개 정도의 글자가 사용되었다(최영애 2000:73-74). 이 글자들 가운데 어떤 글자들이 같은 성모를 나타내고 어떤 글자들이 같은 운모를 나타내는지 분석하는 것은 쉬운 작업이 아니다.

청清나라 때 천 리陳澧가 처음으로 반절을 분석하면서 자신의 저서인 『절운고切韻考』에 그 방법을 기록했다. 가장 기본적인 분석 방법을 소개해 본다. 먼저 반절상자가 같은 글자들의 성모는 같다. 예를 들면,

---

1) 주음부호는 현재 타이완(臺灣)에서만 사용되고 있다. 성모를 표기하는 데 21개, 운모를 표기하는 데 16개의 기호가 사용된다. 주음부호의 특징은 주요모음과 운미를 하나의 부호로 표기하는 것이다. 예를 들면 ai는 ㄞ, ou는 ㄡ, ei는 ㄟ, an은 ㄢ, ang은 ㄤ으로 표기한다. 이후 1926년에는 로마자 표기법이 발표되기도 했다. 현재 중국에서는 1956년 발표된 영문 자모로 만든 한어병음자모가 사용되고 있다.

冬(都宗切)과 當(都郎切)의 성모는 같다. 또한 當(都郎切)과 都(當孤切)처럼 반절상자를 서로 맞바꿔 쓰고 있는 두 글자의 성모도 같다. 冬(都宗切)과 都(當孤切)처럼 冬은 都로, 都는 當으로 차례대로 반절상자로 쓴 경우 이 글자들의 성모도 같다. 운모 역시 마찬가지이다. 東(德紅切), 公(古紅切)처럼 반절하자가 같은 글자들의 운모는 같다. 公(古紅切)과 紅(戶公切)처럼 반절하자를 서로 맞바꿔 쓰고 있는 두 글자의 운모도 같다. 또 東(德紅切), 紅(戶公切)처럼 東은 紅으로, 紅은 公으로 차례대로 반절하자로 쓴 경우 이 글자들의 운모도 같다.[2]

위와 같은 방법으로 진행된 학자들의 연구 결과가 축적되어 『절운』계 운서에는 36개의 성모와 156개가량의 운모가 존재했던 것으로 밝혀졌다. 이 36개의 성모를 학자들은 36개의 대표글자로 표기했는데, 대체로 여러 학자가 생각하는 각 성모의 당시 음과 함께 옮겨본다.

〈표 2-1〉『절운』계 운서의 36자모

청탁 / 조음위치	전청	차청	전탁	차탁	전청	전탁
중순음	幫p	滂p^h	並b	明m		
설두음	端t	透t^h	定d	泥n		
설상음	知ʈ	徹$ʈ^h$	澄ɖ			
치두음	精ʦ	清$ʦ^h$	從dz		心s	邪z
정치음	莊tʂ 章ʨ	初$tʂ^h$ 昌$ʨ^h$	崇dʐ 船ʥ		生ʂ 書ɕ	俟ʐ 禪ʑ
아 음	見k	溪k^h	羣g	疑ŋ		
후 음	影ʔ	曉h	匣ɦ	喩ø		
반설음				來l		
반치음				日ɲ		

2) 이외의 추가적인 분석법에 대해서는 김태경(2005), 『쉽게 배우는 중국어음운학』, 123-126쪽을 참고하라.

무성음은 청음淸音, 유성음은 탁음濁音이라고 한다. 위의 표에서 전청全淸은 무성의 무기음을, 차청次淸은 무성의 유기음을 가리키며, 전탁全濁은 표에서 볼 수 있듯이 유성의 파열음, 파찰음, 마찰음을 가리키고, 차탁次濁은 비음과 유음을 가리킨다. 치조음인 설두음舌頭音은 단端계, 권설 파열음인 설상음舌上音은 지知계, 연구개음인 아음牙音은 견見계, 성문음인 후음喉音은 영影계와 같이 일반적으로 전청의 글자로 각 계열의 성모군群을 지칭한다.[3)]

성모와 운모, 성조의 결합표인 등운도等韻圖는 운도라고도 부른다(〈그림 2-3〉 참조). 운도는 흔히 간행된 시기에 따라 전기前期 운도, 중기中期 운도, 후기後期 운도로 분류된다. 전기 운도인 『운경韻鏡』과 『칠음략七音略』은 송대宋代에 간행되었지만 『광운』과 마찬가지로 『절운』계 운서의 음운체계를 반영한다. 12~14세기에 간행된 중기 운도로는 『사성등자四聲等子』, 『절운지장도切韻指掌圖』, 『절운지남切韻指南』이 있다.[4)] 후기 운도는 16세기 이후에 간행된 운도로, 『운법직도韻法直圖』, 『운법횡도韻法橫圖』, 『자모절운요법字母切韻要法』 등이 후기 운도에 속한다.[5)]

『운경』에는 당시 존재하던 성모를, 조음 위치를 기준으로 오음五音으로 분류해 순음脣音, 설음舌音, 아음牙音, 치음齒音, 후음喉音의 순서로

---

3) 효(曉)모와 갑(匣)모를 연구개음 x, ɣ로 보는 학자들도 있고, 성문음인 h, ɦ로 보는 학자들도 있다. 3.1 SV의 성모 체계를 참고하라.

4) 『절운지남』의 원래 명칭은 『경사정음절운지남(經史正音切韻指南)』이다.

5) 『운법직도(韻法直圖)』, 『운법횡도(韻法橫圖)』는 명(明)나라 때 메이 잉쭈오(梅膺祚)가 편찬한 『자휘(字彙)』에 수록된 운도이고, 『자모절운요법(字母切韻要法)』은 청(淸)나라 때 편찬된 『강희자전(康熙字典)』에 수록된 운도이다.

배열했다. 이후에 나온 중기 운도인 『사성등자』에서는 성모를 칠음七音으로 분류해 아음, 설음, 순음, 치음, 후음, 반설음半舌音, 반치음半齒音의 순으로 배열했다(〈그림 2-3〉 참조). 반면 『절운지장도』에서는 각 성모를 아음, 설두음舌頭音, 설상음舌上音, 중순음重脣音, 경순음輕脣音, 치두음齒頭音, 정치음正齒音, 후음, 반설반치음半舌半齒音의 순서로, 구음九音으로 분류해 배열했다.

운서와 달리 『사성등자』, 『절운지장도』 등의 운도에는 당시 존재하던 성모가 36개의 한자로 분명하게 표기되어 있다. 그러나 『절운』계 운서가 반영하는 음운체계와 『사성등자』, 『절운지장도』 등의 운도가 반영하는 음운체계는 시기적으로 적어도 이삼백 년 정도의 차이가 나기 때문에 『절운』계 운서의 36자모와 운도의 36자모 역시 조금 차이가 난다. 운도의 36자모를 옮겨본다.

〈표 2-2〉 운도의 36자모

청탁 / 조음위치	전청	차청	전탁	차탁	전청	전탁
중순음	幫p	滂p^{h}	並b	明m		
경순음	非f	敷f^{h}	奉v	微ɱ		
설두음	端t	透t^{h}	定d	泥n		
설상음	知ʈ	徹$ʈ^{h}$	澄ɖ	娘n		
치두음	精ʦ	淸$ʦ^{h}$	從dz		心s	邪z
정치음	照tʂ	穿$tʂ^{h}$	床dʐ		審ʂ	禪ʐ
아 음	見k	溪k^{h}	羣g	疑ŋ		
후 음	影ʔ	曉h	匣ɦ	喩ø		
반설음				來l		
반치음				日ɳ		

〈표 2-1〉과 〈표 2-2〉를 비교해 보면 운서의 36자모와 운도의 36자모의 가장 큰 차이점이 순음과 정치음이라는 것을 알 수 있다. 운서에는

순음이 양순음만 있었으나 운도에서는 순음이 양순음(중순음)과 순치음(경순음)으로 나뉘었다. 또한 운서의 정치음 장莊계와 장章계 10개 자모는 운도 시기에는 조照계의 5개 자모로 병합되었다. 반치음 일日모의 음가도 운서 시기에는 경구개 비음인 *ɲ로 추정되는데, 운도 시기에는 권설 비음 *ɳ가 되었던 것으로 보인다.

2. 『광운』의 206운韻과 운도의 16섭攝

중고 중국어의 운모 체계는 『절운』계 운서인 『광운』 등의 운서 및 운도가 반영하는 언어의 음운체계를 분석해야 알 수 있다. 중고 중국어에는 평성平聲, 상성上聲, 거성去聲, 입성入聲의 네 개 성조가 있었고, 운서에는 운과 음이 같은 글자끼리 성조 별로 수록되어 있다. 『광운』은 모두 5권이다. 평성의 글자가 많아서 평성운의 글자들은 두 권에 수록되었고, 상성, 거성, 입성운入聲韻의 글자들은 모두 각각 한 권에 수록되어 있다. 현재 『절운』은 유실되어 전하지 않는데, 다른 문헌에 실린 기록을 통해서 『절운』에 모두 193개의 운이 있었던 것으로 알려져 있다. 『광운』에는 이보다 13개 운이 더 많은 206운이 수록되어 있다. 이 가운데 평성이 57운, 상성 55운, 거성 60운, 입성 34개 운으로 구성되어 있다.

『광운』의 206운은 한자음을 연구할 때 자주 검색되는 명칭으로, 특히 성조를 따지지 않고 운만을 파악할 때 상성과 거성은 물론 입성운까지 평성운으로 대신 표기하기도 한다. 예를 들면 평성 東운에 대응되는 상성, 거성, 입성운인 동董운, 송送운, 옥屋운도 東운으로 대신 운을 표기한다. 東운이 *uŋ이면 성조만 다를 뿐 董운과 送운도 *uŋ이기 때문이다. 입성운인 屋운의 경우, 폐쇄음 -p, -t, -k 세 운미 가운데 ŋ과 조음 위치가 같은 k로 ŋ을 교체해서 *uk으로 보면 된다. 자음 운미가 없는 운은 음성운陰聲韻, 운미가 비음 -m, -n, -ŋ인 운은 양성운陽聲韻이라고 한다. 입성운은 운미가 -p, -t, -k인 운으로, 운도에서 입성운 글자들은 입성 운미와 조음 위치가 같은 양성운 운미 운에 함께 수록되어 있다. p는 m과 조음 위치가 같으므로 -p 운미 운은 -m 운미 운에 수록되어 있고, -t 운미 운은 -n 운미 운에, -k 운미 운은 -ŋ 운미 운에 수록되어 있다.

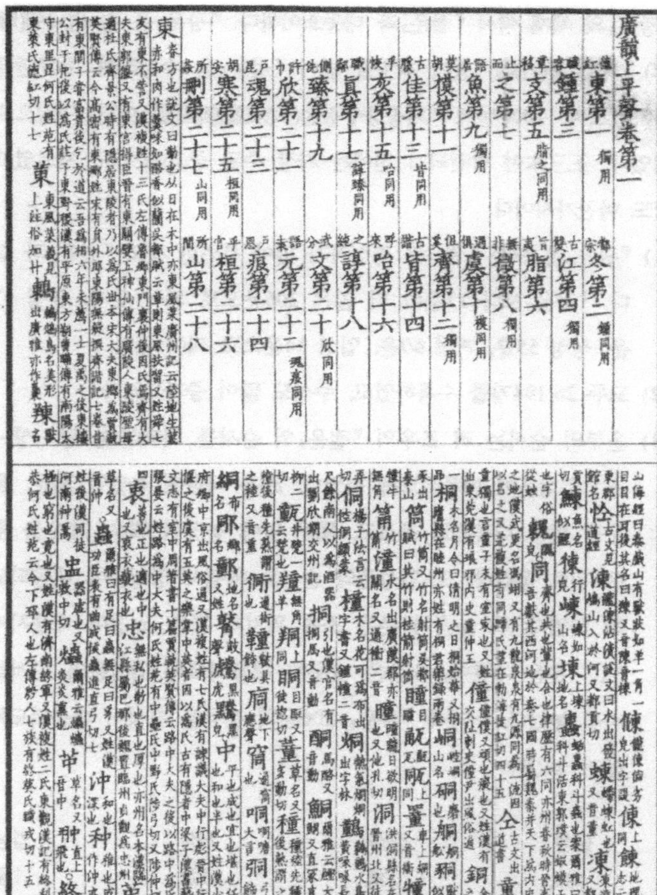

廣韻上平聲卷第一
東第一 獨用 冬第二 鍾同用
鍾第三 江第四 獨用
支第五 脂之同用 脂第六
之第七 微第八 獨用
魚第九 獨用 虞第十 模同用
模第十一 齊第十二 獨用
佳第十三 皆同用 皆第十四
灰第十五 咍同用 咍第十六
眞第十七 諄臻同用 諄第十八
臻第十九 文第二十 欣同用
欣第二十一 元第二十二 魂痕同用
魂第二十三 痕第二十四
寒第二十五 桓同用 桓第二十六
刪第二十七 山同用 山第二十八

〈그림 2-2〉『광운』

『절운지남』에서는 『광운』의 206운을 비슷한 운끼리 16개의 운섭韻攝으로 묶었다. 즉, 『광운』의 206운을 운미가 같고 주요모음이 비슷한 운끼리 16개의 섭攝으로 묶어 24개 운도에 수록했다. 16개의 운섭은 통通, 강江, 지止, 우遇, 해蟹, 진臻, 산山, 효效, 과果, 가假, 탕宕, 경梗, 증曾, 류流, 심深, 함咸섭이다. 『사성등자』, 『절운지장도』에서는 16섭 가운데 江섭, 假섭, 梗섭이 각각 宕섭, 果섭, 曾섭에 병합되어 있다.

부록에 372개 한자의 한대 베트남 한자음(OSV)과 중고 중국어 시기의 베트남 한자음(SV)을 『광운』의 운과 함께 표기했으므로, 독자들이 참고하기 쉽게 『광운』의 206운을 평성, 상성, 거성, 입성이 대응되도록 나열해 본다. 같은 줄에 배열된 평성, 상성, 거성운은 주요모음과 운미가 같고, 입성운의 운미만 양성운의 운미와 조음 위치가 같은 폐쇄음 운미로 바꿔서 생각하면 된다.

〈표 2-3〉 『광운』의 206운

성조 / 운섭	평성	상성	거성	입성
通(獨韻)	1東 2冬 3鍾	1董 2腫	1送 2宋 3用	1屋 2沃 3燭
江(獨韻)	4江	3講	4絳	4覺
止	5支 6脂 7之 8微	4紙 5旨 6止 7尾	5寘 6至 7志 8未	
遇(獨韻)	9魚 10虞 11模	8語 9麌 10姥	9御 10遇 11暮	
蟹	12齊 13佳	11薺 12蟹	12霽 13祭 14泰 15卦	

운섭 \ 성조	평성	상성	거성	입성
	14皆 15灰 16咍	13駭 14賄 15海	16怪 17夬 18隊 19代 20廢	
臻	17眞 18諄 19臻 20文 21欣(殷) 23魂 24痕	16軫 17準 18吻 19隱 21混 22很	21震 22稕 23問 24焮 26慁 27恨	5質 6術 7櫛 8物 9迄 11沒
山	22元 25寒 26桓 27刪 28山 1先 2仙	20阮 23旱 24緩 25潸 26産 27銑 28獮	25願 28翰 29換 30諫 31襉 32霰 33線	10月 12曷 13末 14鎋 15黠 16屑 17薛
效(獨韻)	3蕭 4宵 5肴 6豪	29篠 30小 31巧 32皓	34嘯 35笑 36效 37號	
果	7歌 8戈	33哿 34果	38箇 39過	
假	9麻	35馬	40禡	
宕	10陽 11唐	36養 37蕩	41漾 42宕	18藥 19鐸
梗	12庚 13耕 14淸 15靑	38梗 39耿 40靜 41迥	43映 44諍 45勁 46徑	20陌 21麥 22昔 23錫
曾	16蒸 17登	42拯 43等	47證 48嶝	24職 25德
流(獨韻)	18尤 19侯	44有 45厚	49宥 50候	

운섭 \ 성조	평성	상성	거성	입성
	20幽	46黝	51幼	
深(獨韻)	21侵	47寑	52沁	26緝
咸	22覃 23談 24鹽 25添 26咸 27銜 28嚴 29凡	48感 49敢 50琰 51忝 52豏 53檻 54儼 55范	53勘 54闞 55豔 56㮇 57陷 58鑑 59釅 60梵	27合 28盍 29葉 30帖 31洽 32狎 33業 34乏

위의 표에서는 참고하기 편하도록 『광운』의 206운을 『절운지남』의 16섭의 순서대로 묶었다. 원元운 및 元운에 대응되는 상, 거, 입성운인 완阮, 원願, 월月운이 臻섭이 아닌 山섭에 들어가는 것을 제외하고는 206운과 16섭의 순서가 일치한다.

중고 중국어의 운모 체계를 재구성하는 것은 성모 체계를 재구성하는 것보다 훨씬 어렵다. 앞에서 언급한 대로 『광운』에는 모두 26,194개의 글자가 수록되어 있는데, 이 글자들을 표음하기 위해 3,000여 개의 반절이 사용되었으며, 이 가운데 운모를 표음하는 데 1,200개 정도의 글자가 사용되었다. 이 1,200개가량의 한자가 반영하는 운모의 가짓수를 알아내면 중고 중국어의 운모 체계를 파악하는 셈이다.

운韻은 주요모음과 운미를 합한 것을 가리킨다. 따라서 한 운에는 개음이 다른 여러 개의 운모가 있을 수 있다. 같은 운에 속한 글자들은 앞에서 언급한 반절 분석 방법을 통해 운모가 같은 글자끼리 묶을 수 있다. 예를 들어 반절을 분석하면 첫 번째 운인 동東운에 속한 글자들은 운모가 같은 글자끼리 두 부류로 묶인다. 이것은 東운에 두 개의 운모가 있음을 의미한다. 반절을 분석해 얻은 이 운모들을 운류韻類라고 한다.

마麻운에 속한 글자들은 세 운류로 묶이는데, 이것은 麻운에 세 개의 운모가 있음을 의미한다.

운서의 각 운 안에는 음이 같은 글자, 즉 동음자同音字끼리 묶여있는데, 이 동음자군群을 소운小韻이라고 한다. 예를 들면 東운의 첫 번째 소운은 東운이고 두 번째 소운은 동同운인데, 東 소운에는 17개의 동음자가 수록되어 있고 同 소운에는 45개의 동음자가 수록되어 있다. 東, 同과 같은 각 동음자군의 대표글자인 소운자小韻字가 운도에 실려 있어 당시 운모 체계는 물론 성모 체계를 재구성하는 데에도 큰 도움이 되었다. 〈그림 2-2〉를 보면 첫 번째 소운자 東에 뜻풀이가 되어 있고, 德紅切이라고 음이 표기되어 있으며 東 소운에 속한 동음자 수가 17十七개라고 표기된 것을 볼 수 있다. 또한 東 소운과 작은 동그라미로 구분된 同 소운의 소운자 同에는 徒紅切(도홍절)이라고 음이 표기되어 있고 同 소운에 속한 동음자 수가 45四十五개라고 표기된 것도 확인할 수 있다.

운도를 포함한 당시의 음운 자료와 여러 나라의 한자음, 중국어 방언 등을 근거로, 東운의 두 운모와 麻운의 세 운모가 구체적으로 어떤 음이었는지 재구(reconstruction)할 수 있다.[6] 〈표 2-4〉에 『광운』의 각 운에 존재한 운모가 재구성되어 있는데, 東운에는 *uŋ, *iuŋ 두 개의 운모가 있었고 麻운에는 *a, *ia, *wa 세 개의 운모가 있었던 것으로 보인다. 또한 山섭의 산刪운 글자들은 당시 운모가 *an, *wan이었던

---

6) 과거 어느 한 시기의 언어를 재구성하는 것을 줄여서 재구(再構, reconstruction)라고 한다. 재구된 형태는 가설적인 형태이므로, 보통 *를 붙여 표기한다. 중고 중국어도 재구된 형태이므로 원칙적으로 *를 붙여야 하고, 상고 중국어는 재구된 중고음에 기초한 이차적인 음운체계이므로 **를 붙여야 하지만, 중고음은 * 없이 표기하고 상고음에만 *를 붙이기도 한다.

것으로 보인다. wa, wan과 같이 w가 개음인 운모를 중국어 음운학에서는 합구호合口呼라고 하고 w 개음이 없는 운모는 개구호開口呼라고 한다. 중고 중국어에서 *a, *ia, *an은 개구호이고 *wa, *wan은 합구호이다. 16개 운섭 가운데 개구 운모와 합구 운모를 다 갖춘 운섭도 있고, 개구호와 합구호, 즉 개합開合이 나뉘지 않은 운섭도 있다. 東운처럼 개합이 나뉘지 않은 운은 독운獨韻이라고 하는데, 通섭, 江섭, 遇섭, 效섭, 流섭, 深섭의 운이 독운으로 분류된다.

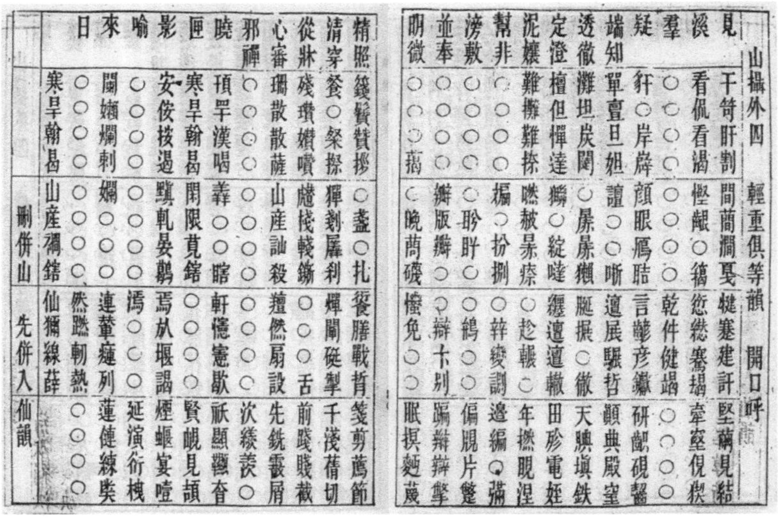

〈그림 2-3〉『사성등자』 山섭 개구호 운도

〈그림 2-3〉은 『사성등자』의 山섭 개구호 운도이다. 가로줄은 성모를 나타낸다. 세로줄은 운모를 나타내는데, 운모를 네 등等으로 나눈 후, 각 등 안에서 네 개의 성조로 나누었다. 예를 들면 맨 오른쪽 줄 見모 글자 중에서 間간은 2등의 평성자平聲字이고 結결은 4등의 입성자入聲字

이다. 그러나 『운경』과 『칠음략』 같은 전기 운도는 운모를 먼저 성조로 나누고, 각 성조 안에서 네 개의 등으로 나누었다. 『광운』의 운모 체계를 재구하는 것은 쉽지 않지만, 송대에 간행된 『운경』, 『칠음략』에 『광운』의 소운자小韻字가 수록되어 있고, 반절을 분석해 얻은 결과가 두 운도에 소운자들이 수록된 상황과 일치하며, 운을 개구호와 합구호로 나누고 개구호와 합구호 내에서 운모를 1, 2, 3, 4등으로 세분한 운도의 형식은 중고 중국어의 운모 체계를 재구성하는 데 큰 도움이 되었다.

16섭 가운데 止섭과 深섭처럼 3등운만 있는 운섭도 있고 江섭처럼 2등운만 있는 운섭도 있으며, 1, 2, 3, 4등운을 모두 갖춘 운섭도 있다. 山섭처럼 네 등이 다 있는 운섭에서는 대체로 1등운의 주요모음이 2등운보다 낮고 2등운의 주요모음이 3, 4등운보다 낮은 저모음이다.

현재까지 축적된 학자들의 연구 결과에 의하면, 1등운은 대부분 후설 저모음 *ɑ, *ɒ가 주요모음이다. 물론 *ɑ, *ɒ 외에도 중모음 *ə가 주요모음인 曾섭 1등운도 있고, 후설 고모음 *u, *o가 주요모음인 通섭 1등운도 있다. 2등운은 대체로 전설 저모음 *a 드는 중설 모음 *ɐ가 주요모음이다. 江운에는 하나의 운모만 있는데, 江운은 개합이 나뉘지 않은 독운으로 2등운 하나만 있기 때문이다. 반면 東운은 독운이지만 1등운과 3등운으로 구성되어 있다. 3등운에는 개음 *i가 있었고, 4등운의 주요모음은 대체로 전설 반고모음 *e였던 것으로 여겨진다. 당시 운이 *uŋ, *woŋ으로 재구성되는 通섭은 1등운이 후설 고모음 *u를 갖는 유일한 운섭이다.

〈표 2-4〉에 왕 리(王力 1980:63-65)와 최영애(2000:286-287)가 재구성한 중고 중국어 서성운舒聲韻의 운모 체계를 옮겨 실었다. 서성운은 입성운에 대응되는 개념으로 음성운과 양성운을 통틀어 가리킨다. 음성운과 양성운 글자들이 입성자에 비해 상대적으로 발음이 지속되는

시간이 길어서 붙여진 명칭이다. 각 운이 몇 등운인지도 함께 표기했다. 제祭, 태泰, 쾌夬, 폐廢운은 거성만 있는 운이다. 각 운에는 대략 어떤 운모들이 포함되어 있는지 알아본다.

〈표 2-4〉 왕 리, 최영애가 재구한 『광운』의 서성운 운모

운섭	평성운	등	왕 리(王力)	최영애
通	東	1, 3	uŋ, ĭuŋ	uŋ, iuŋ
	冬	1	uoŋ	uoŋ
	鍾	3	ĭwoŋ	iuoŋ
江	江	2	ɔŋ	ɔŋ
止	支	3	ĭe, ĭwe	ie, je, iwe, jwe
	脂	3	i, wi	iei, jei, iwei, jwei
	之	3	ĭə	i
	微	3	ĭəi, ĭwəi	iəi, iwəi
遇	魚	3	ĭo	io
	虞	3	ĭu	iuo
	模	1	u	u
蟹	齊	4	iei, iwei	ei,wei
	祭	3	ĭɛi, ĭwɛi	iæi, jæi, iwæi, jwæi
	泰	1	ɑi, uɑi	ɑi, wɑi
	佳	2	ai, wai	ai, wai
	皆	2	ɐi, wɐi	ɐi, wɐi
	夬	2	æi, wæi	əi, wəi
	灰	1	wɒi	wɒi
	咍	1	ɒi	ɒi
	廢	3	ĭɐi, ĭwɐi	iɐi, iwɐi
臻	眞	3	ĭěn, ĭwěn	jen
	諄	3	ĭuěn	iwen, jwen
	臻	3	ĭen	ien
	文	3	ĭuən	iwən
	欣(殷)	3	ĭən	iən
	魂	1	uən	wən
	痕	1	ən	ən
山	元	3	ĭɐn, ĭwɐn	iɐn, iwɐn
	寒	1	ɑn	ɑn

운섭	평성운	등	왕 리(王力)	최영애
	桓	1	uɑn	wɑn
	删	2	an, wan	an, wan
	山	2	æn, wæn	ɐn, wɐn
	先	4	ien, iwen	en, wen
	仙	3	ĭɛn, ĭwɛn	iæn, jæn, iwæn, jwæn
效	蕭	4	ieu	eu
	宵	3	ĭɛu	iæu, jæu
	肴	2	au	au
	豪	1	ɑu	ɑu
果	歌	1	ɑ	ɑ
	戈	1, 3	uɑ, ĭɑ, ĭuɑ	wɑ, iɑ, iwɑ
假	麻	2, 3	a, ĭa, wa	a, ia, wa
宕	陽	3	ĭaŋ, ĭwaŋ	iɑŋ, iwɑŋ
	唐	1	ɑŋ, uɑŋ	ɑŋ, wɑŋ
梗	庚	2, 3	ɐŋ, ĭɐŋ, wɐŋ, ĭwɐŋ	aŋ, iaŋ, waŋ, iwaŋ
	耕	2	æŋ, wæŋ	ɐŋ, wɐŋ
	淸	3	ĭɛŋ, ĭwɛŋ	iæŋ, iwæŋ
	靑	4	ieŋ, iweŋ	eŋ, weŋ
曾	蒸	3	ĭəŋ, ĭwəŋ	iəŋ, iwəŋ
	登	1	əŋ, uəŋ	əŋ, wəŋ
流	尤	3	ĭəu	iəu
	侯	1	əu	əu
	幽	3	iəu	ieu
深	侵	3	ĭĕm	iem, jem
咸	覃	1	ɒm	ɒm
	談	1	ɑm	ɑm
	鹽	3	ĭɛm	iæm, jæm
	添	4	iem	em
	咸	2	ɐm	ɐm
	銜	2	am	am
	嚴	3	ĭɐm	iɐm
	凡	3	ĭwɐm	iwɜm

위의 표에는 서성운의 운모만 재구성되어 있고 입성자入聲字들의 당시 운모는 포함되어 있지 않다. 그러나 한국 한자음 등을 통해 通, 江, 宕, 梗, 曾섭의 입성자들에 당시 *-k 운미가 있었고, 臻섭과 山섭의

입성자들에는 *-t 운미가 있었으며, 深섭과 咸섭의 입성자들에는 *-p 운미가 있었던 것은 짐작할 수 있다.

최영애가 재구성한 『광운』 평성의 57개 운에는 93개의 운모가 있고, 거성만 있는 祭, 泰, 夬, 廢운에는 10개의 운모가 있어서 서성운에는 103개의 운모가 있다. 그런데 왕 리가 재구성한 『광운』 서성운의 운모의 수는 103개보다 훨씬 적은 92개이다.

두 학자의 재구음에서 가장 큰 차이가 나는 운은 지支, 지脂, 제祭, 진眞, 선仙, 소宵, 침侵, 염鹽운이다. 이 운들에 속한 글자 가운데 성모가 순음, 아음, 후음인 글자들의 반절하자가 개구, 합구의 차이가 아닌데도 두 운류로 나뉘기 때문인데, 이 현상을 중뉴重紐라고 한다. 운韻은 개음을 제외한 주요모음과 운미를 가리키므로, 운이 같으면 주요모음과 운미는 반드시 같다. 그러므로 『광운』의 반절하자를 활용해 특정 운에 존재한 운모를 분석했을 때, 한 운 내에 운모가 다른 글자들이 있다면 그 글자들은 개음이 다르다고 할 수밖에 없다. 支운을 예로 들면, 支운은 *i 개음이 있는 3등운이므로 支운의 글자들은 개구 운모 *ie와 합구 운모 *wie로 재구된다.[7] 그런데 두 운모 외에도 개구, 합구의 차이가 아닌데 반절이 한 종류로 묶어지지 않아서 두 운모와 같다고 볼 수 없는 다른 운모들(*je, *wje)이 존재한다. 이와 같이 성모가 순음, 아음, 후음인 글자들의 반절하자가 개구, 합구의 차이가 아닌데도 두 운류로 나뉘는 현상이 중뉴이다. 중뉴는 '겹친 성모'라는 뜻이지만 성모가 한정된 상황에서 두 부류의 글자들의 차이를 성모의 차이로 볼 수 없으므로 운모의 차이로 보아야 한다. 개음의 위치가 성모와 붙어 있어서 성모의

7) 뒤에서 살펴보겠지만, 본서에서는 합구 3등 개음의 순서가 *iw가 아닌 *wi라고 본다.

일부로 인식했기 때문에 이와 같은 현상을 중뉴라고 이름 지었을 수도 있다.

〈표 2-4〉를 보면 3등운이 가장 많고, 또한 1등, 2등, 4등의 운과는 달리 3등운은 대단히 복잡한 운임을 알 수 있다. 이처럼 복잡한 3등운에 대해 리 신쿠이(李新魁 1999:50-51)가 명료하게 정리한 내용을 옮겨본다.

첫 번째 3등운은 순음, 아음, 후음 성모 글자들만으로 이루어진 운으로, 이 운들의 순음 성모 글자들은 나중에 순치음이 되었다. 이 운은 흔히 순純 3등운이라고 불리는데, 미微, 폐廢, 은殷, 문文, 원元, 엄嚴, 범凡운이 순 3등운에 해당한다.

두 번째 3등운은 중뉴가 있는 운으로, 순음, 아음, 후음 성모 글자들 외에 설음과 치음 성모 글자도 갖춘 운이다. 앞에서 살펴본 바와 같이 중뉴 운에서는 순음, 아음, 후음 성모 글자들의 반절하자가 두 운류로 나뉜다. 그리고 이렇게 나뉜 글자들은 각각 운도의 3등과 4등에 배열되는데, 3등에 배열된 글자들이 중뉴 3등운에 속하고 4등에 배열된 글자들이 중뉴 4등운에 속한다. 한편 중뉴 운에서 설음과 치음 성모 글자들은 3등에 배열된다. 支, 脂, 祭, 眞, 仙, 宵, 侵, 鹽은 등이 중뉴 운이다. 중뉴 운의 순음 성모 글자들은 순치음이 되지 않았다.

세 번째 3등운은 중뉴 운과 마찬가지로 순음, 설음, 아음, 후음, 치음 성모를 모두 갖추었지만, 중뉴가 없는 운이다. 흔히 보통 3등운이라고 불린다. 대체로 모든 성모의 글자들이 3등에 배열되어 있는데, 보통 3등운의 순음 성모 글자들도 순 3등운의 순음 성모 글자와 마찬가지로 순치음이 되었다. 따라서 중뉴 운과 非중뉴 운의 두드러진 차이는 순음 성모가 순치음이 되었는가 그렇지 않은가의 차이라고 할 수 있다. 동東, 종鍾, 지之, 어魚, 우虞, 마麻, 양陽, 경庚, 증蒸, 청淸, 유幽, 과戈운 등이 흔히 보통 3등운으로 분류된다. 그런데 리 신쿠이(1999:84-91)는 庚운과 淸운도 서로 대응되는 중뉴 운이고, 우尤운도 幽운에 대응되는 중뉴 운으로 보았다. 베트남 한자음에 따르면 庚운과 淸운도 중뉴 운에 넣을 수 있는데, 이 문제는 뒤에서 살펴볼 것이다.

〈표 2-4〉에 의하면, 중뉴를 반영한 재구음에서는 개음이 *i와 *j로 다르게 재구되어 운모의 수가 그만큼 늘어났다. 예를 들면 중뉴가 반영되지 않은 支운의 운모는 두 개이지만, 중뉴 현상이 반영된 支운의 운모는 네 개로 늘어났다(〈표 2-4〉 참조). 그런데 支운의 개구 운모 재구음 *ie, *je에서 두 음이 실제로 변별 가능했을까? 脂운의 두 개구 운모 *iei와 *jei도 구분하기 어려웠을 것이다. 따라서 『광운』이 반영하는 언어에는 한 지역의 음이 아닌 여러 지역의 음이 섞여 들어간 것으로 보이며, 『광운』이 반영하는 운모 체계는 실제 한 지역의 언어에 존재한 운모보다 훨씬 많은 수의 운모를 포함한 것으로 보인다. 상고 중국어의 흔적으로 여겨지는 『절운』계 운서에 남아있는 이 같은 중뉴 현상은 운도 시기에는 사라졌다.

운도 시기 이후로는 개구 1, 2등이 합류하여 개구호가 되었고, 개구 3, 4등이 합류하여 제치호齊齒呼가 되었다. 또한 합구 1, 2등이 합류해 합구호가 되었으며, 합구 3, 4등이 합류해 촬구호撮口呼가 되었다. 명대明代 이후부터 제치호는 개음이 [i]이거나 주요모음이 [i]인 음절을 가리키고, 합구호는 개음이 [u]이거나 주요모음이 [u]인 음절을 가리키며, 촬구호는 개음이 [y]이거나 주요모음이 [y]인 음절을 가리킨다.[8] 개음

8) 사오 룽펀(邵榮芬 1998:28-29)에 의하면, 사호(四呼)라는 명칭은 명대 리떵(李登)이 쓴 『서문음의편고사편(書文音義便考私編)』에서 전부터 있던 '개구', '합구' 외에 '촬구호'라는 명칭이 처음 사용되었고 『운법횡도(韻法橫圖)』에 '제치'라는 용어가 처음 쓰인 데서 비롯되었다.

이 없는 나머지 음절은 개구호에 해당한다. 사호四呼는 개구호, 제치호, 합구호, 촬구호 네 운모를 이르는 명칭이다. 앞에서 언급한 후기 운도 『운법직도』, 『운법횡도』, 『자모절운요법』 등이 운모를 등이 아닌 사호로 나누었다.

3. 성조 체계

중고 중국어에 평성, 상성, 거성, 입성의 네 개 성조가 존재했던 것은 확실하다. 운서에 각 글자가 네 개의 성조별로 나뉘어 수록되어 있고, 운도에도 각 글자가 성조별로 수록되어 있기 때문이다. 이 가운데 입성은 말음이 폐쇄음 -p, -t, -k인 음절이었다. 또한, 각 성조는 성모가 무성음인지 아니면 유성음인지에 따라 음양陰陽 두 개의 음역으로 나뉘었으므로 실제로는 음평陰平, 양평陽平, 음상陰上, 양상陽上, 음거陰去, 양거陽去, 음입陰入, 양입성陽入聲의 8개 성조가 존재했다. 현대 중국어 방언 등을 통해 무성음 성모를 가진 글자가 고음역의 성조인 음조陰調와 관련이 있고, 유성음 성모를 가진 글자가 저음역의 성조인 양조陽調와 관련이 있는 것으로 알려졌다. 반절 표기법에서도 표음 대상이 되는 글자의 성조는 반절하자의 성조로 결정되지만, 음조와 양조는 반절상자의 성모가 유성음인지 무성음인지에 따라 결정된다. 예를 들면 東의 반절 德紅切에서 紅이 평성자이므로 東의 성조도 평성이다. 그런데 반절상자인 德의 성모가 무성음이므로, 반절하자인 紅의 성모가 유성음인 것과는 상관없이 東의 성조는 음평이 된다.

네 성조 가운데 입성의 변화는 당대唐代에 이미 발생한 것으로 보인다. 리 쓰징(李思敬 2001:96)에 의하면 입성 운미가 당대 말기부터 소실되기 시작했던 것으로 보이는데, 입성 운미의 변화는 전기 운도인 『칠음략』에도 반영되어 있다. 『칠음략』에 입성운인 탁鐸, 약藥운이 宕섭과

效섭에 동시에 수록되어 있다. 중기 운도에서는 宕섭뿐 아니라 通섭, 臻섭, 山섭, 曾섭의 입성자도 양성운과 음성운 운도에 동시에 수록되어 있다. -k 입성자들이 -ŋ 운미 운섭에 수록되어 있고, -p 입성자들은 -m 운미 운섭, -t 입성자들은 -n 운미 운섭에 수록되어 있는 것은 k와 ŋ의 조음 위치가 같고, p와 m의 조음 위치가 같으며, t와 n의 조음 위치가 같기 때문이다. 따라서 입성자들이 遇, 止, 流, 果, 蟹섭 같은 음성운 운에 수록되었다는 것은 입성 운미를 완전히 잃었거나 입성 운미가 모음 운미로 변했다는 것을 의미한다.

폐쇄음 운미를 잃은 입성자들은 『중원음운』에서 성모가 유성음인지 무성음인지에 따라 양평, 상성, 거성으로 분류되었는데, 이를 '입성이 세 성조로 나뉘어 들어갔다'라는 의미에서 '입파삼성入派三聲'이라고 한다. 『중원음운』에 유성의 파열, 파찰, 마찰음 성모 입성자는 양평, 초성이 유음이나 비음인 차탁 성모 입성자는 거성, 무성음 성모 입성자는 상성에 들어간 것으로 표기되어 있다.

현대 표준 중국어와 『중원음운』의 성조를 비교하면 서성운 글자의 성조는 대체로 일치한다. 그러나 입성자는 그렇지 않다. 『중원음운』에서는 상성으로 변한 입성자가 많은데, 현대 표준 중국어에서는 상성으로 변한 입성자가 가장 적다. 탕 쭈오판(唐作藩 2002:176)에 의하면, 상용되는 중고 중국어 시기 입성자는 대략 500여 개로, 현재 표준 중국어에서는 이 가운데 거의 절반에 가까운 입성자가 거성으로 변했고, 1/3에 가까운 입성자가 양평으로 변했으며, 약 15%는 음평, 약 6%는 상성이 되었다.

같은 성조, 같은 조음 위치의 음을 발음하더라도 유성음은 성대를 진동시켜야 하기 때문에 음높이가 상대적으로 낮아지므로, 유성음 성모를 가진 양조陽調의 글자들이 무성음 성모를 가진 음조陰調의 글자들보다 낮은 음역에서 발음된다고 한다. 중국어 방언을 보더라도 대체로 음조가 양조보다 음역이 높다. 중국어의 평성은 베트남어의 ngang, huyền 성조로 실현되었는데, 무성음 성모 글자들이 ngang 성조로 실현되었고, 유성음 성모 글자들이 huyền 성조로 실현되었다. 베트남어에서도 음평성인 ngang 성조의 음역이 양평성인 huyền 성조보다 높다. 또한, 중국어의 거성과 입성은 베트남어의 sắc, nặng 성조에 대응되는데, 무성음 성모 글자들이 고음역의 sắc 성조로, 유성음 성모 글자들이 저음역의 nặng 성조로 실현되었다. 다만 중국어의 상성에 해당하는 hỏi, ngã 성조는 예외이다. 무성음 성모 글자가 hỏi 성조로, 유성음 성모 글자가 ngã 성조로 실현되었는데, ngã 성조의 음역이 hỏi 성조보다 높다. 그렇지만 hỏi 성조는 저음역의 성조이다. 오도제 표기법으로 매긴 hỏi 성조의 성조 값은 213으로 최저 음높이인 1까지 내려가는 성조이다(김태경 2021).[9] 그러므로 ngã 성조는 자연히 hỏi 성조보다 더 낮은 음역까지 내려갈 수 없었을 것이고, 그와 같은 상태에서 음높이에 변화를 주려면 hỏi 성조보다 높은 음역에서 실현될 수밖에 없었을 것이다.

9) hỏi 성조는 현대 표준 중국어의 제3성(중고 중국어의 음상성)과 비슷하게 읽힌다.

03 베트남 한자음의 음운체계

베트남은 기원전 111년 중국의 한漢 왕조에 의해 멸망된 후, 기원후 938년 독립 국가가 되기까지 천 년이 넘는 기간 동안 중국의 지배를 받았다. 현재 한자에서 유래한 어휘가 베트남어 전체 어휘에서 과반수를 차지하고 있으며, 1945년 쯔꾸옥응으字國語가 현 베트남의 유일한 공식 문자로 지정되기 전까지 한자는 베트남 사람들의 언어를 기록하는 주요 수단이었다.

한자음과 함께 도입된 한자는 베트남 상류층에서 사용되었는데, 14세기부터는 8세기 이후 조금씩 생겨난 이두吏讀 문자인 쯔놈字喃(chữ nôm)이 널리 쓰이기 시작했다. 쯔놈은 베트남의 고유어를 표기하기 위해 한자의 음과 뜻을 차용해 만들었으나 흔히 속자俗字로 여겨져 조정의 공식 문서에는 한자가 사용되었다. 쯔놈은 어떤 어휘를 글로 표기하기 위해 음이 같은 한자를 사용하기도 하고, 음이 같은 적당한 한자가 없으면 회의와 형성의 원리에 따라 새로운 한자를 만들거나 글자의 일부만을 가져다 쓰는 방법을 통해 생겨난 문자 체계이다.[1)]

베트남어에서 '누구'를 의미하는 어휘 ai를 나타낼 문자가 없어서 음이 같은 埃애로 '누구'를 나타냈고, '또한'을 의미하는 어휘 lại를 나타낼 문자가 없어 음이 같은 吏리를 사용해 '또한'이라는 의미를 나타냈다. 그리고 '주다'를 의미하는 어휘 cho를 표기하기 위해 朱주에서 소리를 빌렸다. 이 같은 가차假借 사례도 있고, 하늘(trời)을 나타내기 위해

---

1) 『위키백과』에 쯔놈 문자를 볼 수 있는 사이트가 소개되어 있다.

天천과 上상을 위아래로 결합해 새로운 회의자 𡗶를 만들기도 했다.

한자에서 90% 이상이 형성자이듯이 쯔놈에서도 형성의 원리로 만든 글자가 가장 많다. 숫자 3(ba)을 표기하기 위해 뜻을 나타내는 三삼과 소리를 나타내는 巴파를 결합해 형성자 𠀧를 만들기도 했으며, '~을 먹다'(ăn)라는 의미를 나타내기 위해 먹는 '입'을 의미하는 口구와 소리를 나타내는 安안을 결합해 咹을 사용했다. 또한 베트남 한자음으로 글자를 뜻하는 字자의 발음이 시기별로 '뜨'(tự)와 '쯔'(chữ)로 달라지자 '쯔'라고 읽으라는 의미에서 발음이 비슷한 宁저를 덧붙인 새로운 글자 𡨸가 만들어지기도 했다. 이때 원래의 字가 뜻을 나타내고 宁가 음을 나타낸다.

또한 이두나 향찰처럼 한자의 일부만을 가져다 쓰기도 했다. 예를 들면 '하다'(làm)라는 어휘를 표기하기 위해 뜻이 같은 한자인 爲위의 상부 爫조만을 가져다 làm을 표기했다. 또한 베트남어로 3인칭 지시대명사 '그것', '그것들'은 ấy라고 하는데, 소리가 비슷한 의衣에서 윗부분을 없애고 𧘇로 3인칭을 표기했다.

베트남 한자음(Sino-Vietnamese)은 한대 중국어의 음운체계를 반영한 한자음부터 『절운』 시기의 음운체계를 반영한 한자음, 운도 시기의 음운체계를 반영한 한자음 및 그 이후의 한자음 등으로 뚜렷하게 구분된다. 이 여러 층의 한자음 가운데 중고 중국어, 즉 『절운』 및 운도 시기의 한자음이 주를 이룬다. 그렇지만 한국 한자음이나 일본 한자음에 비해 한대 한자음도 많이 보존되어 있어, 베트남 한자음을 통해 상고 중국어와 중고 중국어의 음운체계를 함께 연구할 수 있다. 상고 중국어의 음운체계에 대해서는 제2편에서 알아보기로 하고, 여기서는 중고 중국어를 반영한 베트남 한자음의 음운체계에 대해 성모 체계, 운모 체계, 성조 체계의 순서로 살펴보려 한다. 이하 중고 중국어 음을 나타내는 베트남 한자음을 SV(Sino-Vietnamese), 한대 중국어 음을 나타내는 베트남 한자음을 OSV(Old Sino-Vietnamese)로 표기한다.

본서에서 인용한 베트남 한자음은 중고음(SV)의 경우 미네야 토오루(三根谷徹 1972)가 쓴 『베트남 한자음 연구越南漢字音の硏究』의 뒷부분에 실린 「베트남 한자음 대조표越南漢字音對照表」에 수록된 음을 주로 참고했고,[2] 한대 한자음은 오드리쿠르(André-Georges Haudricourt 1954),[3] 판 우원(潘悟雲 2000), 화 응옥 선(花玉山 2005), 응우옌 딘 히엔(阮廷賢 2012)에 인용된 고대 베트남 한자음 자료를 모두 수집해 얻었다. 오류를 줄이기 위해 베트남어 사전에 어휘가 실려 있는지 일일이 대조했으며, 사전에 실려 있지 않은 소수 어휘의 경우 그 음이 음운변화 규칙에 맞으면 그대로 인용했다. 그러나 그 음이 음운변화 규칙에 맞지 않으면서 의미로도 연관되어 있지 않은 글자의 한자음은 인용하지 않았다.[4] 이러한 작업을 거쳐 얻은 367개의 한자와 필자가 추가한 豆두, 路로, 審심, 註주, 歇헐 다섯 개의 한자까지 모두 372개 한자의 OSV를 조사 대상으로 했다. 독자들이 쉽게 찾아볼 수 있도록 책 뒤에 372개 한자의 OSV와 SV를 『광운』의 운 및 상고 운부韻部와 함께 부록

---

2) 미네야 토오루는 『越南字典』, 『三千字解譯國語』, 『四書不二字音義撮要』와 『五千字』에 실린 한자음을 실었다.

3) 오드리쿠르의 원 논문은 De l'origine des tons en vietnamien, *Journal Asiatique* 242: 69-82 (1954)으로, *Problèmes de phonologie diachronique*: 146-160에 게재된 것을 Marc Brunelle(2018:1-25)가 영어로 번역해 인터넷에 게재한 The origin of tones in Vietnamese를 참조했다. https://shs.hal. science/halshs-01678018.

4) 예를 들면 六, 攪, 浣, 轉, 足, 棹, 限, 逛, 湅, 櫳, 援, 踰 등의 한자음은 인용하지 않았다. 六의 베트남 한자음을 인용하지 않은 이유에 대해서는 제2편 1.8 어두자음군 부분을 참고하라.

으로 수록했다.[5)]

3.1 SV의 성모 체계

『절운』계 운서와 운도의 36자모가 베트남 한자음에서 어떻게 실현되었는지 훑어보고, 36자모의 베트남 한자음에서만 볼 수 있는 음운 특징에 대해 정리해 본다. 『절운』계 운서와 운도의 36자모가 베트남 한자음(SV)으로 어떻게 실현되었는지 〈표 3-1〉에 베트남 문자로 정리해 놓았다. 계지연(2016)의 통계를 인용했는데, 계지연은 앞에서 언급한 미네야 토오루(1972)의 「베트남 한자음 대조표」에 실린 모든 한자를 대상으로 통계를 냈다. 괄호 안의 음은 10% 이상 실현된 소수 글자의 음이다. 아음의 c, q, k는 모두 [k]를 나타낸다.

〈표 3-1〉 중고 중국어 성모의 SV

청탁 / 조음위치	전청	차청	전탁	차탁	전청	전탁
중순음	幫b(t)	滂ph(b)	並b(t)	明m		
경순음	非ph	敷ph	奉ph	微v		
설두음	端đ	透th(đ)	定đ	泥n		
설상음	知tr(ch)	徹s(tr)	澄tr(ch)	娘n(nh)		
치두음	精t	淸th	從t(s)		心t	邪t
정치음	莊tr(ch) 章ch(tr)	初s(tr) 昌x(s)	崇s(tr) 船th(s)		生s 書th	禪th
아 음	見c,q,k(gi)	溪kh(c,q,k)	羣c,q,k	疑ng		

5) 『시경』의 압운 상황 및 형성자들이 성부가 같은 해성(諧聲) 현상에 근거해 같은 운을 가진 글자끼리 모아놓은 글자군(群)을 운부라고 한다. 운부는 상고 중국어에만 적용되는 명칭이다.

청탁 / 조음위치	전청	차청	전탁	차탁	전청	전탁
후 음	影ø	曉h	匣h	云v(h) 以d(r)		
반설음				來l		
반치음				日nh		

각 자모의 한자음은 한자가 도입될 당시의 베트남어 음운체계의 영향을 받아 정해졌을 것이다. 베트남어는 한국어나 중국어에 비해 유기음과 파찰음이 거의 없다. 유기음은 오로지 파열음 t에 대응되는 th[t^h]만 있고, 순음, 연구개 파열음에는 유기·무기의 대립이 없다. 베트남어에서 유기 파열음 계溪모(*k^h)는 조음 위치가 같은 마찰음 kh[x]로 실현되었고, 방滂모(*p^h)는 마찰음 ph[f]로 실현되었다. 또한 베트남어에서 파찰음은 ch[ʨ]뿐인데[6] 章모의 글자들이 [ʨ]로 실현되었고, 章모와 음이 달랐던 다른 파찰음 성모는 SV에서 파열음과 마찰음으로 실현되었다. 예를 들면 정精계의 파찰음 精모와 종從모는 파열음 [t]로 실현되었고 청淸모는 유기 파열음 [t^h]로 실현되었으며, 정치음 가운데 유기 파찰음인 초初모와 창昌모는 각각 마찰음인 s[ʂ]와 x[s]로 실현되었다. 또한 파찰음 선船모(*ʥ)도 유기 파열음 [t^h]로 실현되었다.[7]

베트남 한자음을 연구할 때 기억해야 할 또 한 가지 사항은 베트남어에서는 북부 방언보다 남부 방언에 옛 한자음이 보존되어 있다는 것이다. 예를 들면 tr[c]는 중고 중국어의 권설음 성모와 관련이 깊은데, 북부 방언에서는 tr를 ch와 똑같이 읽는 사람들이 많다. 또한 북부 방언

---

6) tr도 한국어 'ㅉ'에 가깝게 들려서 파찰음으로 오해하기 쉽지만, tr는 [c]로 무성의 경구개 파열음으로 분류된다.

7) 船모가 마찰음, 禪모가 파찰음이라는 학설도 있다. 제2편 01 상고 중국어 성모에서 1.3 치음 부분을 참고하라.

에서는 d, gi, r이 모두 [z] 또는 [ʑ]로 발음되지만, 남부 방언에서는 d, gi가 활음인 [j]로 발음되고 r는 [ɹ]로 읽힌다. 베트남 문자 d와 r은 유喩모 4등, 즉 이以모의 글자를 표기하는 데 쓰였는데, d[j]는 以모의 중고음, r[ɹ]는 以모의 상고음과 가깝다. 다만 gi는 見모 2등자等字를 표기하는 데 쓰였고, 뒤에서 살펴보겠지만 見모 2등자는 중고음 도입 당시부터 베트남 한자음(SV)에서 [z] 또는 [ʑ]로 실현되었다고 볼 만한 근거가 있으므로, gi는 [z] 또는 [ʑ]로 보면 된다.

순음, 설음, 치음, 후아음의 순서로 베트남 한자음에서 볼 수 있는 음운 현상에 대해 살펴보면, 첫째, 순음은 『절운』 시기가 아닌, 운도 시기의 한자음을 반영한다. 『절운』에는 양순음만 존재하다가 운도 시기에 순치음이 갈라져 나왔는데, 베트남 한자음(SV)에서는 운도 시기의 비非, 부敷, 봉奉, 미微 네 순치음 자모가 모두 순치음 [f]와 [v]로 실현되었다. 반면 방滂모를 제외한 방幫, 병並, 명明모의 글자들은 양순음 성모를 보존하고 있다. 滂모의 글자는 70% 가량이 순치음인 [f]로 실현되었고 13% 정도가 b[ɓ]로 실현되었으며 7% 가량은 [t]로 실현되었다. 幫모의 14.4%, 並모의 약 12.9%도 [t]로 실현되었는데, 초성이 [t]로 실현된 글자는 중뉴 4등의 순음 성모 글자들이다. 중뉴 4등자의 순음 성모가 [t]로 실현된 것은 베트남 한자음에서만 볼 수 있는 특징이다.

둘째, 설상음 知계 성모와 정치음 莊계 성모가 SV에서 비슷하게 실현되었다. 知모 글자의 55%, 징澄모 글자의 70%, 莊모 글자의 80% 정도가 베트남 한자음에서 경구개음 tr[c]로 실현되었고, 철徹모 글자의 54%, 초初모 글자의 76%, 숭崇모 글자의 57%, 생生모 글자의 87% 가량이 s[ʂ]로 실현되었다. 知계는 권설 파열음, 莊계는 권설 파찰음과 마찰음으로 재구되므로, 중고 중국어의 권설음 성모가 베트남 한자음에서는

[c]와 [ʂ]로 실현되었다고 할 수 있다.

셋째, 정치음 성모의 베트남 한자음은 순음 성모의 한자음보다 이른 시기인 『절운』계 운서 시기의 한자음을 반영한다. 莊계와 章계가 SV에서 어떤 음으로 실현되었는지 구체적으로 살펴본다.

〈표 3-2〉 정치음 성모의 SV

성모	베트남 문자/비율		성모	베트남 문자/비율	
莊	tr 80%	ch 14.67%	章	ch 81.16%	tr 10.51%
初	s 75.86%	tr 12.07%	昌	x 61.86%	s 24.74%
崇	s 56.86%	tr 29.41%	船	th 80%	s 15%
生	s 87.13%		書	th 80.45%	
			禪	th 91.78%	

앞에서 언급했듯이 중고 중국어의 권설음 성모가 베트남 한자음에서는 tr[c]와 s[ʂ]로 실현되었다. 〈표 3-2〉에서 莊계는 대부분 [c]와 [ʂ]로 실현되었는데, 章계의 章모 글자는 ch[tɕ]로 실현되고 나머지 章계 성모 글자는 치조음 th[tʰ]와 x[s]로 실현된 것을 볼 수 있다.[8] 위와 같이 莊계와 章계가 구분되고 있으므로, 정치음의 베트남 한자음은 운서 시기의 한자음을 반영한다고 할 수 있다.

---

8) 칼그렌은 『광운』 반절을 근거로 사(俟)모를 세우지 않았는데, 똥 통허(董同龢 1968)와 리 룽(李榮 1956)이 왕 런쉬(王仁昫)의 『간류보결절운(刊謬補缺切韻)』 등에 실린 반절을 근거로 俟모를 세웠다(최영애 2000:228). 章계에 5개 자모가 있으므로 莊계에도 5개 자모가 있으면 균형이 맞고, 또한 『간류보결절운』이 시기적으로도 『광운』보다 이른 시기인 당대에 편찬되었으므로, 이후 莊계 성모로 莊, 初, 崇, 生, 俟 5개 자모가 주로 쓰이게 되었다. 莊계의 俟를 비롯한 俟모 글자들이 베트남 한자음에서 船모로 실현되었는데, 꾸오 시리앙(郭錫良)의 『漢字古音手冊』에는 俟가 崇모 글자로 표기되어 있다.

넷째, 반치음 일日모의 베트남 한자음도 운서 시기의 음을 반영한다. 日모는 현대 표준 중국어에서는 권설음 r[ɻ]로 읽히고 한국어에서는 영성모零聲母가 되었는데, 베트남 한자음에서는 고대음인 *ɲ를 보존하고 있다. 리 롱李榮(1973:125)에 의하면 日모 글자는 724년까지 *ɲ-로 읽혔으니[9] 중고음 이전의 음을 반영한 것이다.

다섯째, 칼그렌(Karlgren 1985:38)이 효曉모와 갑匣모의 중고음을 *x, *ɣ로 재구한 이래, 왕 리(1980:80), 똥 통허(董同龢 1968:150)도 이를 따랐으나, 풀리블랭크(Pulleyblank), 판 우윈 등은 曉, 匣모의 중고음을 *h, *ɦ로 재구했다(潘悟雲 2000:61). 베트남 한자음에서 溪모는 연구개음 [x]로 실현되고 曉모와 匣모는 성문음인 [h]로 실현된 것을 보면 曉, 匣모가 당시 *h, *ɦ였을 가능성이 크다. 曉, 匣모를 *h, *ɦ로 재구하면, 연구개음 성모인 見모, 溪모 등은 아음으로 분류하고 曉, 匣모는 성문음인 影모와 함께 후음으로 분류한 운도의 형식에도 일치하는 것이다. 曉, 匣모에 대해서는 상고 중국어 성모 부분에서 자세히 다룰 것이다.

여섯째, 베트남 한자음에서는 유喩모 3등과 喩모 4등, 즉 운云모와 이以모가 구분된다. 『절운』에서 云모는 匣모와 상보적으로 분포하고 있지만, 한국 한자음에 의하면 영성모가 되었던 것으로 보이는데, 베트남 한자음에서는 云모가 [v]로 실현되었다. 『절운』 이전 위진魏晉 시기에 云모는 영성모가 아니었고 *ɦʷ로 읽혔을 것으로 추정된다.[10] 그러므로 云모의 베트남 한자음도 云모가 以모에 합류하기 이전의 음을 반영한 것으로 볼 수 있다.

---

9) 리 롱은 ɲ을 ń으로 표기했다.

10) 제2편 01 상고 중국어 성모의 후음 부분을 참고하라.

살펴본 바와 같이 SV의 성모 체계는 대체로 『절운』 이전의 음운체계를 반영한다. 중뉴 현상도 반영되어 있고 莊계와 章계가 구분되며, 云모와 以모도 구분된다. 또한 한국어와 중국어에서 영성모가 된 의疑모는 여전히 [ŋ]으로 읽힌다. 다만 순음이 양순음과 순치음으로 갈라진 것은 운도 시기의 음을 반영한 것인데, 그 원인에 대해서는 두 가지 가능성을 생각할 수 있다. 첫째, 양순음에서 순치음 성모가 갈라져 나온 것이 『절운』 시기에 이미 진행되었는데, 운서에 반영되지 않았다. 둘째, 순음만 후기 중고음의 영향을 받아 변했다. 뒤에서 살펴보겠지만 베트남어가 근대까지 지속적으로 중국어의 영향을 받은 것으로 보아 후자일 가능성이 훨씬 큰데, 이 역시 단언하기 어렵다. 우리가 추정하는 것보다 순치음 성모가 생겨난 시기가 이를 수도 있다.

3.2 SV의 운모 체계

베트남 한자음에서는 1등운의 후설 모음 *ɑ도 2등운의 주요모음과 마찬가지로 전설 모음 [a]로 실현되었다. 그러나 그렇다고 해서 베트남 한자음이 1, 2등운이 합류한 원대元代 이후의 음을 나타내는 것으로 풀이해서는 안 된다. 베트남어에는 저모음이 a 하나뿐이어서 1등운의 주요모음도 a로 실현될 수밖에 없었던 것으로 보인다. 『광운』의 206운이 베트남 한자음에서 어떻게 실현되었는지 살펴본다. 가장 많이 실현된 음을 대표로 삼아 국제 음성 문자로 정리했다. 다만 장모음 표기를 하지 않고 [aː]는 a로 표기하고 단모음인 [a]는 ă로 표기했으며, uy[uiː]도 ui로 표기하고 [əː]도 ə로 표기했다. 괄호 안은 소수 글자의 음이다.

〈표 3-3〉『광운』 서성운의 SV

섭	1등	2등	3등				4등
			순3등	보통3등	중뉴3등	중뉴4등	
通	東oŋ 冬oŋ			東uŋ 鍾uŋ, ɔŋ			
江		江aŋ/ɔŋ					
止			微i/ui	之i	支i/ui	支i/ui	
					脂i/ui	脂i/ui	
遇	模o(ɔ)			魚ɨ, ə 虞u			
蟹	泰ai 泰ɔai, ɔi	佳ai 佳uai, ai			祭e/ue, e	祭e/ue, e	齊e/ue, e
	咍ai/灰oi	皆ai(əi) 皆uai, ɔai	廢e/ue, e				
		夬ai 夬ɔai					
臻	痕ən/魂on		欣ən 文uən(ən)		臻ən 諄uən	眞ən 諄uən	
山	寒an 桓uan, ɔan	刪an 刪uan, ɔan			仙ien uien(ien)	仙ien uien(ien)	先ien/uien
		山an(ən) 山ɔan, uan	元ien 元uien(ien)				
效	豪aɔ	肴aɔ			宵ieu	宵ieu	蕭ieu
果	歌a 戈ua, ɔa			戈ɔa			
假		麻a/ua, ɔa		麻a			
宕	唐aŋ 唐uaŋ, ɔaŋ			陽ɨəŋ/uoŋ			
梗		庚aɲ/ɔaɲ 耕aɲ(iɲ) /ɔaɲ			庚iɲ, aɲ /uiɲ(iɲ)	淸iɲ(aɲ) /uiɲ(iɲ)	靑iɲ/uiɲ
曾	登ăŋ 登uăŋ, ɔăŋ			蒸ɨŋ(ăŋ)			
流	侯əu			尤u, ɨu		幽u, ɨu	
深					侵əm	侵əm	

섭	1등	2등	3등				4등
			순3등	보통3등	중뉴3등	중뉴4등	
咸	談am 覃am	銜am 咸am	嚴iem 凡əm		鹽iem	鹽iem	添iem

합구 개음은 성모의 종류에 따라 표기가 달라지거나 표기되지 않는다. 같은 합구 개음이어도 q[k] 뒤에는 항상 u를 쓰고 다른 성모 뒤에서는 o[ɔ]로 표기한다. 예를 들면 과果운의 합구 1등자는 qua, hoa, thoa, khoa, loa 등으로 표기한다. 또한 순음 뒤에서는 대체로 합구 개음이 표기되지 않는다. 예를 들면 미微운의 합구호 글자 가운데 순음 성모 글자인 非비, 肥비, 妃비는 phi[fi]로 표기된다. 폐廢운의 순음 성모 글자도 廢phê[fe]로 u를 표기하지 않는다.

〈표 3-3〉에는 서성운의 운모만 수록되어 있으나, 베트남 한자음에는 입성 운미 -p, -t, -k가 모두 보존되어 있다. 다만 당唐운 합구 1등자는 예외이다. 唐운 합구호는 후아음 성모와만 결합하는데 唐운 합구호의 SV 운모는 uang 또는 oang로 표기된다. 앞에서 언급한 대로 합구 개음 u가 q[k] 뒤에서만 u로 표기되고 다른 문자 뒤에서는 o[ɔ]로 표기되기 때문이다. 그런데 唐운의 입성자는 곽郭(quach)과 같이 -k 운미가 아닌 경구개음 -c(ch) 운미로 실현된 글자들이 많다.

SV의 운모 체계에서 주목할 만한 특징으로는 첫째, 합구 3등 개음이 iu가 아닌 ui의 순서로 실현된 것을 들 수 있다. 〈표 3-3〉에서 山섭과 梗섭의 3등자와 4등자의 운모가 모두 ui(uy)를 포함하고 있는 것을 볼 수 있다. 둘째, 한국 한자음이나 중국 한자음과는 달리 梗섭 글자의 운미가 경구개음 -ɲ, -c로 실현된 것도 특징으로 꼽을 수 있다. 唐운은 서성운 글자의 운미는 연구개음 -ŋ으로 실현되고 입성자 다수의 운미가 경구개음 -c로 실현되었는데, 梗섭은 서성운과 입성운 글자의 운미가 모두 경구개음으로 실현되었다. 또한 SV의 운모 체계에 포함된 운모의 수가 『광운』에 포함된 운모 수에 비해 현저히 적은 것도 특징이다. 〈표 3-3〉에 수록된 운모는 모두 50개이다. ui와 uy를 별개의 운모로 보면 51개로 늘어난다. 불규칙 변화로 인해 누락된 운모가 한두 개 있을 수는 있다. 그러나 이것은 중뉴를 인정한 학자들이 재구성한 『광운』의 서성운 103개 운모는 물론, 중뉴를 인정하지 않은 왕 리가 재구성한 92개 운모보다도 훨씬 적은 수이다.

따라서 얼핏 보기에 SV의 운모 체계는 『절운』계 운서보다 늦은 운도 시기의 운모 체계에 가깝다고 여길 수 있으나, 성모 체계에서 莊계와 章계가 구분되고 云모가 以모와 구분되고 있는 등 여러 가지 상황으로 보아서, 성모와 달리 운모만 『절운』계 운서보다 늦은 시기의 운모 체계를 반영한다고 할 수 없다. 아마도 고대 베트남어의 음운체계가 한자가 전해질 당시의 중국어의 음운체계와 달라서 1, 2등운의 저모음이 모두 a로 실현된 것이 원인일 것이다. 또한 『광운』에는 실제 한 지역의 언어에 존재한 운모보다 훨씬 많은 수의 운모가 포함된 것도 『광운』의 운모 수와 SV의 운모 수가 큰 차이를 보이는 또 하나의 원인일 것이다.

3.3 SV의 성조 체계

앞에서 살펴본 대로 중고 중국어의 평, 상, 거, 입 사성四聲은 성모의 유성성(voiced) 여부에 따라 음양陰陽 두 개의 음역으로 나뉘어져 실제로는 8개 성조였는데, 베트남어에는 실질적으로 중고 중국어의 음평, 양평, 음상, 양상, 음거, 양거, 음입, 양입성에 대응되는 8개의 성조가 있다. 중국어의 음평성과 양평성은 ngang, huyền 성조로 실현되었고, 음상, 양상 성조는 hỏi, ngã 성조로 실현되었으며, 음거, 양거 성조는

sắc, nặng 성조로, 음입, 양입 성조 역시 sắc, nặng 성조로 실현되었다. 그러나 앞에서 밝힌 바와 같이 거성의 sắc, nặng 성조와 입성의 sắc, nặng 성조의 성조 값은 다르다. 표로 나타내면 다음과 같다.

〈표 3-4〉 SV의 성조

성조 / 음역	평성	상성	거성	입성
음	ngang	hỏi	sắc	sắc
양	huyền	ngã	nặng	nặng

중국어의 음평성 글자들은 중고 중국어에서 무성음 성모를 가졌던 글자들로서 현재 베트남어에서 ngang 성조로 읽힌다. 반면 양평성의 글자들은 중고 중국어에서 유성음 성모를 가졌었고, 현재 베트남어에서 huyền 성조로 읽힌다. 다만 중국어와 달리 SV에서는 비음 및 유음의 공명음 성모, 즉 차탁 성모 글자들이 모두 음평인 ngang 성조로 실현되었다.

	SV	OSV		SV	OSV
娘	nương	nàng	羅	la	chài
梁	lương	rường	驢	lư	lừa
連	liên	liền	零	linh	riêng
爐	lô	lò	龍	long	rồng
樓	lâu	lầu	離	li/ly	lìa/rời
猫	miêu	mèo	眉	mi	mày

비음 m, n, ŋ과 유음 l 모두 유성음에 속하는데, 베트남어 및 일부 중국어 방언에 보이는 이러한 음운 현상, 즉 공명음 성모 글자들이 음평으로 읽히는 현상으로 인해, 역사 음운학자들은 고대 중국어에서

공명음 성모가 유성음과 무성음으로 나뉘어 있었다고 추정하기도 한다. 그런데 평성의 공명음 성모 글자와는 달리 상성의 공명음 성모 글자는 베트남 한자음에서 대부분 양조인 ngã 성조로 읽히고, 입성과 거성의 공명음 성모 글자도 역시 양조인 nặng 성조로 실현되었다. 또한 위에 제시된 글자의 OSV에서는 차탁 성모 글자들이 대체로 양평인 huyền 성조로 실현되었다. 물론 차탁 성모 글자 가운데 OSV에서 음평으로 실현된 글자도 더러 있다. 무성의 공명음 성모가 존재했을 가능성에 대해서는 상고 중국어의 성모 체계를 다루면서 자세히 살펴볼 것이다.

전탁, 즉 유성의 파열음, 마찰음, 파찰음 성모를 가진 상성의 글자들이 거성으로 변한 것을 중국어 음운학에서는 탁음의 상성자上聲字들이 거성으로 변했다고 해서 '탁상변거濁上變去'라고 한다. 스 춘즈(史存直 1997:201)는 당대唐代 시인 리 바이李白, 뚜 푸杜甫, 멍 하오란孟浩然, 왕 웨이王維, 웨이 잉우韋應物, 바이 쥐이白居易, 리우 쫑위앤柳宗元 등의 시에서 압운押韻된 글자를 분석하고 전탁 성모를 가진 상성의 글자들이 거성의 글자들과 압운된 여러 사례를 발견했다. 위에 언급된 시인들은 성당盛唐(713-761)과 중당中唐(766-835)의 시인들이다. 그렇다면 당시 성당 이전에 이미 전탁 성모를 가진 상성의 글자들이 거성이 되었음을 알 수 있다. 음운변화가 시가詩歌에 반영되려면 이미 변화가 이루어졌어야 하기 때문이다. 그렇다면 베트남 한자음의 성조 체계에는 이 같은 변화가 반영되어 있을까? 아래의 표는 무작위로 선정한 전탁 상성자의 베트남 한자음이다.

〈표 3-5〉 전탁 상성자의 SV

성모	한자	SV	한자	SV	한자	SV
羣	拒巨距	cự	近	cận	技	kỹ
匣	限	hạn	戶	hộ	項	hạng
並	辯辨	biện	部	bộ	抱	bảo, bão
奉	父	phụ	范	phạm	憤	phẫn
定	斷緞	đoạn	墮	đọa	怠	đãi
澄	篆	triện	柱	trụ	重	trọng
從	罪	tội	盡	tận	聚	tụ
邪	似祀	tự	序	tự	巳	tỵ
崇	士	sĩ	撰	soạn	饌	soạn
禪	受	thụ	市	thị	善	thiện

중국어의 상성은 베트남 한자음으로는 hỏi 성조와 ngã 성조에 해당하는데, 무성음 성모를 가진 상성의 글자들은 hỏi 성조, 유성음 성모를 가진 상성의 글자들은 ngã 성조로 실현되었어야 한다. 실제로 무성음 성모를 가진 상성의 글자들은 hỏi 성조로 실현되었고, 공명음 성모를 가진 차탁 성모 글자들은 대부분 ngã 성조로 실현되었다. 전탁 성모는 유성음이므로 탁상변거가 이루어지기 전이라면, 전탁 성모를 가진 상성의 글자들은 베트남 한자음에서 ngã 성조로 실현되었어야 한다. 그런데 〈표 3-5〉를 보면 전탁 성모 상성자들이 베트남 한자음에서도 대부분 중고 중국어의 양거성에 대응되는 nặng 성조로 실현된 것을 볼 수 있다. 물론 〈표 3-5〉에서 볼 수 있듯이 技기, 憤분, 怠태, 士사와 같이 ngã 성조로 실현된 글자도 있고 抱포처럼 hỏi, ngã 두 가지 성조로 실현된 예외도 있다. 그러나 베트남 한자음에서 전탁 성모의 상성자들은 대부분 거성이 되었다. 그렇다면 성조 체계로 미루어 본 베트남 한자음(SV)은 8세기 이후의 한자음을 반영한다고 할 수 있다.

베트남어의 성조 체계가 운서 시기보다 뒤인 운도 시기의 성조 체계를 반영한 사례는 '탁상변거' 외에도 소수 개별 글자의 한자음을 통해서도 발견할 수 있다. 다음의 〈표 3-6〉에서 중국어 발음은 한어병음자모로 표기했다.

〈표 3-6〉 이례적인 음운변화를 보여 주는 한자들

글자	성모	성조	『광운』 반절	중국어음	SV
叩	溪	상성	苦后切	kòu	khấu
迋	見	상성	俱往切	guàng	cuống
膾	見	거성	古外切	kuài	khoái

叩고는 『광운』에서 상성으로 분류되었으나 현재 중국어에서 거성으로 읽히는데, 베트남 한자음 역시 중국어 거성에 대응되는 sắc 성조로 실현되었다. 叩의 반절하자 后후는 상성의 글자이다. 같은 苦后切고후절의 반절로 음이 표기된 口구는 중국어에서도 여전히 상성의 글자이며, 베트남 한자음으로도 khẩu로 중국어 상성에 대응되는 hỏi 성조로 읽힌다. 그런데 『집운集韻』에서는 叩의 반절이 丘候切구후절로, 叩가 거성에 수록되어 있다. 『집운』은 1037년에 편찬되기 시작해 1066년 간행된 것으로 알려져 있다. 1008년 간행된 『광운』과 시기적으로 큰 차이가 나지 않지만, 『광운』은 601년 간행되어 유실된 『절운』을 계승한 운서로서 실제로 반영하는 음운체계는 『집운』보다 훨씬 이른 시기의 음을 나타낸다. 이 같은 사실은 叩라는 개별 글자의 베트남 한자음은 운서 시기의 음이 아닌, 중국어에서 叩가 거성으로 읽히기 시작한 이후의 음을 반영하고 있음을 나타낸다.

迋광은 『광운』에 俱往切구왕절로만 음이 표기되어 있으나 『집운』에는 상성의 俱往切 외에도 거성 양漾운에 古況切고황절로 음이 표기되어 있다. 거성의 음이 언제부터 쓰이기 시작했는지 알 수 없으나 운서 시기보다 늦은 시기의 음을 나타내는 것은 확실하다. 迸이 SV에서 중국어 거성에 해당하는 sắc 성조로 실현되었으므로, 중국어에서 迸이 거성으로 읽히기 시작한 이후의 음을 반영한 것이다.

膾회의 경우 성조가 아닌 성모의 변화에 주목할 필요가 있다. 膾는 『광운』은 물론 『집운』에도 古外切고외절로 음이 표기되어 있는데, 현대 중국어에서는 見모가 아닌 유기 파열음인 溪모의 음으로 읽힌다. 그런데 베트남 한자음도 [k]가 아닌 [x]로, 다른 溪모 글자의 베트남 한자음과 같다. 이 같은 사실은 베트남 한자음이 근대까지 지속적으로 중국어의 영향을 받았음을 시사한다.

04 베트남 한자음과 중국 한자음의 음운 비교

지금까지 살펴본 베트남 한자음에서만 볼 수 있는 특징을 요약해 본다. 첫째, 중뉴 4등자의 순음 성모가 설첨음舌尖音 [t]로 실현되었다. 둘째, 云모가 순치음 [v]로 실현되었다. 셋째, 유기 파열음 溪모가 마찰음 [x]로 실현되고 見모 2등자의 성모가 현재 마찰음 [z] 또는 [ʑ]로 읽히는 등 마찰음이 많고, 파열음이나 파찰음이 중국 한자음이나 한국 한자음에 비해 적다. 넷째, 유기음은 오로지 투透모에 해당하는 치조 파열음 [tʰ]만이 존재하는데, 透모뿐 아니라 精계 성모인 淸모도 [tʰ]로 실현되었고 章계 성모인 船, 서書, 선禪모도 [tʰ]로 실현되었다. 다섯째, 합구 3등자의 개음이 [iu]가 아닌 [ui]로 실현되었다. 여섯째, 梗섭 글자들의 운미가 경구개음 [ɲ], [c]로 실현되었다. 이 가운데 몇 가지 음운 현상은 논란이 되기도 하고, 또 일부는 중고 중국어 음운체계의 재구성과도 연관되어 있어 자세히 살펴볼 필요가 있다. 이외에도 베트남 한자음에는 중고 중국어의 음운체계를 재구성할 때 참고할 만한 음운 현상이 보존되어 있다.

4.1 見모 2等字의 베트남 한자음

현재 베트남 북부 방언에서 베트남 문자 d, gi, r은 똑같은 음으로 읽히지만, 문자가 제정되던 당시에는 세 자모가 각기 다른 음을 나타냈다. 이 가운데 중고 중국어의 見모 개구 2등자들의 성모가 gi로 표기되었기 때문에, gi가 현재 마찰음으로 읽혀도 설근음舌根音 kj에서 변화한 음이라고 여겨져 왔다. gi가 문자 제정 당시에 어떤 음이었고 언제부터 마찰음으로 읽혔는지 살펴본다.[1)]

gi의 17세기 음가에 대해서 베트남 학자인 응우옌 딘 히엔(阮廷賢 2012:39)은 반모음 [j]로 보았고, 현재 gi와 같은 음으로 읽히는 d의 17세기 음을 [z]로 보았다. 계지연(2016:19-21)은 gi와 d를 모두 [j]로 표기했다. 응이엠 투이 항(Nghiem Thuy Hang 2006:22-23)은 베트남 중남부 방언을 근거로 gi를 권설음 [ʐ]로 보았다.

gi가 설근음이 아닌 마찰음으로 읽히는 것에 대해 응우옌 따이 껀阮才謹은 見모 개구 2등자에 j 개음이 생겨 구개음이 되었다고 가정하고, 이것을 중국어와 무관하게 베트남어의 음운체계에서 그 원인을 찾았다.[2)] 그는 "당말唐末 1등운의 주요모음은 후설음 ɑ이고, 2등운의 주요모음은 전설음 a이다. 베트남어에는 중설 모음 ᴀ밖에 없는 상황에서, 1등과 2등이 구분되어야 했으므로 운모의 차이가 성모의 차이로 이어져 성모 k에 반모음 j가 생기고" 이것이 후에 구개음이 되었다고 밝혔다. 그러나 응우옌 딘 히엔(2012:199)은 2등이 전설 모음이어서 구개음이 되었다면 왜 3, 4등의 글자와 梗섭 개구 2등자는 구개음이 되지 않았느냐고 반문했다. 응우옌 따이 껀이 見모 2등자들이 k → kj → t'j → d'j → d'z' → z의 음운변화 과정을 거쳤다는 주장에 대해서도, 응우옌 딘 히엔은 이처럼 여러 단계의 변화 과정을 거쳤다면 베트남어에 어떤 흔적이 남아있을 텐데 그러한 흔적을 찾을 수 없다며 그 같은 음운변화 과정을 부정했다(阮廷賢 2012:199-200).

---

1) 見모 2등자의 베트남 한자음에 관한 이하 내용은 김태경(2023a)에 실린 내용을 요약한 것이다.

2) 阮才謹(1979),『汉越语读音的来源及其形成过程』, 社会科学出版社, 212쪽. 阮廷賢(2012:199)에서 재인용.

베트남 문자 제정 당시와 같은 시대의 중국어 문헌인 『중정사마온공등운도경重訂司馬溫公等韻圖經』(1606년, 이하 『등운드경』으로 약칭), 『서유이목자西儒耳目資』(1626)에도 見모 2등자가 구개음이 된 흔적이 보이지 않는다. 설령 그 시기에 중국어에서 후아음 개구 2등자의 구개음화가 시작되었다 하더라도 베트남어가 그와 같은 중국어 음운변화의 영향을 받으려면 상당한 기간이 경과해야 했을 것이다. 그러므로 見모 2등자가 당시 마찰음으로 읽혔다면, 그것은 중국어의 영향 때문이 아닌 것을 알 수 있다.

앞에서 밝혔듯이 현재 베트남에서 사용되는 문자를 만들고 정리한 사람들은 서양의 선교사들이었다. gi의 베트남 문자 제정 당시의 음가를 추정하려면, 이 선교사들이 문자를 제정한 원리를 살펴보아야 한다. 포르투갈어에서 ga(가), go(고), gu(구)의 g는 설근음, 즉 연구개음이지만 ge(제), gi(지)의 g는 구개음으로 발음된다. 프랑스어에서도 ga, gu에서는 g가 설근음으로 발음되지만 ge, gi에서는 g가 마찰음 [ʒ]로 발음된다. g를 '기'로 발음하려면 g 뒤에 u를 넣어 gui[gi]로 표기한다. 베트남어에서 g는 gu(구), ga(가), gô(고)처럼 모음 [u], [a], [o] 앞에서는 'ㄱ'처럼 들리는 유성의 설근 마찰음 [ɣ]로 발음되는데, gi는 '지'로 발음된다. g를 [i], [e] 앞에서 [ɣ]로 발음하려면 h를 넣어 ghi(기), ghe(게)로 표기한다. 이러한 표기 방법은 이탈리아어와 정확히 일치한다. 이탈리아어에서도 ga, go, gu는 '가', '고', '구'로 발음되고 ge, gi는 '제', '지'로 발음되며, ghe, ghi는 '게', '기'로 읽힌다. 마치 프랑스어와 포르투갈어에서 g를 'ㄱ'으로 발음하기 위해 g 뒤에 u를 넣어 gui[gi]로 표기하는 것과 같다. 즉, [ɣ]를 표기하기 위해 g와 gh라는 두 개의 문자를 사용한 것을 보면, 당시 선교사들이 구개음 '지'를 표기하기 위해 'gi'를 사용한 것을 알 수 있다. gi가 '기'였다면 굳이 ghi로 '기'를 나타내지 않았을 것이다. 그러므로 gi는 당시 이미 베트남 한자음으로 '지'였다.

또한, 전술한 대로 gi의 17세기 음가에 대해 베트남 학자인 응우옌 딘 히엔(2012:39)은 반모음 [j]로 보고, 현재 gi와 같은 음으로 읽히는 d의 17세기 음을 [z]로 보았다. 또한, 응이엠 투이 항(2006:22-23)은 gi를 권설음 [ʐ]로 보았지만, gi는 중국어의 見모 2등 성모를 표기하는 데 쓰였고, d는 영성모인 喩모를 표기하는 데 쓰였다는 사실과 d가 현재 베트남 남부 방언에서 반모음 [j]로 읽히는 것을 고려하면 gi가 아닌, d의 17세기 음을 [j]로 보는 것이 더 합리적이다. gi 역시 남부에서는 [j]로 읽는 사람들이 많지만, 베트남 문자를 정리한 알렉상드르가 "베트남어의 로마자 표기법"을 고안한 것은 하노이 등 북부에 체류할 때였다. 무엇보다 d와 gi가 당시 같은 음이었다면 굳이 두 가지 자모로 하나의 음을 나타낼 필요가 없었을 것이다.[3] r은 일부 以모 글자들에서 비롯되었고, 以모 글자 일부가 남부에서 여전히 권설음으로 읽히는 것으로 보아 당시에도 권설음으로 읽혔을 것이다. 이 같은 사실을 고려하면 gi의 17세기 음이 '지'[ʑ]였음을 알 수 있다.

베트남 한자음에서는 3등운인 羣모의 절대 다수가 [k] 음으로 실현되었다. 그러나 중국어에서는 羣모가 모두 구개음이 된 것을 고려하면, 중국어에서 구개음화가 발생한 결정적 조건이 i 개음임을 알 수 있다. 3, 4등자는 당시 모두 i 개음이 있었고 나중에 i 개음이 생긴 2등자들까지 모두 구개음이 되었기 때문이다. 그러나 베트남어에서는 i 개음이 있는 3, 4등의 글자는 구개음이 되지 않았고, 개음이 없었던 2등 見모와 疑모 글자들이 구개음이 된 것으로 볼 때 전설 저모음 a가 구개음화의

3) 물론 같은 음인 [k]를 표기하는 데 c, k, q가 쓰이지만, 이때는 각 문자와 결합하는 모음이 다르다.

원인으로 작용한 것으로 보인다.

2등이면서 전설 저모음 a를 그대로 유지한 梗섭의 글자들은 전설 모음의 영향으로 성모가 변화하지 않고, 대신에 운미의 조음 위치가 -ŋ은 -ɲ로, -k는 -c로 앞쪽으로 이동했다. 응우옌 딘 히엔(2012:200)은 2등 성모의 변화는 성모 자체에 달린 것으로 溪모는 아마도 유기음이어서 성모의 유기성이 성모가 전설음화하는 것을 막았고, 후음은 아음보다 조음 위치가 뒤여서 주요모음의 영향을 적게 받아 구개음이 되지 않은 것으로 추정했다. 베트남어의 음운체계는 중국어의 음운체계와 다르기 때문에 같은 논리를 적용할 수는 없지만, 중국어에서 유기음 [kʰ]는 유기음인 [tɕʰ]로 구개음이 되었으므로 성모의 유기성이 성모의 전설음화를 막지 못한 것은 분명하다. 또한, 베트남어에서 溪모는 마찰음 [x]로 실현되었고 이 자음은 [k], [kʰ]와 조음 위치가 같으므로, [x]가 중국어에서처럼 [ɕ]로 구개음이 되지 않은 이유도 조음 위치 때문이라고 단정할 수 없다.

그런데 유성 치조경구개 마찰음인 [ʑ](또는 치조음 [z])가 구개음이라는 것에 얽매이지 않고 마찰음이라는 것에 초점을 맞추면 위와 같은 음운변화를 쉽게 풀이할 수 있다. 앞에서 밝혔듯이 후아음 2등자의 성모이면서 구개음이 되지 않은 溪모, 曉모, 匣모의 베트남 한자음이 갖는 공통점은 마찰음이라는 것이다. 그렇다면 溪모, 曉모, 匣모는 중고중국어 시기 당시 이미 베트남 한자음으로는 마찰음이었기 때문에 見모와 疑모의 2등자들처럼 구개음이 되지 않았다고 풀이할 수 있다. 즉, 파열음인 溪모가 구개음이 되지 않은 것은 유기음이어서가 아니라 베트남 한자음에서 마찰음 [x]로 실현되었기 때문에 구개음이 될 수 있는 음운학적 조건을 상실했기 때문일 수 있다. 아니면 한자음이 베트남에 전해졌을 때 見모 2등자도 溪모 2등자와 마찬가지로 마찰음으로 실현되었던 것으로 보인다. 무엇보다 gi가 마찰음이라는 것에 초점을 맞추면 베트남 한자음에서는 전설 저모음 a 앞에서 비음 ng[ŋ] 성모를 제외한 모든 연구개 파열음 성모가 마찰음이 되었다는 공통점을 발견할 수 있고, 파열음인 見계 성모에 발생한 이와 같은 음운변화를 다음과 같은 음운 규칙으로 정리할 수 있다.

[+stop]
[+velar] ——→ [+fricative] / #______ [+front][+low]
[-nasal]

위의 음운 규칙은 疑모를 제외한 見모와 溪모 2등자의 성모가 베트남 한자음에서 마찰음이 된 음운변화를 모두 설명할 수 있다. [+nasal]인 疑모 개구 2등자가 구개음 [ɲ]가 된 음운변화는 다음과 같이 정리할 수 있다.

[-palatal]
[+nasal] ——→ [+palatal][+nasal] / #_____ [+front][+low]
[+velar]

2등자인 江섭 글자의 성모도 gi로 표기되었으므로, 성모가 마찰음으로 변하던 당시 江섭의 주요모음이 a였던 것으로 보인다. 학자들은 대체로 『절운』 시기 庚운의 주요모음을 *ɐ 또는 *a, 耕운의 주요모음을 *æ 또는 *ɐ로 재구한다(潘悟雲 2000:83-88). 재구음은 어느 학자의 것이 절대적으로 옳다고 확언할 수 없다. 그러나 만일 庚운이 『절운』 시기 aŋ이었다 해도 이 『절운』 음이 운도 시기까지 이어진 것으로는 보이지 않는다. 만일 2등 見모 글자가 마찰음으로 변하던 당시, 庚운이

aŋ이었다면 『절운』 시기 ɔŋ에서 운도 시기 aŋ으로 변한 江운의 글자들과 음이 같아진 셈이 되는데, 운이 분리된 상황으로 보면 두 운이 어느 한 시기에서든 음이 같아졌을 가능성은 없다. 더욱이 『사성등자』와 『절운지장도』에서는 江섭이 宕섭에 병합되었을 뿐 아니라 梗섭도 曾섭에 병합되어 梗섭 2등자의 주요모음이 이미 중모음인 ə로 변했거나 아니면 적어도 ə에 가까운 음인 ɐ로 변했던 것으로 보인다(뒤의 重韻 부분 참조). ə와 ɐ는 중설 모음으로 ɐ의 위치가 ə보다 조금 낮은 저모음이다. 梗섭의 글자 가운데 OSV에서 주요모음이 [ə]로 실현된 鏡경, 逆역, 尺척 같은 글자가 있는 것으로 보아[4] 『절운』 시기에 이미 梗섭 글자의 주요모음이 중설 모음이 되었을 가능성이 높다. 중국 한자음의 변화와는 상관없이, 베트남 한자음에서 『절운』 전의 전설 저모음 a를 그대로 유지한 梗섭 2등자들은 운미가 구개음인 nh[ɲ]와 ch[c]로 실현되어 성모까지 구개음이 되지 않았던 것으로 보인다.

그러므로 佳 giai, 解 giải 등의 見모 2등의 글자가 베트남 문자로 giai로 표기된다고 해서 g+iai로 음절을 분석하여 見모 2등자에 i 개음이 생긴 음운변화를 반영한 것으로 오해해서는 안 된다.[5]

4.2 중뉴重紐

3등자 가운데 성모가 순음, 아음, 후음인 글자들의 반절하자가 두

4) 鏡, 逆, 尺의 OSV는 각각 gương, ngược, thước으로 주요모음이 모두 ơ[ə]로 실현되었다.

5) 베트남 문자의 제정 원리를 모르면 이처럼 오해하기 쉽다. 필자도 김태경(2020)에서 見모 2등자가 베트남 한자음에서 gia로 표기된 것을 후아음 개구 2등자에 i 개음이 생긴 것을 반영했다고 잘못 풀이했고, 이상이(2015) 역시 見모의 -ia형은 i 개음이 생긴 근세음(近世音)을 반영한 것으로 보았다.

운류로 나뉘는 현상인 중뉴에 대해서는 앞에서 이미 살펴보았다. 여기서는 중뉴가 베트남 한자음에 어떻게 반영되었는지 알아본다. 베트남 한자음의 특징은 중뉴 4등자의 한자음에 두드러지게 나타난다. 중뉴 3등자의 순음 성모는 SV에서 양순음으로 실현된 반면, 중뉴 4등자의 순음 성모는 주로 치조음 t[t]로 실현되었다. 김태경(2020:8-9)에 중뉴운 가운데 글자 수가 많은 支운과 眞운 글자들의 베트남 한자음이 정리되어 있는데, 아래에 옮겨본다.

〈표 4-1〉 支眞운 순음 성모 글자의 SV

운	등	幫	滂	並	明
支	중뉴3	bi 詖碑羆彼詖 phi 柀	phi 披鈹 ti 秛	bi 皮疲被鞁	mi 縻糜靡蘼
	중뉴4	ti 卑裨俾髀庳臂 bi 椑 ty 鞞	phi 諀仳庀 thi 譬 ti 譬 ty 譬	ti 裨埤婢避庳 bi 陴	mê 弭敉瀰 ri 瀰濔 di 彌 mi 獼 nhi 彌
眞	중뉴3	bân 彬豳 ban 彬攽 mân 豳邠 phân 份 but 筆		bân 貧 bât 弼邲	mân 珉睧緡汶 閩敏繁每夅 憫敃愍暋閔 mât 密沕 bât 宓
	중뉴4	tân 賓儐濱檳鑌 儐擯殯 tât 必畢篳罼蹕 饆韠鷩 thân 擯 bân 鬢	thât 匹疋 tân 繽	tân 頻嚬蘋顰嬪 頻蠙牝臏 bât 苾怭吡 tât 苾	dân 民泯罠 mân 泯黽 mât 蜜謐 miên 澠 vân 腘 bât 謐

明모를 제외한 幫, 滂, 並모 중뉴 4등자는 베트남 한자음에서 대부분 t 성모로 실현되었고, 明모의 중뉴 4등자는 초성이 m[m]외에 d[j], r[ɹ], nh[ɲ], v[v] 등으로도 실현되었다. 학자들은 대체로 구개음 개음의 영향

으로 중뉴 4등자의 성모가 설첨음(치조음)으로 변한 것으로 풀이한다. 본서에서는 중고 중국어의 3등 개음은 *i, 이러한 변화를 일으킨 중뉴 4등의 구개음 개음은 *j로 본다. 중뉴 3, 4등운은 운도 시기에는 완전히 합류했기 때문에 중뉴 운의 베트남 한자음은 적어도 『절운』계 운서 이전의 중국어를 반영한다고 할 수 있다.

앞에서 언급했듯이 백스터(Baxter 1977)와[6] 리 신쿠이(1999:84-91)는 尤운도 幽운과 서로 대응되는 중뉴 운이고, 庚운과 淸운도 서로 대응되는 중뉴 운으로 보았다. 尤운은 오음이 다 갖추어져 있고 순음이 순치음으로 변해서 전형적인 보통 3등운으로 보인다. 한편 幽운의 글자들은 운도의 4등에 배열되어 있고 순음은 순치음이 되지 않았다. 치음 자리에는 尤운의 치두음 精계 성모 글자들이 배열되어 있어 설음을 제외하고 모든 성모 아래에 글자들이 수록되어 있다. 따라서 幽운은 겉으로 보기에는 4등운으로 보이는데, 설음이 없고 치음에는 尤운 글자들이 수록되어 있어서 실제로는 순, 아, 후음 성모 글자들만 있다. 또한 반절상자로는 居거, 方방 등 3등운에 출현하는 글자가 쓰였고 순음 성모가 순치음이 되지 않았기 때문에, 순음 성모가 순치음이 된 순 3등운과 다르며, 다른 운의 중뉴 4등운처럼 보인다. 리 신쿠이(1999:64)는 운도에서 幽운 溪모 아래에 수록된 惆규가 尤운자字라는 사실을 지적하고 尤운의 순, 아, 후음 성모 글자들이 3등에 수록된 상황에서 비록 한 글자이긴 하지만 幽운 溪모 자리에 惆가 배열되어 있으므로 尤운과 幽운이 서로 대응되는 중뉴 3, 4등운이라고 주장했다.

---

6) Baxter(1979) Study in Old Chinese rhyming: Some further results. Paper presented to the 12th International Conference on Sino-Tibetan Languages and Linguistics. 潘悟雲(2000:298-299)에서 재인용.

중뉴 운의 순음 성모 글자들은 중국 한자음에서 순치음이 되지 않았다. 그러나 尤운의 순음 성모 글자들은 明모의 글자를 제외하고 순치음이 되었다. 따라서 4등에 수록된 怵와 순치음이 되지 않은 明모 글자들로 미루어, 尤운의 순, 아, 후음은 본래 두 운류였으나 怵라는 예외를 남기고 하나로 합쳐진 것으로 추정된다. 오음이 다 갖추어져 있고 순음은 明모를 제외하고 순치음이 되었으므로, 본서에서는 尤운을 보통 3등운에 넣었다.

중뉴 운에서 4등운에는 순, 아, 후음 성모 글자들만 배열된다. 따라서 순, 아, 후음 성모 글자들만으로 이루어진 순 3등운과 중뉴 4등운의 차이점은 겉으로 보기에 순음이 순치음인가 그렇지 않은가에 있다. 중뉴 4등운의 순음 성모 글자는 순 3등운의 순음 성모 글자와 달리 중국 한자음에서 양순음 성모를 보존했다. 그런데 베트남 한자음에서는 明모를 제외한 중뉴 4등자의 순음 성모가 대체로 t로 실현되었다. 따라서 幽운이 중뉴 4등운이라면 순음 성모가 t로 실현되었을 것이라는 기대하에 베트남 한자음을 살펴보았다. SV가 남아있는 幽운에 속한 순음 성모 글자는 明모 글자를 제외하고 彪표, 驫표 두 글자가 있는데, 성모가 t로 실현되지 않고 양순음을 그대로 보존했다. 그러나 중뉴 4등의 순음 성모 글자 가운데에도 베트남 한자음에서 양순음 성모를 그대로 보존한 글자들이 더러 있으므로, 彪, 驫 두 글자의 베트남 한자음만으로 幽운이 중뉴 4등운이 아니라고 판단할 수 없다.

〈표 4-2〉 幽운 순음 성모 글자의 나라별 한자음

한자	한국 한자음	베트남 한자음	중국 한자음
彪	표	bưu	biāo
驫	표	bưu	biāo
繆	무	mu	miù

한자	한국 한자음	베트남 한자음	중국 한자음
謬	류	mậu	miù
繆	무	mậu	miù móu miào

앞에서 밝힌 대로 중뉴 4등의 순음 성모 글자는 중국 한자음에서 양순음 성모를 보존하고 있다. 〈표 4-2〉에서 볼 수 있듯이 幽운의 순음 성모 글자들이 중국 한자음에서 양순음 성모를 보존한 것으로 보아 幽운은 중뉴 4등운으로 분류된다. 중뉴 4등운이 있다면 대응되는 중뉴 3등운도 있었을 것이다. 幽운에 속하는 글자 가운데 래來모 글자와 성부가 같은 해성諧聲 현상을 보이는 글자들이 있다.

繆(무) / 翏(료), 廖(료), 鏐(류) *mr-
樛(규) / 翏(료), 廖(료), 鏐(류) *kr-
璆(구) / 翏(료), 廖(료), 鏐(류) *gr-

상고 중국어 성모와 개음 부분에서 살펴보겠지만, 來모 글자들과 성부가 같은 위의 글자들은 상고 시기 *r 개음이 있었던 중뉴 3등자로 분류된다. 그렇다면 幽운도 중뉴 3등과 중뉴 4등의 두 운류로 나뉘어 있었다가 두 운류가 하나로 합쳐진 것으로 보인다.

리 신쿠이(1999:89-91)는 庚운과 淸운도 중뉴 관계로 보았다. 그는 "庚운 3등자는 운도의 3등에 배열되어 있고, 반절하자로 순음, 아음, 후음 성모 글자들이 쓰였다. 또한 淸운자들의 경우 설음과 치음 성모 글자들은 운도의 3등에 배열되어 있고 순음, 아음, 후음 성모 글자들은 운도의 4등에 배열되어 있어 다른 운의 중뉴 4등자처럼 보인다. 그러므로 비록 두 운이 나뉘어져 있어 淸운은 중뉴 운처럼 보이지 않고 庚운과도 상관없어 보이지만 庚운이 중뉴 3등운이고 淸운이 庚운에 대응되는 중뉴 4등운이다."라고 주장했다.

백스터 역시 庚운 3등과 淸운도 중뉴 운에 넣어야 한다고 보았다(潘悟雲 2000:298-299). 그는 庚운 3등자인 生생과 淸운자字인 姓성이 중뉴 관계이고, 庚운 3등자인 命명과 淸운자인 令령도 중뉴 관계라고 보고, 이것을 庚운이 중뉴 3등운, 淸운이 庚운에 대응되는 중뉴 4등운이라는 증거 중의 하나로 제시했다. 生과 姓, 命과 令은 성부聲符가 같은 해성諧聲 현상을 보인다. 生은 2등자이지만 3등자로도 쓰였다. 왕 런쉬王仁煦의 『간류보결절운刊謬補缺切韻』에서 生은 所京切소경절로 음이 표기되어 있는데, 京경은 庚운의 3등자이다. 제2편 상고 중국어 부분에서 자세히 살펴보겠지만 2등자와 마찬가지로 중뉴 3등자에는 상고 시기 *r 개음이 있었던 것으로 추정된다. 또한 위에서 언급했듯이 來모 글자와 성부가 같은 글자 역시 상고 시기 *r 개음이 있었던 중뉴 3등자로 보는데, 命은 來모 글자 令과 성부가 같다. 백스터가 제시한 庚운 3등자인 生, 命과 淸운자인 姓, 令의 대응 관계는 확실히 庚淸운이 중뉴 운이라는 학설을 뒷받침하는 증거 자료로 보인다.

淸운이 庚운에 대응되는 중뉴 4등운이라면 淸운 순음 성모 글자의 베트남 한자음을 살펴볼 필요가 있다. 다음은 庚운과 淸운 순음 성모 글자의 베트남 한자음이다(김태경 2020:10).

〈표 4-3〉 庚淸운 순음 성모 글자의 SV

	幫	滂	並	明
庚운3등	binh 兵昞秉邴 柄鈵丙炳 tinh 炳 bich 碧		binh 平坪泙評病 bênh 病	minh 明盟鳴命 manh 皿命 mênh 命
淸운3등	tinh 幷併 binh 屛餠塀 tich 辟襞 bich 辟璧	tinh 聘 sinh 聘娉 thi 辟	tich 辟擗闢	danh 名 minh 銘詺

庚운 3등자인 炳이 b[ɓ]와 t 성모로 실현된 것을 제외하고 庚운자의 성모는 양순음으로 실현되고 淸운자의 성모는 대체로 치조음 t, th, s[ʂ] 등으로 실현되었다. 또한 앞에서 밝힌 대로 중뉴 운이 아닌 3등운의 순음 성모 글자는 중국어에서 성모가 순치음이 되었는데, 淸운의 순음 성모 글자는 순치음이 아닌 양순음 성모로 읽히고 있어, 역시 淸운이 중뉴 운이라는 학설을 증명해 준다. 다음은 淸운 순음 성모 글자들의 중국 한자음이다. 중국어 발음은 한어병음자모로 표기했다.

幷倂 bìng	餠屛 bǐng	辟躄璧 bì	屛 píng, bǐng
聘 pìn	娉 pīng	辟擗闢 pì	名銘詺 míng

베트남어에는 저모음이 하나밖에 없었기 때문에 1등운과 2등운의 주요모음이 똑같이 a로 실현된 것이므로 1, 2등운의 주요모음을 통해서 베트남 한자음의 시기를 파악할 수는 없다. 다만 중뉴 3등운과 중뉴 4등운이 운도 시기에는 완전히 합류했는데, 베트남 한자음에서는 중뉴 4등자의 순음 성모가 대체로 설첨음으로 변화하여 중뉴 3등운과 중뉴 4등운이 구분되고 있으므로, 베트남 한자음이 운도 시기의 운모체계를 반영한 것으로 보기 어렵다. 중뉴 3등운과 중뉴 4등운이 구분되는 것은 적어도 『절운』계 운서 이전의 중국어를 반영한 것이기 때문이다. -p, -t, -k 입성운 운미가 보존되어 있는 것도 베트남 한자음이 대체로 운미가 변화하기 이전의 한자음을 반영하고 있음을 의미한다.

4.3 합구 3등 개음의 순서

칼그렌(1985:70-71)이 합구 3등 개음을 *i̯w(jw)로 재구한 이래 촬구운모는 대체로 합구 3등 개음 *iw에서 비롯된 것으로 보고 있다. 그가 합구 3등 개음의 순서를 wi가 아닌 jw로 재구성하면서 제시한 결정적인 증거는 均균, 允윤, 匀균과 圭규, 奎규의 한국 한자음이다. 均, 匀, 允의 한국 한자음 kiun, kiun, iun에서는 개음이 i였고, 중고 중국어음이 *kiwei, *k^{h}iwei(칼그렌의 재구음)인 圭, 奎의 한국 한자음에서도 w 다음의 모든 요소가 소실되어 kiu만 남은 것을 근거로 삼았다.[7]

그런데 베트남 한자음에서는 다음과 같이 합구 3등 개음이 uy[ui]로 실현되어 합구 3등 개음이 *wi였을 가능성을 뒷받침하고 있다. 괄호 안에 각 글자의 성모를 36자모로 표기했다.

勸(溪)	khuyên	圈(群)	khuyên	元(疑)	nguyên
憬(見)	quynh	兄(曉)	huynh	月(疑)	nguyêt

칼그렌도 베트남 한자음을 고려하지 않은 것은 아니다. 그는 베트남 한자음에서 員원이 viên으로 실현된 것은 합구 3등 개음이 wi일 가능성을 가리키는 것처럼 보이지만 이것은 실제로 아무 증거가 되지 않는다고 언급했다. 같은 베트남 한자음에서도 員과 같은 운(仙운)에 속한 글자들이 설근음 뒤에서 -üên(küên)으로 실현된 것을 근거로 들고 員은 아마도 베트남어에서 üên>üiên>viên과 같은 모음 분열을 거쳤을 것이라고 주장했다. 그런데 칼그렌이 제시한 근거는 재고의 여지가 있다. 칼그렌(1985:71)은 仙운 설근음 성모 글자들이 quyên으로 실현된 것을 küên으로 표기했다. ü는 중국어의 촬구 개음 [y]와 같은 모음이다. 여기서 한 가지 의문점이 생기는데, 칼그렌이 q 뒤의 uy[ui]를 ü로 표기한 것인지 아니면 그가 quyên을 qu[k^w]+yên으로 보고 뒷부분인 yên[ien]을 üên으로 잘못 해석한 것은 아닌지 하는 의문이다. küên은 [뀌엔]으

7) 합구 3등 개음의 순서에 관한 이하 내용은 김태경(2023b)에서 인용했다.

로 발음되므로, 후자일 가능성이 높다. 그렇지 않다면 베트남 사람들이 quyên의 uy를 단모음이 아닌 복모음 [ui]로, 즉 [꾸이엔]으로 발음하는 상황에서 [ui]를 단모음인 ü로 표기하지는 않았을 것이다. 베트남 문자 y는 i[i]보다 긴 [iː]를 나타낸다.

또한 칼그렌이 예로 든 圭, 奎가 속한 蟹섭의 합구 4등자의 한국 한자음이 모두 'ㅠ'로 실현된 것은 아니다. 오히려 더 많은 상용자들, 예를 들면 桂계, 惠혜, 慧혜와 같은 글자들은 'ㅖ'로 실현되었으니 칼그렌의 논리대로라면 圭가 '규'로 실현된 것은 실제로 아무 증거가 되지 않을 수 있다. 그러므로 합구 3등 개음이 베트남 한자음에서 iw가 아닌 wi의 순서로 결합된 것은 합구 3등 운모를 재구성할 때 베트남 한자음이 한국 한자음만큼이나 강력한 증거가 될 수 있음을 의미한다.

합구 3등 개음 wi를 한글로 표기하면 아마도 'ㅟ'일 것이다. iw를 발음하면 'ㅠ'가 되고 wi를 발음하면 'ㅟ'가 된다. 현재 교육부의 중국어 한글 표기법이든 엄익상(2002)이 제시한 중국어 한글 표기법이든 모음 [y]는 모두 'ㅟ'로 표기된다. 예를 들면 君군의 중국어 발음 [tɕyn]은 한국어로 '쥔'으로 표기된다. 이것은 촬구 개음 [y]가 iw보다는 wi와 가깝고, 따라서 wi에서 비롯했을 가능성을 보여 준다. 또한 음절의 공명도는 핵음에 가까울수록 높은데, 활음보다는 모음이 공명도가 높으므로 iw보다는 wi 다음에 주요모음이 오는 것이 공명도 연쇄 원리(SSP)에도 부합한다.[8] 그러므로 [y] 모음은 wi에서 비롯된 것으로 보아야 한다.

---

8) 『절운』에서 중뉴의 차이를 개음 *i와 *j로 보고 있으므로, 모음 *i는 확실히 3등 개음 중 하나였고, 합구 개음은 w로 보기 때문에, 중고 중국어의 합구 3등 개음은 iw 또는 wi였다고 가정할 수 있다. 공명도 연쇄 원리(Sonority Sequencing Principle)에 의하면 음절의 공명도는 핵음에 가까울수록 높아지고 핵음에서 멀어질수록 낮아진다. 엄익상(2019:65) 참조.

그러나 칼그렌이 한국 한자음에 근거해 합구 3등 개음을 iw의 순서로 재구성했으므로, 한국 한자음 자료의 표기 방법에 대해 살펴볼 필요가 있다.

현재 쓰이는 중국어 한글 표기법은 조선시대 자료에 쓰인 표기법과 상당히 거리가 있다. 물론 조선시대는 지금과는 몇백 년의 차이가 나고, 그 사이에 일부 중국 한자음은 바뀌었기 때문에, 차이가 나는 것은 당연한 일이다. 그러나 같은 한자음의 표기도 차이를 보인다. 예를 들면 중국어에서 운모가 *uei였던 글자들의 모음이 조선시대에 간행된 『역어유해譯語類解』에 다음과 같이 모두 'ᅱ'로 표기되어 있다.[9)]

〈표 4-4〉 止蟹섭 글자의 17세기 중국어 발음

止섭	귀櫃歸詭	퀴虧	위位圍	쉬水	쥐嘴	취吹
蟹섭	뒤對隊碓	퉈退推	눠內	뤼雷	쉬稅	휘會

止섭에는 3등운만 있는데, 위의 止섭 글자들은 모두 합구자合口字이다. 蟹섭 글자들의 경우 稅세는 합구 3등자이고, 나머지 글자들은 합구 1등자들이다. 위의 글자들이 『역어유해』보다 조금 일찍 간행된, 베이징北京 지역의 구어음을 반영한 것으로 알려진 『등운도경』의 루壘섭 합구 운도에 실려 있는데, 루 즈웨이(陸志韋 1988: 63)에 의하면 위의 글자들은 당시 운모가 *uei였다. 즉 蟹섭의 합구자와 止섭의 합구자들이 『역어유해』 간행 당시 *uei운모를 가졌던 것으로 보인다. 이 글자들의 운모를 현재 사용되는 교육부 표기법으로 표기하면 '우이'이고, 엄익상 표기법

9) 『역어유해』는 1690년 사역원에서 편찬한 중국어 어휘집으로, 중국어 어휘에 한글로 중국어 발음을 표기했다. 『역어유해』의 음은 당시의 구어음을 반영한 우음(右音)을 참조했다.

에 의하면 영성모일 경우 '웨이', 성모가 있을 때는 '우이'로 표기된다.

반면 현재 한글 표기법으로 'ㅟ'로 표기되는 촬구 운모의 중국어 발음은 『역어유해』에 훈민정음으로 다음과 같이 'ㅠ'로 표기되어 있다.

〈표 4-5〉 촬구호 글자의 17세기 중국어 발음

y	유魚雨諭	뉴女	규句	슈序	취娶	큐曲
ye	ᄋᆒ月	ᄉᆒ雪	ᄏᆒ蹶	ᄀᆒ決	ᄉᆒ說	
yn	윤雲運	균君軍	휸熏	슌巡		
yεn	ᄋᆑᆫ院園圓	ᄉᆑᆫ選宣旋	ᄀᆑᆫ捲眷	ᄏᆑᆫ圈權	ᄌᆑᆫ轉	ᄎᆑᆫ傳穿喘

현재 개음이나 주요모음이 [y]인 촬구호 글자들은 〈표 4-5〉에서 모두 개음이나 주요모음이 'ㅠ'로 표기되었다. 현재 選선, 捲권 등은 üan[yεn]이 운모이고, 魚어, 雨우, 女녀 등은 ü[y]가 운모이다. 또한 雲운, 運운, 熏훈 등은 ün[yn]이 운모이며, 月월, 雪설 등은 üe[ye]가 운모로, 현대 중국어의 모음 [y]가 일관되게 'ㅠ'로 표기되어 있다. 여기서 『역어유해』에 uei 운모가 'ㅟ'로 표기되었으므로, 합구 개음 wi도 똑같이 'ㅟ'로 표기할 수 없어서 'ㅠ'로 표기했을 가능성을 생각할 수 있다.

그러나 이와 같은 가능성 외에도 다른 이유도 있을 수 있다. 첫째, 『훈민정음해례본』에 의하면 'ㅟ'는 모음 'ㅜ'에 모음 'ㅣ'가 결합된 이중모음이므로, 중세 한국어에서 'ㅟ'는 '우이'였다고 추정할 수 있다. 현대 한국어에서도 '위로', '위안'과 같이 뒤에 다른 음절이 따라오는 경우가 아니면, 'ㅟ'는 여전히 이중모음으로 발음된다. 'ㅟ'를 발음하면 실제로 '위이'[yi]로 발음하게 되므로, 'ㅟ'는 ün[yn] 운모의 주요모음을 옮기는 것에는 적합하지만, 종성이 없는 ü[y] 운모의 음역音譯에는 적절하지 않다. 이러한 이유에서 uei가 '위'로 표기되었을 수 있다.

둘째, wi를 '위'로 표기하면 üan[yεn] 같은 운모는 한 음절로 표기할 수 없으므로, 당시 한 글자를 하나의 음절로 표기하던 표기 원칙을 지킬 수 없게 된다. 한글로 단음절로 옮기기 어려운 음절도 『역어유해』에 단음절로 표기되어 있다. 예를 들면 현재 2음절로 표기되는 造조는 '잪', 走주는 '즉', 裁재는 '채'로 표기되어 있다. 이 글자들은 교육부 표기법으로는 각각 '짜오', '쩌우', '차이'이고, 엄익상(2002) 표기법으로는 각각 '짜오', '쪼우', '차이'이다. 현재 üan[yɛn]은 교육부 표기법으로는 '위안', 엄익상 표기법으로는 '위앤'인데, 조선시대 표기법으로도 개음 'ᅱ'를 넣어 üan을 단음절로 표기하기는 어려웠을 것이다. 'ㅠ' 역시 [y]의 음역에는 적합하지 않지만, 'ㅠ'를 사용하면 적어도 당시 표기법으로 üan을 단음절로 표기할 수 있었다.[10] 이러한 가능성을 고려하면 칼그렌이 제시한 증거가 결정적인 증거라고 볼 수 없다.

『역어유해』보다 거의 2백 년 후에 간행된 중국어 교재인 『어언자이집語言自邇集』에[11] 현재 촬구 운모로 읽히는 글자들이 모두 ü[y] 모음으로 표기되어 있어, 『역어유해』의 모음 'ㅠ'는 [y]를 나타냈을 가능성을 뒷받침하고 있다. 예를 들면 『어언자이집』에 魚는 yü, 女는 nü, 句구는 chü, 雲은 yün, 月은 yüeh, 君은 chün, 原원은 yüan, 捐연은 chüan, 喧훤은 hsüan 등으로 표기되어 있어, 이 글자들이 당시 모두 ü[y]를 주요모음이나 개음으로 지니고 있었음을 보여 준다. 만일 『역어유해』에 'ㅠ'로 표기된 합구 3등 개음을 iw로 가정하면 2백년이 안 되는 기간

---

10) 〈표 4-5〉를 보면, 현재 중국어에서 촬구 운모로 읽히지 않는 章계 3등 글자들이 촬구 운모로 수록되어 있다. 예를 들면 轉은 '줜'으로, 傳, 穿, 喘은 '췐'으로 수록되어 있다. 이 같은 사실은 이 글자들의 운모 역시 당시 wian이었는데, 이후 章계가 莊계에 합류하자 i 개음을 잃었음을 나타낸다.

11) 『어언자이집(語言自邇集)』은 영국인 토마스 웨이드(Thomas Francis Wade)가 중국에 거주하는 영국인을 대상으로 출간한 중국어 교재이다. 1867년 초판이 나오고 1886년 제2판이 출판되었다.

에 iw는 wi로 음성 전위(metathesis)가 되고 뒤이어 단모음인 촬구 개음 [y]가 되었다고 가정해야 한다. 그러나 그보다는 베트남 한자음에 보이는 증거대로 합구 3등 개음은 처음부터 wi였다고 보는 것이 합리적이다.

보통 중고 중국어의 합구 개음은 *w, 3등 개음은 *i로 보는데, *i는 형성자끼리 성부가 같은 해성 현상에 아무런 영향을 미치지 않지만, 합구 개음은 해성 현상에 영향을 미친다. 예를 들면 합구호 글자인 官관, 棺관은 운이 같은 개구호 글자인 干간, 竿간, 肝간과 성부가 다르다. 따라서 리 팡꾸이(李方桂 1982:16-17)는 이 글자들이 압운하는데도 해성 현상을 보이지 않는 이유가 성모가 다르기 때문이라고 해석했다. 즉 官, 棺의 성모는 $*k^w$, 干, 竿, 肝의 성모는 *k이므로 성부가 다르다는 것이다. 또한 합구 운모는 『절운』에서 주로 순음과 설근음 성모 뒤에서 출현하기 때문에, 리 팡꾸이는 상고 중국어에는 원래 합구 개음이 없었고, 이후 순음과 원순 설근음 성모 k^w, k^{hw}, g^w, $ŋ^w$, $ʔ^w$, h^w의 영향으로 합구 개음이 생겨나서 일부 설첨음 운미 운의 운모에까지 영향을 미친 것으로 분석했다. 본서에서도 상고 중국어에는 *k, $*k^h$, *g, *ŋ, *ʔ, *h 외에도 원순 설근음 성모 $*k^w$, $*k^{hw}$, $*g^w$, $*ŋ^w$, $*ʔ^w$, $*h^w$가 존재했다고 본다.[12]

그런데 원순 설근음 성모 k^w에 3등 개음 i가 붙으면 k^wi가 되어 kiw가 아닌 kwi로 변했을 것이다. 앞에서 밝힌 대로 wi 다음에 주요모음이 오는 것이 음절의 공명도 연쇄 원리(SSP)에도 부합한다. 베트남 한자음에서 3등 개음 i와 합구 개음 u가 온전히 남아있는 운섭韻攝은 山섭과

---

12) 앞에서도 밝혔듯이 상고 중국어는 재구된 중고 중국어의 음운체계에 근거해 재구한 이차적인 음운체계이므로 **를 붙여야 하지만 편의상 * 하나만 붙였다.

梗섭뿐이며, 梗섭의 경우 兄형 huynh[huiɲ], 傾경 khuynh[xuiɲ]과 같이 후아음 성모 뒤에서만 [ui]의 형태가 출현했고, 山섭의 경우에도 합구 3등 개음이 [ui] 개음으로 실현된 글자들은 대부분 후아음 성모 글자들이고, 설첨음 성모와 기타 성모 글자들은 소수였다.[13] 그러므로 베트남 한자음에서 합구 3등 개음이 wi의 순서로 실현된 것은 원순 설근음이 존재했음을 입증하기도 하지만, 동시에 합구 3등 개음이 wi였음을 입증하는 강력한 증거가 된다. 이 부분은 상고 중국어 성모 부분에서 원순 설근음 성모가 존재했음을 증명하는 자료와 함께 자세히 다룰 것이다.

4.4 4등운의 개음

미네야 토오루(三根谷徹 1972)의 저서 뒷부분에 실린 「베트남 한자음 대조표」에 의하면 SV에서는 4등운에 i 개음이 있다. 왕 리는 4등운에도 i 개음을 재구했으나 최영애는 개음이 없었던 것으로 보았다(〈표 2-4〉 참조). 『광운』에 4등운은 제齊, 선先, 소蕭, 청靑, 첨添운의 5개 운만 있다. 한국 한자음은 4등자에 i 개음이 있는데, OSV에도 4등자에 개음이 있는지 살펴본다. OSV가 남아있는 4등자의 베트남 한자음은 다음과 같다.

	SV	OSV		SV	OSV
繭	kiển	kén	結	kiết	kết
溪	khê	khe	叫	khiếu	kêu
挑	khiêu[14]	khêu	煉	luyện	rèn

---

13) 제2편의 〈표 1-6〉 山섭 합구 3, 4등자의 베트남 한자음(144쪽)을 참고하라.
14) 挑(도)는 미네야 토오루(1972)의 책 뒤에 실린 「베트남 한자음 대조표」(6

練	luyện	rèn	蓮	liên	sen
零	linh	riêng	禮	lễ	lạy
邊	biên	bên	撇	phiết	phết
癟	biết	bẹt	錫	tích	thiếc
燕	yến	én	底	để	đáy
殿	điện	đền	節	tiết	tết
墊	điếm	đệm	點	điểm	đếm
停	đình	đứng	齊	tề	tày
添	thiêm	thêm	貼	thiếp	thếp
替	thế	thay	閉	bế	bít/bịt[15)]
蜆	hiến[16)]	hến			

대체로 중고 중국어음을 반영한 SV에는 i 개음이 있는 반면, 한대 중국어음을 반영한 OSV에는 i 개음이 없다. 따라서 i 개음은『절운』 이후에 생겨났을 가능성이 높다. 한자음은 어휘에 따라 SV가 쓰이기도 하고 OSV가 쓰이기도 한다. 예를 들면 위의 4등자 가운데 절節의 SV는 tiết, OSV는 tết인데, 명절을 뜻하는 단어에는 OSV인 tết이 쓰인다. 음력설은 tết âm lịch(節陰曆), 양력설은 tết dương lịch(節陽曆)이라고

쪽)에 thao로 음이 표기되어 있으나 판 우원(2000:64)과『네이버 베트남어 사전』에는 khiêu로 수록되어 있다. 음운변화 규칙에 맞지 않게 변한 것 같지만, 설음 성모 글자 가운데 후아음 성모 글자와 해성 현상을 보이는 글자가 있다. 제2편 1.2 설음 부분을 참고하라.

15) 판 우원(2000:215)은 bít만을 제시했으나 bịt도 같은 의미로 사용되어 한대음을 반영하는 어휘로 볼 수 있다.

16) 蜆(현)은『광운』선(銑)운에 匣모인 胡典切(호전절), 曉모인 呼典切(호전절) 두 개의 반절로 음이 표기되어 있고 산(霰)운에도 溪모인 苦甸切(고전절)로 음이 표기되어 있다. 판 우원(2000:64)에는 중고음이 hiện으로 표기되어 있지만, 미네야 토오루(1972)의「베트남 한자음 대조표」(32쪽)에는 曉모로 되어 있고 hiến으로 음이 표기되어 있다.

한다. 반면 한자어인 절기節氣는 tiết khí로 i 개음이 있는 SV가 쓰인다.

4.5 중운重韻

같은 운섭에 속하는 1, 2등운 가운데 개합과 등이 같은 운이 두 개 이상 있을 경우, 이 둘 이상의 운을 중운이라고 한다. 중운은 시간이 흐르면서 말소리가 변화하여 생긴 현상이다. 즉 『절운』 이전에 나뉘어 있던 운들이 같은 운섭으로 들어가면서, 개합과 등이 같은 채로 한 운섭 안에 존재하게 된 것이다. 중운에 속하는 운으로는 동東운과 동冬운, 해咍운과 태泰운, 산刪운과 산山운, 경庚운과 경耕운, 담覃운과 담談운, 함咸운과 함銜운이 있고, 또한 개皆, 가佳, 쾌夬운은 세 개의 운이 중운이다.

학자들은 중운의 차이를 대체로 주요모음의 차이로 본다. 칼그렌(1985:85, 76)은 위의 중운 가운데 東운(*uŋ)과 冬운(*uoŋ), 庚운(*ɐŋ)과 耕운(*ɛŋ)은 주요모음의 차이로 보고, 나머지 중운은 모두 주요모음의 장단長短 차이로 보았다. 확실한 것은 중운의 글자들은 서로 분명히 구분되는 운이었고, 운도 시기에 이르러 비슷하게 변화되어 한 운섭에서 같은 등에 속하게 되었다가 운도 시기 이후에는 하나의 음으로 통합되었다고 할 수 있다.

1. 咍泰운 및 皆佳夬운

최영애(2000:156)는 한국 한자음에서 咍운과 泰운 및 皆, 佳, 夬운의 주요모음이 차이 나는 것을 다음과 같이 정리해 놓았다. 1등운인 咍운과 泰운의 한국 한자음이 차이가 나고, 2등운인 皆, 佳, 夬운의 한국 한자음도 서로 차이가 나는 것을 볼 수 있다.

咍운: 開기 怠틱 海힉 代딕 來릭
泰운: 蓋개 泰태 害해 大대 奈내

皆운: 皆기 楷힉 排빅
佳운: 街개 賣매
夬운: 敗패 快쾌

위의 한국 한자음에 의하면 1등운인 咍운은 *ɒi, *wɒi, 泰운은 *ɑi, *wɑi로 재구성할 수 있다. 그러나 皆, 佳, 夬 세 2등운의 재구음은 학자마다 조금씩 다르다. 〈표 2-4〉에서 볼 수 있듯이 최영애와 왕 리 모두 皆운은 *ɐi, *wɐi, 佳운은 *ai, *wai로 재구성했다. 夬운의 경우 최영애는 *əi, *wəi로 재구했고 왕 리는 *æi, *wæi로 재구했다. 루 즈웨이는 佳운은 *æi, 皆운은 *ɐi, 夬운은 *ai(ɐi)로 재구했고, 판 우윈은 佳운은 *ɯæ, 皆운은 *ɯæi, 夬운은 *ɯai로 재구했다(潘悟雲 2000:86).

佳운과 夬운의 글자들은 베트남 한자음에서 ai 운모로 실현되었고, 皆운 글자도 대체로 ai로 실현되었으나, 皆운의 見모 글자 절반 정도는 ơi[əi]로 실현되었다. 예를 들면 界계, 介개, 戒계, 誡계 등은 giới 음만이 현재 사용되고 있다.[17] 따라서 베트남 한자음에 의하면 皆운의 주요모음이 ə였을 가능성이 있다. 皆운의 주요모음을 *ə로 재구하면 夬운의 주요모음은 ə와 같은 중설 모음 *ɐ로 재구할 수 있다.

2. 覃談운과 咸銜운

皆, 佳, 夬운 외에 다른 중운에서는 한국 한자음이 대체로 차이를

17) 미네야 토오루(1972)의 「베트남 한자음 대조표」에는 界, 介, 戒, 芥를 포함한 여러 글자들이 ai와 ơi[əi] 두 운모를 갖는다고 되어 있으나, 界, 介, 戒, 誡 등은 『네이버 베트남어 사전』에 ơi[əi] 운모로만 음이 표기되어 있다.

보이지 않는다. 그러나 한대 베트남 한자음에서는 1등운인 覃운과 談운 및 이 두 운에 대응되는 입성운 합合운과 합盍운이 차이를 보인다.

	SV	OSV		SV	OSV
感(감)	cảm	cám	蠶(잠)	tàm	tằm
含(함)	hàm	gồm	函(함)	hàm	hòm
納(납)	nạp	nộp	答(답)	đáp	đốp
盒(합)	hạp	hộp			

OSV가 남아있는 覃, 合운의 한자는 위의 7개이다. 이 가운데 感, 蠶 두 글자를 제외한 나머지 5개 글자가 OSV에서 주요모음이 원순 모음인 ô[o] 또는 o[ɔ]로 실현되었다. 반면 다음의 談, 盍운 글자는 SV에서와 마찬가지로 OSV에서 주요모음이 a로 실현되었다.

	SV	OSV
藍(람)	lam	chàm
臘(랍)	lạp	chạp
蠟(랍)	lạp	sáp

학자들이 談盍운의 주요모음을 평순 모음 *ɑ로 재구성하고 覃合운의 주요모음은 ɑ에 대응되는 원순 모음인 *ɒ로 재구성했는데, 覃合운의 OSV는 학자들의 재구음을 뒷받침한다고 볼 수 있다. 盒의 OSV가 hộp[hop]인 것을 보면, 단위 명사로 쓰이는 우리말의 '홉'도 盒의 상고 중국어에서 유래했을 가능성이 있다.[18)]

18) '홉'은 곡식 등을 계량할 때 사용되는 그릇으로 '되'의 1/10 크기이다. '되' 역시 斗(두)의 한자음에서 왔을 가능성이 있다. 斗의 OSV는 đấu[dəu]인데,

咸섭의 또 다른 중운인 2등 咸운과 銜운 및 두 운에 대응되는 입성운 흡洽운과 압狎운 글자 가운데 OSV가 남아있는 글자는 많지 않다. 먼저 咸운과 洽운의 OSV를 살펴본다.

	SV	OSV		SV	OSV
喃(남)	nam	nôm	斬(참)	trảm	chém
饞(참)	sàm	thèm	陷(함)	hãm	trõm
袷(겹)	giáp	kép	夾(협)	giáp	kẹp
狹(협)	hiệp	hẹp			

咸운의 서성운 네 글자 가운데, OSV에서 喃, 陷 두 글자의 주요모음이 원순 모음인 ô[o]와 o[ɔ]로 실현되었고, 나머지는 입성자를 포함해 모두 주요모음이 e[ɛ]로 실현되었다. 반면 銜운과 狎운 글자의 주요모음은 두 글자뿐이긴 하지만 OSV에서 모두 [ɛ]르 실현되었다.

	SV	OSV
監(감)	giám	kèm
壓(압)	áp	ép

그런데 咸섭의 2등운 글자들 외에도 假, 蟹, 山, 效섭의 2등자 가운데 OSV에서 주요모음이 [ɛ]로 실현된 글자들이 많다. 이것은 한대 개음의 영향을 받은 것으로 주요모음이 [ɛ]였던 것은 아니다(상고음 운부 부분을 참고하라). 그러므로 咸운의 글자인 喃과 陷의 주요모음이 OSV에서

이중모음도 한 음절로 받아들이는 한국어의 특성과 盒과 斗가 음식을 담는 기구의 명칭으로서 물건을 계량하는 데에도 사용되었다는 점을 고려하면, 한국어 어휘 '홉'과 '되'가 상고 중국어음에서 유래했을 가능성이 있다.

원순 모음으로 실현된 것은 咸운의 주요모음이 銜운보다는 후설 모음이었음을 증명한다고 볼 수 있다. 따라서 銜운의 주요모음은 *a로, 咸운의 주요모음은 *ɐ로 재구성할 수 있다.

3. 山刪운

覃운과 談운, 咸운과 銜운의 한자음은 OSV에서 차이를 보이지만, 다른 중운의 한자음은 SV에서 차이를 보인다. 먼저 2등운인 山운과 刪운 글자들의 SV를 살펴본다.

山운	山(산) sơn	閑(한) nhàn	限(한) hạn	眼(안) nhãn, nhỡn
刪운	刪(산) san	顔(안) nhan	班(반) ban	蠻(만) man

윗줄의 山운 글자 가운데 ơn[ən]으로 실현된 글자가 있고, 刪운의 글자들은 예외 없이 an으로 실현되었다는 점에서 山운과 刪운의 주요모음이 미세하게나마 차이가 있었음을 짐작할 수 있다. 따라서 예외 없이 an으로 실현된 刪운의 글자들을 *an으로 재구성하면, 山운의 글자들은 ə와 같은 중설 모음 ɐ가 주요모음인 *ɐn으로 재구성할 수 있다.

4. 庚耕운

2등운인 庚운과 耕운의 SV와 한국 한자음은 거의 차이가 나지 않는다. 庚운과 耕운 2등자의 한국 한자음을 아래에 예시한다. 한국 한자음은 조선시대 정조 때 간행된 『전운옥편』에 수록된 음이다.

庚운	庚경	衡형	坑깅	亨형	生싱	冷링
耕운	耕경	耿경	爭징	抨평	萌밍	諍징

庚운 3등에는 순음과 후아음 성모 글자들만 있다. 한편 淸운의 설음과 치음 성모 글자들은 운도의 3등에 배열되어 있고[19] 순음, 아음, 후음 성모 글자들은 운도의 4등에 배열되어 있어 淸운은 마치 다른 운의 중뉴 4등운처럼 보이는데, 이러한 이유로 리 신쿠이와 백스터는 庚운과 淸운이 중뉴 관계라고 보았다. 앞에서 庚운 3등과 淸운이 중뉴 관계라고 결론지었다. 그러므로 淸운자들의 한국 한자음을 살펴보고 淸운과 庚운의 주요모음을 같은 모음으로 재구성하는 것도 하나의 방법이다. 다음은 淸운 글자들의 한국 한자음이다.

正정 整정 鄭정 政정 呈정 成셩 聲셩 聖셩 盛셩

한국 한자음에서 淸운자들의 운모가 모두 iəŋ으로 실현된 것을 볼 수 있다. 庚운에는 2등운도 있으므로 庚운의 주요모음을 중설 모음 ə보다 조음 위치만 조금 낮은 중설 모음 ɐ로 보면, 庚운이 중뉴 3등운, 淸운이 중뉴 4등운이므로 庚운 3등은 *iɐŋ, 淸운은 *jɐŋ이 된다. 庚운 2등은 개음이 없는 *ɐŋ이 되고 耕운은 '앵'을 반영해 *ɛŋ으로 재구성할 수 있다.

庚운과 耕운의 상고 중국어음 역시 위와 같이 재구성하는 것을 뒷받침한다. 庚운의 글자들은 상고 중국어의 陽운부에서 왔고 陽운부의 주요모음은 *a로 재구된다.[20] 耕운의 글자들은 耕운부에서 왔고 耕운부의 주요모음은 *i로 재구된다. 모음사각도에서 a, ɐ, i, ɛ의 위치를 고려하면 庚운의 주요모음이 *a>*ɐ가 되어 *aŋ>*ɐŋ으로 변화되고,

---

19) 치두음 성모 글자는 예외이다. 淸운 치두음 성모 글자들은 4등에 배열되어 있는데, 치두음 성모 글자는 3등자여도 운도의 체재상 4등에 배열된다.
20) 이 부분은 제2편 상고 중국어의 운부 부분을 참고하라.

耕운의 주요모음은 *i>*ɛ가 되어 *iŋ>*ɛŋ으로 변화되었다고 보는 것이 *iŋ>*ɐŋ으로 변했다고 가정하는 것보다 합리적이다.

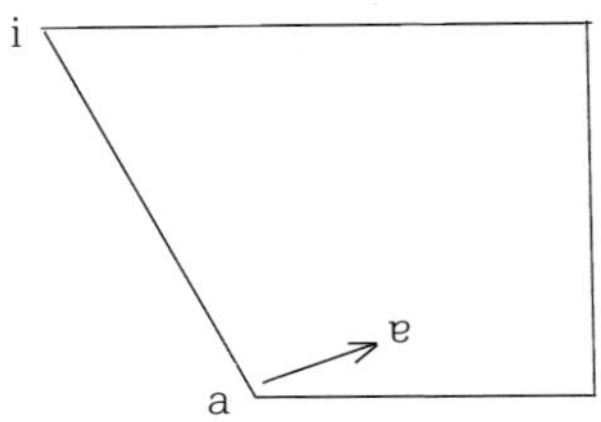

〈그림 4-1〉 庚운 주요모음의 변화

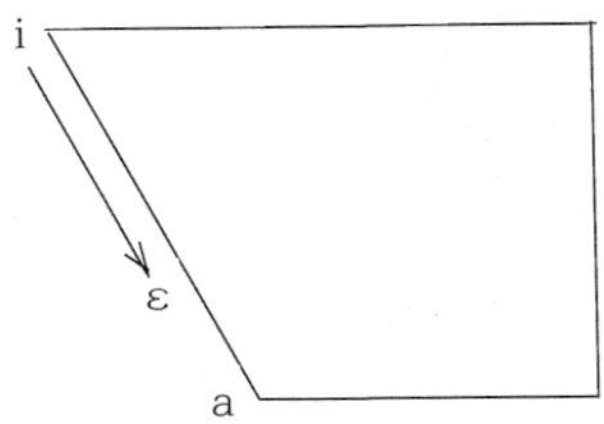

〈그림 4-2〉 耕운 주요모음의 변화

베트남 한자음도 庚운을 *ɐŋ, 耕운을 전설모음 운인 *ɛŋ으로 재구성하는 것을 뒷받침한다. 〈표 4-6〉을 보면 庚운 글자들의 주요모음은 모두 [a]로 실현되었으나, 耕운 글자들의 경우에는 牼경, 硜갱, 경, 俓경과 같이 주요모음이 [i]로 실현된 글자가 더러 보인다. 이것은 耕운의 주요모음이 庚운의 주요모음보다 더 전설음이었음을 의미한다.

〈표 4-6〉 庚耕운 글자의 베트남 한자음

운 \ 성모	見母	溪母	疑母
耕운	canh 耕耿 cach 革鬲隔膈	khanh 鏗硜 kinh 牼硜 thanh 謦	nghinh 俓 nganh 硬
庚운	canh 庚賡粳更 nganh 梗 cach 格	khanh 坑阬 khach 客喀揢	ngach 額詻 nhach 額

5. 東冬운

다음은 東운과 東운에 대응되는 입성운인 屋운 글자들의 베트남 한자음이다. 東운 3등자도 1등자와 마찬가지로 베트남 한자음에서 i 개음이 없고 주요모음이 원순 모음으로 실현되었다. 다음에서 中중, 菊국만 3등자이고 나머지는 1등자이다.

	SV	OSV		SV	OSV
籠(롱)	lung	lồng	中(중)	trúng	đúng
葱(총)	thông	song	菊(국)	cúc	khúc
讀(독)	độc	đọc	木(목)	mộc	mọc

OSV가 남아있는 冬운자는 없지만, 冬운과 개음의 차이만 있었던 것으로 보이는 3등운인 종鍾운과 鍾운에 대응되는 입성운 촉燭운의 글자는 꽤 많이 찾을 수 있었다. 東운 3등자와 마찬가지로 鍾운, 燭운 글자의 베트남 한자음에는 i 개음이 없다. 다음은 鍾, 燭운 글자의 베트남 한자음이다.

	SV	OSV		SV	OSV
壟(롱)	lũng	luống	龍(룡)	long	rồng
勇(용)	dũng	dõng	容(용)	dung	dong
種(종)	chủng	giống	鐘(종)	chung	chuông
重(중)	trọng	chuộng	寵(총)	sủng	chuộng
局(국)	cục	cuộc	錄(록)	lục	lọc
屬(속)	thục[21)]	thuộc	贖(속)	thục	chuộc
辱(욕)	nhục	nhuốc	燭(촉)	chúc	đuốc

鍾운의 SV는 -ung[uŋ] 또는 -ong[ɔŋ]으로, 燭운은 -uc[uk]으로 실현되었지만, OSV는 상당수가 uông[uoŋ]과 uôc[uok]로 실현되었다. 冬운은 위의 OSV를 참고하면 uoŋ으로 재구성할 수 있는데, 한국 한자음에

---

21) 屬은 thục 외에 chúc으로도 읽힌다.

서는 東운 1등운과 冬운이 전혀 구분되지 않는다. 그러나 東운 3등자와, 冬운과 개음만 다른 3등운인 鍾운의 글자들은 한국 한자음이 차이를 보인다.

中듕	戎융	崧슝	隆륭	蟲츙	仲듕	衆즁	崇츙正슝	(東운 3등)
鍾죵	容용	松숑	從죵	龍룡	重듕	種죵	總춍	(鍾운)

위의 한국 한자음을 살펴보면 東운 3등의 주요모음은 u, 鍾운은 o였던 것으로 보인다. 따라서 東운의 운모는 *uŋ, *iuŋ으로 재구된다. 冬운의 경우 왕 리는 *uoŋ으로 재구하고, 대응되는 3등운 鍾운을 *ĭwoŋ으로 재구했다. 그런데 局국, 續속, 綠록 등 鍾운에 대응되는 燭운의 입성자들이 현재 촬구 운모를 갖는다. 촬구 운모는 wi 개음을 가정해야 그 음운변화를 설명할 수 있다. 그렇다면 燭운은 wiok이 되고, 입성 운미와 주요모음이 소실되면서 wi>y로 변화하여 촬구 운모가 형성된 것으로 보아야 한다.[22] 그렇다면 鍾운은 왕 리의 재구음 ĭwoŋ에서 3등 개음의 순서가 바뀐 *wioŋ으로 재구하는 것이 앞에서 3등 개음의 순서를 wi로 재구한 것과도 일치한다. 이 경우 대응되는 1등운 冬운은 *woŋ이 된다.

4.6 江섭의 주요모음

江섭에는 2등운인 江운만 있다. 江운의 글자들은 한국 한자음으로는 모두 'ㅏ'모음으로 실현되었고 江섭은 나중에 宕섭에 병합되었기 때문

22) 이렇게 변화한 燭운의 글자들이 소수 屋운(*iuk)의 입성자들에도 영향을 미쳐서 소수 屋운의 글자들도 촬구 운모를 갖는다. 자세한 것은 제2편의 상고 중국어 원순 설근음 성모 부분을 참고하라.

에, 『광운』의 순서에서 江운이 원순 모음 운인 東, 冬, 鍾운 바로 다음에 실린 것과 『절운지남』의 16섭에서도 通섭 다음에 江섭이 오는 것에 대해 그 순서에 의문이 생길 수 있다. 江운의 글자들은 상고 중국어의 東운부와 冬운부에서 온 글자들로 구성된다. 상고 중국어 운부 부분에서 다루겠지만, 東운부의 주요모음과 운미는 *uŋ, 冬운부의 주요모음과 운미는 *əŋʷ으로 재구성된다. 東운부에서 江운이 된 글자들은 주요모음이 u>ɔ로 저모음이 되고, 冬운부에서 江운이 된 글자들은 원순음 운미의 영향으로(*əŋʷ>ɔŋ, *əkʷ>ɔk) 주요모음이 ə>ɔ로 변화되어 江섭을 구성했다고 볼 수 있다.

OSV에서 江섭 글자들의 주요모음이 ô[o] 또는 o[ɔ]로 실현된 것은 江섭 글자들의 주요모음이 『절운』 이전에는 通섭의 글자들처럼 원순 모음이었음을 보여 준다.

	SV	OSV		SV	OSV
江(강)	giang	sông	腔(강)	xoang	giọng
撞(당)	tráng	đụng	缸(항)	hàng	cong
角(각)	giác	góc	剝(박)	bác	bóc

SV에서도 o모음을 갖는 江섭 글자들이 있다. 다음은 입성 각覺운을 포함한 江운 글자들 가운데 SV가 a 모음이 아닌 원순 모음으로 실현된 글자들이다.

窓(창) song	雙(쌍) song	棒(봉) bổng
學(학) học	濁(탁) trọc	捉(착) tróc

江운의 글자들은 『절운』 이후 운도 시기에는 宕섭에 합류했으나 위와 같이 베트남 한자음에서 원순 모음 o[ɔ], ô[o]로 실현된 글자들을

통해 『절운』 시기까지는 원순 모음 *ɔ가 주요모음이었음을 알 수 있다. 『광운』의 순서에 맞게 東운, 冬운, 江운의 주요모음이 원순 모음의 개구도의 순서대로 u, o, ɔ로 재구되는 것은 우연이 아닐 것이다.

4.7 眞운과 侵운의 주요모음

深섭에는 3등운인 侵운만 있는데, 眞운과 마찬가지로 중뉴 운이다. 따라서 학자들은 侵운의 주요모음을 眞운의 주요모음과 똑같이 재구성한다. 臻섭과 深섭의 글자들이 소수 예외를 제외하고 운미만 다를 뿐이라고 보기 때문이다. 그런데 眞운이 속한 臻섭에는 개구 3등운이 眞운 외에 흔欣운도 있다. 판 우윈(2000:73-74)은 칼그렌이 欣운을 *iən으로, 眞운을 *ien으로 재구하고, 眞운과 같은 중뉴 운인 侵운은 *iəm으로 재구한 것은 오류라고 비판했다. 리 룽(李榮 1973:144)은 칼그렌처럼 眞운과 侵운의 주요모음을 다르게 欣운은 *iən, 眞운은 *iĕn, *jĕn, 侵운은 *iəm, *jəm으로 재구했다.

판 우윈은 풀리블랭크(Pulleyblank)와 마찬가지로 眞운을 *in, 侵운을 *im으로 재구했다. 판 우윈은 in은 여러 언어에서 흔히 볼 수 있는 운인데, 중고 중국어에는 운이 매우 많은데도 in이 없다는 것은 이해하기 어려운 일이라고 언급했다. 그는 또한 眞운을 ien으로 보면 i 개음이 생긴 후의 先운(4등운)과 음이 같아진다는 점도 지적했다. 판 우윈은 중뉴 3등운은 *ɯin으로, 중뉴 4등운은 *in으로 재구했고, 풀리블랭크는 중뉴 3등운은 *i̯in으로, 중뉴 4등운은 *jin으로 재구했다(潘悟雲 2000:87). 조우 파까오周法高는 眞운 중뉴 3등운은 *ien으로, 중뉴 4등운은 *iɪn으로 아예 주요모음을 다르게 재구했다(潘悟雲 2000:87).

OSV에서는 眞운자의 주요모음과 운미가 대체로 in으로 실현되었고,

SV에서는 ân[ən]으로 실현되었다. 여러 학자들이 眞운의 주요모음을 e로 재구성한 것은 欣운의 주요모음이 ə로 재구되어서 두 운을 구분해야 하기 때문인데, OSV와 한국 한자음 등을 참고하면 眞운은 ien보다는 in이었던 것으로 보인다.

	SV	OSV		SV	OSV	
緊(긴)	khẩn	kín	申(신)	thân	xin	
辰(진)	thần	thìn	信(신)	tín	tín/tin	
印(인)	ấn	in				

위에 제시된 글자들처럼 상고 중국어에서 眞운부에 속했던 3등자 編편이 위의 眞운자들과는 달리, 중고음에서 仙운(*iɛn)으로 들어갔다. 編의 SV는 biên[ɓien]이므로, 당시 眞운의 운모가 ien이었다면 編은 仙운으로 들어가지 않았을 것이다. 또한 仙운의 재구음이 *iɛn인데, 眞운도 *ien이라면, 흔한 운모인 in이 없으면서 음이 매우 비슷한 운모만 두 개를 재구하는 셈이 된다. 더욱이 판 우원이 지적한 대로 ien은 i 개음이 생긴 先운자들의 운모이기도 하다.

본서에서는 중뉴 4등운의 개음을 *j로 설정했다. 따라서 眞운의 중뉴 3등운은 *in, 중뉴 4등운은 *jin으로 본다. 이렇게 하면 합구운은 중뉴 3등운이 *win, 중뉴 4등운은 *wjin이 된다.[23]

侵운 글자들의 OSV도 im으로 실현되었다. 그러나 상고 중국어 음운 자료에서 侵운자들의 압운 상황을 보면 侵운의 상고음은 *əm으로 재구된다. 아마도 侵운자 일부는 운모가 im이었을 수도 있다. 상고 중국

23) 眞운 합구자로는 均(균), 鈞(균), 勻(균, 윤), 旬(순) 등이 있는데, 현대 표준 중국어에서 모두 [yn]으로 읽힌다. y는 wi에서 변화된 것으로 보인다.

어에 -m 운미 운부는 談운부(*am)와 侵운부(*əm) 2개뿐이지만, -n 운미 운부는 元운부(*an), 文운부(*ən), 眞운부(*in)로 3개나 된다. 眞운부에 대응되는 -m 운미 운부가 없는 셈인데, 侵운부 글자들 가운데 일부는 *əm, 일부는 *im이었을 수 있다.

그런데 侵운의 글자들은 근대 중국어에서도 주요모음이 ə로 재구된다. 侵운의 주요모음이 상고음과 근대음에서 *ə로 재구된다면, 예외인 글자가 있다고 해도 대다수 侵운자의 중고 시기 주요모음도 *ə였을 것이다. 深섭에는 侵운만 있고 주요모음이 ə인 다른 운도 없다. 대부분의 현대 중국어 방언에서도 侵운의 글자들 가운데 설상음과 정치음 성모 글자들은 ə가 주요모음이고 다른 성모의 글자들은 iən(<*iəm)에서 ə가 탈락한 in이 운모이다.[24] 深섭에 중고음이 iəm으로 보이는 다른 3등운이 있다면 侵운의 주요모음을 眞운처럼 설정해야 하겠지만 侵운만이 있는 상황에서 -n 운미의 중뉴 운과 주요모음이 같았다고 가정해야 할 근거는 없다.[25] 본서에서는 侵운의 상고음 및 근대음과 일치하도록 侵운의 중고음을 *iəm과 *jəm으로 본다.

---

24) 위에(粵) 방언에서는 侵운 글자들의 주요모음이 ɐ로 실현되었다. ɐ는 ə와 같은 중설모음으로, 조음 위치는 ə보다 낮고 a보다 높은 모음이다.

25) 더욱이 한국 한자음에서는 眞운과 侵운의 중뉴 3등 순음 성모 글자의 주요모음이 다르게 실현되었다. 侵운의 중뉴 3등자는 성모와 관계없이 모두 'ㅡ' 모음으로 실현되었는데, 眞운의 중뉴 3등자의 경우 후아음 성모 글자는 'ㅡ' 모음으로 실현되었고 순음 성모 글자는 'ㅣ' 모음으로 실현되었다. 예를 들면 侵운의 중뉴 3등자 品(품)은 『전운옥편』에 '픔'으로 표기되어 있다. 반면 眞운의 중뉴 3등자 賓, 敏의 한국 한자음은 각각 '빈', '민'이다. 그러므로 眞운과 侵운의 주요모음이 반드시 일치한다고 할 수 없다.

4.8 梗섭의 운미

梗섭 글자들의 SV 역시 베트남 한자음의 두드러진 특징 중 하나이다. 梗섭의 양성운 글자들은 소수 방언을 제외한 중국어와 한국 한자음에서 모두 -ŋ 운미로 실현되었고 입성자들은 -k 운미로 실현되었는데, 베트남 한자음(SV)에서는 양성운 글자의 운미가 경구개 비음인 -ɲ(nh)으로 실현되고 입성자의 운미도 경구개음 -c로 실현되었다. ch는 어두자음으로 쓰이면 한국어의 치조경구개음 ㅉ[tɕ]로 발음되는데, 종성으로 쓰이면 대체로 경구개음 [c]로 실현된다.

耕(경) canh	牼(경) kinh	革(혁) cach	隔(격) cach	(耕운)
庚(경) canh	坑(갱) khanh	格(격) cach	客(객) khach	(庚운)

하시모토 만타로(Hashimoto, Mantaro J. 1970)는 음운체계는 평형과 대칭을 이루는 특성이 있는데, 중고 중국어에 *m(明모), *n(泥모), *ŋ(疑모), *ɲ(日모) 네 개의 비음 성모가 있는 만큼 비음 운미도 똑같이 네 개가 있어야 한다는 관점을 제시했다. 그는 梗섭의 일부 글자들이 日모와 같은 구개음 운미 -ɲ를 가졌다고 주장했다. 이밖에 운도 시기 이후 근대 중국어에서 i 개음이 있는 후음, 아음 성모를 가진 글자들의 성모가 구개음이 되었다. 하시모토는 梗섭의 2등자만 후아음 성모를 유지한 것은 이 글자들이 가진 구개음 운미 -ɲ, -c가 성모까지 구개음이 되는 것을 막았기 때문으로 이것이 梗섭 글자들이 구개음 운미를 가졌었음을 가리키는 것이라고 주장했다.

梗섭 글자들의 SV는 하시모토가 제시한 梗섭의 구개음 운미설을 보완하는 것처럼 보인다. 중고 중국어와 달리 베트남어의 경구개 종성 -c와 -ɲ는 원시 베트남어에서부터 있었다는 주장도 있다.[26] 다음은

梗섭 글자의 SV와 OSV이다.

	SV	OSV		SV	OSV
鏡	kính	gương	碧	bích	biếc
冷	lãnh	lạnh	席	tịch	tiệc
零	linh	riêng	惜	tích	tiếc
命	mệnh	mạng	錫	tích	thiếc
聖	thánh	thiêng	亦	dịch	diếc
聲	thanh	tiếng	逆	nghịch	ngược
井	tỉnh	giếng	尺	xích	thước
正	chính	giêng	隻	chích	chiếc
停	đình	đừng			
鉦	chinh	chiêng			

왼쪽은 서성운舒聲韻, 오른쪽은 입성운 글자들의 베트남 한자음(SV)과 고대 베트남 한자음(OSV)이다. 베트남 문자로 ng은 [ŋ], c는 [k]이고 nh는 [ɲ], 종성 ch는 [c]이다. 冷랭을 제외한 모든 서성운 글자가 OSV에서 -ŋ 운미로 실현되었고 입성자들은 모두 -k 운미로 실현된 것을 볼 수 있다. 그렇다면 경구개 종성 -c와 -ɲ가 원시 베트남어에서부터 있었다고 단언하기는 어렵다. 또한 후아음 성모 2등자가 구개음이 된 것은 i 개음의 형성과 관련이 있다. 중국어에서 梗섭 2등자만 후아음 성모를 유지한 것은 梗섭의 후아음 성모 2등자는 대부분 i 개음이 생기지 않았기 때문이다. i 개음이 생긴 梗섭의 匣모 글자 行행, 幸행은 구개음이 되었다.[27]

---

26) 江佳璐(2015), 「越南漢字音的歷史層次硏究」, 國立臺灣師範大學 박사학위논문, 32쪽. 이병운(2015:718)에서 재인용.

27) 行은 물론 xíng 외에 háng의 발음도 있다.

따라서 몇 가지 가능성을 생각할 수 있다. 첫째, 梗섭 글자들이 베트남 한자음에서 경구개음 운미 -ɲ, -c로 실현된 것은 베트남어 자체에 발생한 음운변화로 인한 것이다. 베트남어 자체에서만 발생한 음운변화는 云모가 [v]로 실현된 것, 溪모가 [x]로 실현된 것, 중뉴 4등자의 순음 성모가 치조음 [t]로 변화된 것, 見모 2등자의 성모가 마찰음 [ʑ], [z]로 실현된 것 등 여러 가지가 있다. 따라서 梗섭 글자의 운미가 SV에서 구개음으로 실현되었다고 해서 梗섭 글자들의 운미가 당시 중국어에서도 구개음이었다고 할 수는 없다.

둘째, 중고 중국어에서 梗섭 글자의 운미가 구개음이었고, 베트남 한자음은 이것을 반영한 것이다. 이 경우 梗섭의 글자가 상고 중국어에서 -ŋ, -k였다가 중고 중국어에서 -ɲ, -c 운미로 변한 후, 다시 -ŋ, -k 운미가 되었다고 가정해야 하는데, 표준 중국어에서는 이러한 변화가 확실히 발생하지 않았다. 베트남과 가까운 서남관화西南官話 방언, 시앙湘 방언 지역에서는 梗섭의 운미 -ŋ이 -n으로 실현되었다. 따라서 梗섭 글자의 운미가 아마도 중국의 서남부 방언 지역에서 -ŋ>-ɲ>-n의 변화를 겪었고, SV는 중간 단계인 구개음 운미 -ɲ를 보존한 것일 가능성에 대해 생각해 보았다. 그러나 SV에서 梗섭 2등 글자는 -aɲ 운모로 실현되었지만, 서남관화 방언에서는 표준 중국어의 əŋ에서 운미만 전설음인 -ən으로 실현되었다. 또한 서남관화 방언과 시앙 방언에서는 입성 운미도 소실되었다. 따라서 梗섭 운미가 -ɲ인 단계가 있었다고 확언할 수 없다.

그런데 梗섭 입성자의 구어음口語音(입말)이 이 문제를 풀이할 때 단서가 될 수 있다. 梗섭 입성자 가운데 구어음과 독서음讀書音(글말)의 두 가지 음을 갖는 글자들이 있다. 예를 들면 宅택은 zhè[tʂɤ]와 zhái[tʂai]의 두 음으로 읽히고, 百백은 bó[po]와 bǎi[pai]의 두 음으로 읽히는데, 이 가운데 zhái, bǎi가 구어음으로, 주요모음과 운미가 ai로 실현되었다. 그런데 SV로는 宅이 trạch[cac], 百은 bách[ɓac]으로, -ac 운모로 실현되었다. 운미 -c는 -i와 조음 위치가 같은 경구개음이다. 흔히 -k 운미는 -u와 -i로 흔적을 남겼다고 하는데, 조음 위치로 보면 -k보다는 -c가 -i로 변할 확률이 높다. 따라서 梗섭의 글자들이 -i로 흔적을 남긴 것이 梗섭에 구개음 운미가 있었다는 증거일 수 있다.[28] 그렇다면 梗섭 글자들이 -aɲ, -ac으로 실현된 단계가 없었다고 단언하기도 어려우며, 梗섭의 베트남 한자음은 독서음과 구어음의 두 갈래 가운데 구어음을 반영한 것으로 보아야 한다.

OSV에 의하면 경구개 종성 -c와 -ɲ가 원시 베트남어에서부터 있었을 가능성은 크지 않다. 따라서 梗섭 글자의 운미가 베트남 한자음에서 경구개음으로 실현된 것은 베트남어 자체에서 발생한 음운변화이거나 아니면 입말로 전해진 음이 반영된 것일 가능성이 높다.

---

28) 梗섭 외에 曾섭의 입성자들도 중국어에서 -i로 흔적을 남겼다. 제2편 2.2 한대 이후 운모 체계의 변화에서 3. 입성 운부의 변화를 참고하라. 민똥(閩東) 방언에서는 梗섭의 양성운은 -ŋ 운미로 실현되었는데, 입성자의 독서음 운모가 -aiʔ로 실현되었다. 예를 들면 格(격)의 독서음은 kaiʔ, 구어음은 kaʔ이다.

05 『광운』 206운의 운모체계

위에서 살펴본 베트남 한자음의 특징을 반영하여도, 지금까지 재구성된 중고 중국어의 성모나 성조 체계에는 별다른 영향이 없을 것이다. 그러나 운모 체계에서는 다시 고려되어야 할 사항이 보인다. 앞에서 살펴본 베트남 한자음의 특징을 반영해 선행 연구자들이 재구성한 중고 중국어의 운모 체계를 수정해 본다.

5.1 서성운의 운모체계

먼저 합구 3등 개음의 순서는 *iw에서 *wi로 수정되어야 한다. 조우파까오(1948)는 우虞운의 중고음을 *iuo로 재구했는데, 이 재구음도 *uio, 즉 *wio로 수정되어야 한다.[1] 또한 OSV에 의하면 4등운은 『절운』 시기에 개음이 없었던 것으로 보인다. 또한 앞에서 살펴본 대로 본서에서는 庚운 3등운을 중뉴 3등운, 淸운은 이에 대응되는 중뉴 4등운으로 보고, 두 운의 차이는 다른 중뉴 운과 마찬가지로 개음의 차이로 본다.

止섭 글자 가운데 脂운과 微운은 상고 중국어에서 *-d 운미를 가졌던 것으로 재구되는데, *-d 운미는 OSV에서 -i로 실현되었다. 따라서 두 운의 운미가 -i로 재구되었다. 반면 之운과 支운은 상고 중국어에서 *-g 운미를 가졌던 것으로 재구되고, *-g는 OSV에서 -ə로 실현되었다

1) 周法高(1948), 「切韻魚虞之音讀及其流變」, 『歷史語言硏究所集刊』, 13:119-152. 최영애(2000:276-277)에서 재인용. 이 부분은 제2편 1.4 아음에서 원순 설근음 성모를 기술한 부분을 참고하라.

가 나중에 소실되었다. 예를 들면 支운 글자의 OSV는 iə(<*ig)인데, SV에서는 ə가 소실되었다. iə에서 ə가 앞의 모음 i의 영향으로 전설음이 되었다고 보면 支운의 중고음 재구음이 *ie가 되는 것을 쉽게 이해할 수 있다.[2)]

지금까지 살펴본 베트남 한자음에 보이는 음운 현상과 여러 학자의 재구음을 참고해 수정한 『광운』 206운의 운모체계는 다음과 같다.

〈표 5-1〉 『광운』 서성운의 운모체계

섭	1등	2등	3등				4등
			순3등	보통3등	중뉴3등	중뉴4등	
通	東uŋ 冬woŋ			東iuŋ 鍾wioŋ			
江		江ɔŋ					
止			微iəi/wiəi	之i	支ie/wie 脂iei/wiei	支je/wje 脂jei/wjei	
遇	模wo			魚io 虞wio			
蟹	泰ɑi/wɑi 咍ɒi/灰wɒi	佳ai/wai 皆əi/wəi 夬ɐi/wɐi	廢iɐi/wiɐi		祭iɛi/wiɛi	祭jɛi/wjɛi	齊ei/wei
臻	痕ən 魂wən		欣iən 文wiən		眞(臻)in 眞(諄)win	眞jin 眞(諄)wjin	
山	寒ɑn 桓wɑn	刪an/wan 山ɐn/wɐn	元iɐn/wiɐn		仙iɛn/wiɛn	仙jɛn/wjɛn	先en/wen
效	豪ɑu	肴au			宵iɛu	宵jɛu	蕭eu
果	歌ɑ/戈wɑ			戈iɑ/wiɑ			
假		麻a/wa		麻ia			
宕	唐ɑŋ/wɑŋ			陽iɑŋ/wiɑŋ			

2) 止섭 글자의 중고음 재구음은 제2편 02 상고 중국어 운부 부분 〈표 2-3〉, 〈표 2-7〉 설명 부분을 참고하라. 각 운섭의 중고음 재구음은 상고 중국어 운부 부분을 참고하면 이해하기 쉽다.

섭	1등	2등	3등				4등
			순3등	보통3등	중뉴3등	중뉴4등	
梗		庚ɐŋ/wɐŋ 耕ɛŋ/wɛŋ			庚iɐŋ/wiɐŋ	淸jɐŋ/wjɐŋ	靑eŋ/weŋ
曾	登əŋ/wəŋ			蒸iəŋ/wiəŋ			
流	侯əu			尤iəu		幽jeu	
深					侵iəm	侵jəm	
咸	談ɑm 覃ɒm	銜am 咸ɐm	嚴iɐm 凡wiɐm		鹽iɛm	鹽jɛm	添em

『광운』 서성운에 위와 같이 많은 운모가 존재하는 이유는 『광운』이 특정 지역의 한 언어만을 반영한 것이 아니기 때문이다. 중뉴 운의 운모는 확실히 『광운』이 하나의 방언만을 나타내는 것이 아님을 보여 준다.

5.2 입성운의 운모 체계

입성운은 양성운의 운모에서 운미를 같은 조음 위치의 폐쇄음으로 바꿔 주면 된다. 그런데 -k 운미 입성자 가운데 독서음(글말음)과 구어음(입말음)의 두 가지 독음을 갖는 글자들이 있다. 다음의 -k 입성자의 중국어 발음에서 왼쪽의 음이 독서음, 오른쪽 음이 구어음이다. 발음은 한어병음자모로 표기했다. 한어병음자모 iao의 운미는 원래 u였으나, u와 n이 혼동되기 쉬워 u 대신 o를 사용한 것이고, 지금은 한어병음자모의 영향으로 o에 가깝게 발음한다.[3]

3) u와 n이 혼동되기 쉬워서 한어병음방안위원회(漢語拼音方案委員會)에서 ung, iung, au 등을 ong, iong, ao 등으로 표기하기로 정했다고 한다. 王力(1979), 「現代漢語諸音分析中的幾個問題」, 『中國語文』, 4:281-286. 최영애(2011:89)에서 재인용.

宅(梗)	zhè	zhái	角(江)	jué	jiǎo
百(梗)	bó	bǎi	覺(江)	jué	jiào
得(曾)	dé	děi	脚(宕)	jué	jiǎo

구어음에서 宅택, 百백의 주요모음과 角각, 覺각, 脚각의 주요모음이 같은데도 宅, 百의 -k 운미는 -i로 흔적을 남겼고, 角, 覺, 脚의 설근음 운미는 소실되며 -u의 흔적을 남겼다면, 이것은 이 글자들의 운미가 조금 달랐을 가능성을 보여 준다. 앞에서 살펴보았듯이 梗섭 입성자의 -k 운미가 -i로 실현된 원인에 대해서는 梗섭 입성자의 베트남 한자음이 단서가 될 수 있다. 梗섭 양성운 글자의 -ŋ 운미는 SV에서 경구개음 nh[ɲ]로, 입성자의 -k 운미는 경구개음 ch[c]로 실현되었다. 베트남어 회화책에 anh[aɲ]은 '아인' 또는 '아잉'으로, tách[tac]은 '따익'으로 한글로 음이 표기되어 있고,[4] 『네이버 베트남어 사전』에는 anh은 '안'으로, tách은 '땃'으로 음이 표기되어 있다. 이러한 차이는 경구개음 [ɲ], [c]의 발음에서 비롯된 것이다. a 모음 뒤에서 경구개음 말음을 발음할 때는 조음 위치로 인해 [i] 모음이 살짝 들어간다. 또한 [c]가 경구개 파열음이기 때문에 한국어로는 종성이 'ㅉ'으로도 들리고 'ㄱ'으로도 들린다. 따라서 百의 SV bạch[ɓac]은 '바잇' 또는 '바익'처럼 들리는데, 이 상태에서 파열음 종성이 소실되면 '바이'가 된다. 즉, 조음 위치가 후설인 -k보다는 -i와 조음 위치가 같은 -c가 -i로 변할 확률이 훨씬 높다. 아마도 梗섭 입성자에 독서음과 구어음의 두 갈래 음이 있었고, 梗섭 입성자의 SV는 梗섭의 구어음에서 비롯된 음일 가능성이 있다.

앞에서 상고 중국어 성모에 원순 설근음 $*k^w$가 있었던 것으로 추정

4) 정보라(2019), 『가장 쉬운 독학 베트남어 첫걸음』, 21쪽 참조.

했다. 성모에 원순 설근음이 있었다면 운미에도 원순 설근음이 있었을 가능성이 높고, 원순 설근음 운미를 가졌던 글자들의 *-k^w 운미가 순음 자질을 가진 모음 운미 [u]로 흔적을 남겼을 가능성이 있다. 상고 중국어 운부 부분에서 살펴보겠지만, 상고 중국어에서 설근음 운미를 가졌던 직職운부, 각覺운부, 약藥운부, 옥屋운부, 탁鐸운부, 석錫운부 가운데, 職, 屋, 鐸, 錫운부의 운미는 *-k로 재구되고 覺운부와 藥운부의 운미는 원순 설근음인 *-k^w로 재구된다.

高(宵)/熇(藥)	夭(宵)/沃(藥)	敫(宵)/激(藥)	焦(宵)/隺(藥)
包(幽)/雹(覺)	造(幽)/梏(覺)	由(幽)/迪(覺)	逵(幽)/陸(覺)

藥운부와 覺운부의 글자들은 음성 운부인 宵운부, 幽운부의 글자들과 『시경』에서 압운하고 위와 같이 성부가 같은 해성 현상을 보이기 때문에, 리 팡꾸이(1982)는 藥운부, 覺운부에는 *-k^w 운미를 재구하고, 해성 현상을 보이는 宵운부와 幽운부에는 유성 폐쇄음 은미 *-g^w를 재구했다. 재구성 과정에 대해서는 제2편의 상고 중국어 운부 부분에서 자세히 다룰 것이다. 宵운부와 幽운부 글자들은 중고 중국어에서부터 지금까지 줄곧 운미가 -u였다. 宵운부와 幽운부 글자들의 원순 설근음 운미 *-g^w가 -u로 흔적을 남겼다면, 藥운부와 覺운부의 글자들이 현재 구어음에서 -u 운미를 갖는 것도 원순 설근음 운미 *-k^w의 흔적일 수 있다.

藥운부와 覺운부 1등자들의 한국 한자음도 원순 설근음 운미가 존재했을 가능성을 보여 준다. 상고 중국어에서 개음이 없었던 藥운부 1등자들의 주요모음이 'ㅏ'와 'ㅗ'로 실현되었고, 覺운부 1등자들의 주요모음은 'ㅗ'와 'ㅏ' 등으로 실현되었다. 『시경』의 압운 상황과 형성자의 해성 현상에 의하면, 藥운부의 주요모음은 *a로, 覺운부의 주요모음은 *ə로 재구성되는데, 운미가 원순음 *-k^w라면, 藥은부는 *ak^w, 覺운부는

*əkʷ이므로, 覺, 藥운부 일부 글자의 주요모음이 한국 한자음에서 원순모음인 'ㅗ'로 실현된 것과 어느 정도 일치한다.

藥운부: 皠(학/혹), 熇(학/혹), 鶴(학), 沃(옥), 樂(락), 鑿(착), 暴(폭)
覺운부: 毒(독), 裻(독), 梏(곡), 學(학), 雹(박), 笛(적)

藥운부와 覺운부의 주요모음이 *a와 *ə이므로, 두 운부의 운미가 원순음이 아닌 *-k였다면 위의 입성자들 일부가 한국 한자음으로 'ㅗ' 모음으로 실현되지 않았을 것이다. 그러므로 覺운부와 藥운부 글자들의 운미가 구어음에서 -u가 된 것은 두 운부 글자들이 『절운』에서 원순설근음 운미를 가지고 있었을 가능성을 의미한다.

覺운부와 藥운부의 입성자들은 중고 중국어에서 대부분 江섭과 宕섭으로 들어갔다. 江, 宕섭의 입성자들은 현대 중국어에서 독서음과 구어음의 두 갈래 음으로 읽히고 있다. 江섭이 宕섭에 병합된 이후 i 개음이 생긴 2등자나 원래 i 개음이 있던 3등자의 운모는 독서음인지 구어음인지에 따라 다음과 같은 변화 과정을 거쳤던 것으로 보인다.

독서음 *-wiak → -wio → -yo → -ye
↘ -io

구어음 *-iakʷ → -iau

위에서 독서음의 합구 개음 w는 원순 설근음 성모 *kʷ, *gʷ 등에서 비롯된 것으로 보아야 한다(제2편 상고 중국어 성모 아음 부분을 참고하라). 성모가 원순 설근음이었다면 운미는 이화작용으로 인해 일찌감치 원순음 성분을 상실했을 것이다. 반대로 구어음에서는 운미의 원순음 성분이 남고 성모 *kʷ는 이화작용으로 인해 원순음 성분을 잃었을 것이다. 이렇게 해서 角, 覺, 脚의 운미가 구어음에서 -u로 실현된 것으로 보인다.

본서에서는 원순 설근음 운미 *-k^{w}가 구어음에서 -u로 흔적을 남기고, 원순음 성분이 없었던 曾섭과 梗섭의 운미는 구어음에서 구개음화(*-k>-c) 과정을 거쳐 -i로 흔적을 남겼다고 본다.[5] 江, 宕섭 입성자의 구어음을 참고해 〈표 5-2〉에 원순 설근음 운미를 가진 운모를 추가했다.

〈표 5-2〉『광운』 입성운의 운모체계

섭＼등	1등	2등	3등				4등
			순3등	보통3등	중뉴3등	중뉴4등	
通	屋uk 沃wok			屋iuk 燭wiok			
江		覺ɔk/ɔk^{w}					
臻	(ət)[6] 沒wət		迄iət 物wiət		櫛it 術wit	質jit 術wjit	
山	曷ɑt/wɑt	鎋at 末wat 黠ɐt/wɐt	月iɐt/wiɐt		屑iɛt/wiɛt	屑jɛt/wjɛt	薛et/wet
宕	鐸ɑk/wɑk			藥iɑk/wiɑk iɑk^{w}			
梗		陌ɐk/wɐk 麥ɛk/wɛk			陌iɐk/wiɐk	昔jɐk/wjɐk	錫ek/wek
曾	職ək/wək			德iək/wiək			
深					緝iəp	緝jəp	
咸	盍ɑp 合ɒp	狎ap 洽ɐp	業iɐp 乏wiɐp		葉iɛp	葉jɛp	帖ep

5) 이 문제는 제2편에서 입성 운부를 기술한 부분을 참고하라.

6) 양성운 痕운에 대응되는, ət 운모를 가진 입성자가 적어 『광운』에 따로 입성 운목(韻目)을 세우지 않았고 ət 운모를 가진 입성자는 沒운에 수록되어 있다(王力 1980:64).

제2편 상고 중국어의 음운체계

한대漢代까지의 중국어를 상고 중국어로 분류한다. 본 편에서는 베트남 한자음 가운데 한대 한자음(OSV)을 참고하여 상고 중국어의 음운체계와 한대 중국어의 음운체계를 살펴보고, 성조의 기원에 관한 학설 및 성조 변화에 대해서도 검토해 본다.

01 상고 중국어 성모

상고 중국어의 음운체계를 파악하는 데 쓸 수 있는 자료는 매우 제한되어 있어서, 상고 중국어의 음운체계는 재구성된 중고 중국어의 음운체계를 토대로 이차적으로 재구성한다. 따라서 학자들이 제시한 상고 중국어의 음운체계는 각자의 견해에 따라 조금씩 차이가 날 수밖에 없으며, 오류가 있을 수밖에 없다.

상고 중국어를 반영한 음운 자료로는 『시경詩經』의 시와 한대에 쓰인 운문韻文이 있다. 또한 한대에 간행된 자전인 『설문해자說文解字』에 실린 여러 한자의 독음 표기 및 고서古書에 같은 어휘를 다른 글자로 표기한 이문異文, 즉 동음자同音字도 상고 중국어의 음운체계를 연구하는 데 매우 중요한 자료이다. 『시경』 시기와 한나라 시기는 적어도 수백 년의 시간 차이가 있어서 『시경』의 시와 한대 운문이 반영하는 중국어도 차이가 난다. 『시경』 이전의 중국어는 형성자의 성부 등을 토대로 파악한다.

중고 중국어의 성모 체계에는 상고 중국어에서 그대로 내려온 성모도 있지만, 상고 시기에는 없다가 새로 생긴 성모도 있고, 반대로 상고 시기에는 존재하다가 중고 중국어 이전에 사라진 성모들도 있다. 오음五音의 순서로 상고 중국어에 존재했을 성모에 대해 살펴본다.

1.1 순음脣音

학계에서는 상고 중국어에 순음은 국제 음성 문자로 *p, *pʰ, *b,

*m가 있었던 것으로 추정하고 있다.[1] 운도의 36개 성모 가운데 순치음 非, 敷, 奉, 微모는 『절운』계 운서의 36자모에 없었던 성모로, 상고 중국어에도 존재하지 않았다. OSV에서도 非, 敷, 奉, 微모 글자의 성모가 대체로 양순음 b[ɓ]와 m[m]로 실현되었다. 중고 중국어에서 순치음이 된 한자 가운데, OSV가 남아 있는 글자는 다음에 제시한 26개로, 이 가운데 21개 글자의 OSV가 양순음으로 실현되었고, 5개 글자는 순치음으로 실현되었다. 다음에서 베트남 문자 b는 국제 음성 문자로 유성 내파음인 [ɓ]이고, ph는 [f]이다.

	SV	OSV		SV	OSV
晩	vãn	muộn	萬	vạn	muôn
望	vọng	mong	巫	vu	mụ
務	vụ	mùa	舞	vũ	múa
霧	vụ	mù	紋	văn	vằn
未	vị	mùi	味	vị	mùi
縛	phọc	buộc	發	phát	buột
房	phòng	buồng	放	phóng	buông
番	phiên	phen	煩	phiền	buồn
繁	phiền	phồn	帆	phàm	buồm
法	pháp	phép	父	phụ	bố
扶	phò	vùa	斧	phủ	búa
婦	phụ	bụa	符	phù	bùa
佛	phật	bụt	飛	phi	bay

베트남어에는 현재 양순음으로 p[p], b, m이 쓰인다. 이 가운데 p는

1) 제2편에서는 상고음 재구음에만 *를 붙이고 중고음에는 재구음 표시 *를 생략했음을 밝혀둔다.

외래어의 표기에만 제한적으로 쓰인다. 따라서 幫모나 並모의 한자들은 모두 베트남 한자음에서 유성음 b[ɓ] 성모로 읽힌다. 베트남 한자음에는 유기 파열음 [pʰ]가 없다. 따라서 양순 유기음인 滂모의 글자들은 70% 정도가 SV에서 초성이 ph[f]로 실현되었고, 13% 정도는 b로 실현되었다(계지연 2016:109). OSV에서 성모가 순치음인 5개 글자 紋문, 番번, 繁번, 法법, 扶부 가운데 番은 滂모 글자이다. 베트남어에는 양순 유기 파열음이 없으므로, 番은 ph-로 실현될 수 있다. 그러나 나머지 네 개의 글자 紋, 繁, 法, 扶는 SV의 영향을 받아 변화된 음으로 보아야 한다. 즉 OSV를 정확하게 반영한 음이라고 볼 수 없다. 『절운』계 운서에도 순치음은 아직 형성되지 않았기 때문이다.

그런데 明모 글자 가운데 微미, 徽휘에서 볼 수 있듯이 曉모 글자들과 성부가 같은 해성諧聲 현상을 보이는 글자가 있다. 먼저 明모와 曉모의 해성 현상을 살펴본다.

〈표 1-1〉 明모 글자와 曉모 글자의 해성 현상[2)]

성부	明모	曉모
每	每侮	悔晦誨
無	無嫵膴廡嫵憮蕪	鄦膴
勿	勿物芴	忽惚笏
亡	亡忘妄芒忙	巟荒慌
民	民珉泯泯	昬
黑	默纆墨	黑
威	滅	威
毛	毛芼旄髦髦	耗秏

후음인 曉모 글자는 조음 위치가 가까운 아음 見계 성모 글자와 성부

2) 김태경(2016:91)에서 옮겨 실었다.

가 같은 글자들이 많고, 明모 글자도 조음 위치가 같은 순음 성모 글자와 해성 현상을 보인다. 그런데 성부가 明모에 속하는데 幫계 성모 글자와 해성 현상을 보이지 않고, 성부가 曉모 글자인데 見계 성모 글자들과 해성 현상을 보이지 않는 위와 같은 글자들이 있다. 똥 통허(董同龢 1968:290)는 이처럼 曉모의 글자와만 해성 현상을 보이는 明모 글자들의 성모를 무성의 순음 *m̥로 재구했다. 리 팡꾸이는 이 글자들의 성모를, 무성음을 나타내는 표지인 h를 붙여 *hm로 재구했다.

무성의 순음 성모 글자는 나중에 두 갈래로 변화했다. 무성음 자질을 잃고 유성의 비음 明모(*m) 글자가 되었거나 마찰음인 曉모(*h) 글자가 되었다. 그러므로 리 팡꾸이의 *hm- 표기는 이후의 음운변화를 설명하는 데도 적합하다.

1.2 설음舌音

중고 중국어의 설음에는 설두음舌頭音 端계 성모와 설상음舌上音 知계 성모가 있었으나, 학계에서는 설상음은 상고 중국어에는 존재하지 않았고 端계에서 갈라져 나온 성모로 보고 있다. 다음과 같이 端계 글자와 知계 글자가 해성 현상을 보이기 때문이다. 괄호 안은 36자모로 표기한 각 글자의 성모이다.

都(端)/著(知)　　桃(定)/兆(澄)　　託(透)/宅(澄)　　調(定)/綢(澄)

『훈민정음』 언해본에 중국이 '듕귁'으로 표기된 것에서도 알 수 있듯이 언해본이 나올 당시의 한국 한자음에서 설상음은 설두음과 마찬가지로 'ㄷ', 'ㅌ' 초성으로 실현되었다. 그러나 SV에서는 설두음 端계와 설상음 知계가 확실히 구분된다. 계지연(2016)에 의하면, SV에서 端모는 đ[ɗ]로 실현되었고, 透모 글자의 초성은 대부분 th[tʰ]로 실현되었으며, 정定모는 đ로 실현되었다. 반면 知모 글자의 55.5%는 tr[c], 35.6%는 ch[tɕ] 초성으로 실현되었고, 澄모 글자의 70.5%는 tr-로, 22.2%는 ch-로 실현되었다. 제1편에서 SV의 성모 체계를 논하면서 tr가 중고 중국어의 권설음인 知모, 澄모, 莊모 글자의 표기에 쓰인 것을 밝혔다. 徹모는 유기 파찰음인데, 베트남어에는 유기 파찰음이 없다. 따라서 徹모 글자의 53.7%는 SV에서 초성이 마찰음 s[ʂ]로, 12.6%는 tr로 실현되었다. 즉, 端계 성모는 치조음인 đ, th로 실현되고, 知계 성모는 대체로 권설음을 반영한 tr, s[ʂ]로 실현되거나 소수는 ch로 실현되어 端계와 知계가 뚜렷하게 구분되고 있다. 그렇다면 OSV에서 설상음 성모는 어떤 초성으로 실현되었는지 OSV가 남아있는 知계 글자의 베트남 한자음을 살펴본다.

	SV	OSV		SV	OSV
肘(知)	trửu	khuỷu	註(知)	chú	chua
中(知)	trúng	đúng	追(知)	truy	đuổi
置(知)	trí	để	寵(徹)	sủng	chuộng
茶(澄)	trà	chè	撞(澄)	tráng	đụng
懟(澄)	trụy/đối	tủi	箸(澄)	trợ	đũa
除(澄)	trừ	chừa	朝(澄)	triều	trào/chầu
重(澄)	trọng	chuộng	池(澄)	trì	đìa
治(澄)	trị	chữa	沉(澄)	trầm	đắm/chìm
濁(澄)	trọc	đục			

OSV가 남아있는 17개의 설상음 글자 가운데 초성이 đ로 실현된 글자가 7개, t로 실현된 글자가 1개, đ와 ch로 실현된 글자가 1개, ch로

실현된 글자가 6개, ch와 tr로 실현된 글자가 1개이며, 나머지 한 개의 글자는 kh, 즉 [x]로 실현되었다. 그러므로 17개 글자 가운데 OSV에서 초성이 치조음 đ, t로 실현된 글자가 침沉을 포함해 9개인 셈이다. 그런데 이 글자들의 성모가 SV에서는 대체로 tr로 실현되었다. 앞에서 밝혔듯이 tr는 중고 중국어의 권설음 성모와 관계가 깊다. 권설 파열음인 知모 글자의 55%, 澄모 글자의 70%, 권설 파찰음인 莊모 글자의 80% 가량이 tr-로 실현되었다. 그러므로 설상음 글자의 OSV는 知계가 端계에서 갈라져 나온 변화 과정을 반영하며, 동시에 설상음이 개음의 작용으로 설두음에서 갈라져 나와[3] 『절운』계 운서에 존재하게 되었다는 학설을 뒷받침한다.

위에서 肘주의 OSV가 溪모의 음, 즉 kh[x]로 실현되었는데, 설음 성모 글자 가운데 후아음 성모 글자와 해성 현상을 보이는 글자가 있다.

貪(透)/今(見)　　低(端)/祇(羣)　　答(端)/合(匣)　　祉(徹)/企(溪)

透모 글자인 挑도도 OSV가 khêu, SV도 khiêu로 실현되었다. 양 지앤차오(楊劍橋 1998:163)는 이와 같은 설음 성모 글자들이 見계 성모 글자에서 유래한 것으로 추정했다. 소수의 설음 성모 글자는 見계 성모 글자에서 유래한 것으로 보인다.

설음에는 泥모(*n)도 포함되는데, 중고 중국어의 日모는 상고 중국어에서 泥모에 속했던 것으로 보인다. 日모와 泥모 글자의 해성 현상을

3) 개음 부분에서 살펴보겠지만, 상고 시기 2등 개음은 *r로 본다. 知계 성모 글자는 2등자도 있고 3등자도 있는데, 知계 3등자는 중뉴 3등자이다. 중뉴 3등자에도 상고 시기 개음 *r이 있었던 것으로 보고 있다. 따라서 知계 성모 글자는 개음 *r의 작용으로 권설음이 되었다고 본다.

살펴본다.

〈표 1-2〉 日모 글자와 泥모 글자의 해성 현상

성부	日모	泥모
乃	仍扔艿杒訒	乃
女	汝如	女奴
內	芮枘蜹汭笍	內訥肭呐
而	而栭輀鮞胹洏耏	耐恧
若	若鄀箬楉渃	諾匿掿蠚喏
弱	弱蒻篛	溺愵搦糑嫋
然	然燃繎	撚
貳	貳樲	膩

淸代 학자 장 삥린章炳麟은 諾낙의 성부가 若약인 것처럼 泥모 글자의 성부가 日모 글자이고, 仍잉의 성부가 乃내인 것처럼 日모 글자의 성부는 泥모 글자라는 사실과, 『석명釋名』에 "男남, 任也임야", "泥니, 邇也이야"라는 풀이를 근거로, 日모, 娘모가 泥모에 속한다는 학설을 제기했다(竺家寧 2008:562). 쩡 윈치앤(曾運乾 2004:441)도 상고 중국어에 19개의 성류聲類를 재구했는데, 日모는 따로 세우지 않고, 泥모만을 제시했다.

고대 한국 한자음 자료에서도 日모와 泥모의 음이 같았음을 입증하는 증거 자료가 있다. 아래의 고구려 지명에서 왼쪽은 『삼국사기』 제35권에 실린 지명이고, 오른쪽은 제37권에 실린 같은 곳을 나타낸 지명이다. 백제 지명은 『삼국사기』 제37권에 실린 지명과 별칭인데, 경덕왕 때 진례군進禮郡으로 개명되었다.

仍買縣　　乃買縣　　　　(고구려 지명)
進乃郡　　一云　　進仍乙　　(백제 지명)

위의 지명에서 日모 글자인 仍잉과 泥모 글자인 乃내가 대응하고 있음을 알 수 있다. 『삼국사기』 제37권에 수록된 다음의 고구려 지명과 별칭에서도 日모인 尒이와 泥니가 대응된다.

述尒忽　　一云　　首泥忽

다음은 고구려 지명인데, 『삼국사기』 제17권에는 불내不耐가, 제37권에는 불이不而가 쓰였다.

不耐　　不而

耐내와 而이는 모두 之운부에 속하므로, 一等인 泥모 글자 耐와 三等인 日모 글자 而의 상고음은 而에 3등 개음이 있었던 것만 다를 뿐이어서 두 글자는 거의 동일한 음으로 읽혔을 것이다. 따라서 위의 두 지명은 상고 중국어음에 근거한 지명임을 알 수 있다. 『삼국사기』 제34권에 실린 다음의 신라 지명에서도 泥모인 奴노와 日모인 如여가 대응되고 있다.

奴同覔　　一云　　如豆覔

그런데 베트남 한자음에서는 OSV이든 SV이든 日모가 다음과 같이 경구개 비음 nh[ɲ]로 실현되었다.

	SV	OSV		SV	OSV
染	nhiễm	nhuộm	辱	nhục	nhuốc
柔	nhu	dịu	二	nhị	nhì
忍	nhẫn	nhịn			

똥 통허(1968:291-292)와 왕 리(王力 1980:91)는 日모를 경구개 비음 *ɲ로 재구했다. 왕 리는 현대 중국어 방언 가운데 상하이上海어의 구어음과 메이시앤梅縣어, 꾸앙시廣西 남부 지역 언어에서 人인, 日일, 熱열, 肉육이 ɲ 성모로 읽히는 것을 증거로 제시했다. 그러나 민 방언인 하이난海南 방언에서는 乳유, 二이, 軟연, 人이 n-으로 읽히고(劉新中 2006:122), 푸조우福州어에서는 日, 肉이 n-으로 읽힌다. 또한 푸조우어에서 二, 貳이, 餌이는 nei, 日은 nih, 兒아는 구어음으로 nie이다(李珍華·周長楫 1999).[4]

베트남어의 nh도 사실 ni와 거의 비슷하게 발음된다. 『네이버 베트남어 사전』에도 nhu[ɲu]는 '뉴'로, như[ɲɨ]는 '니으'로 음이 표기되어 있다. 리 롱(李榮 1973:125-126)은 당대에 산스크리트 음절 [ña]를 표기하는 데 사용된 한자들을 살펴보고, 724년 이전에는 [ña]를 표기하는 데 壤양, 若약 등의 日모 글자가 쓰였지만 771년부터는 泥모 글자인 孃냥이 [ña]를 표기하는 데 쓰인 것을 발견했다. 이것은 724년까지 日모는 泥모와 음의 차이가 거의 없었음을 의미한다. 리 팡꾸이(李方桂 1982:19)는 日모를 nj로 재구했는데, 日모는 3등에만 출현하기 때문이다.

위에서 살펴본 한자음 자료 및 日모와 泥모의 해성 현상, 日모 글자들이 3등자로만 쓰였던 사실을 고려하면 日모는 泥모 n과 다르지 않았던 것으로 보인다. 3등자로만 쓰였고 베트남 한자음 및 일부 방언에서 경구개 비음 ɲ가 된 것으로 보아 n 뒤에 항상 3등 개음이 함께 쓰였다

4) 민난(閩南) 방언인 시아먼(厦門)어에서는 日모가 l 성모로 읽힌다. 시아먼 방언에는 n 성모가 없고 비음화된 운모 앞에서 l은 n으로 변한다. 李珍華·周長楫(1999), 『漢字古今音表』, 前言 13쪽에서 인용했다.

가, 이 개음으로 인해 ɲ이 되고, ɲ>ɳ의 변화 과정을 거쳐 지금의 日모가 된 것으로 추정된다. 살펴본 바에 의하면 상고 중국어의 설음으로 중고 중국어의 설두음과 같은 *t, *tʰ, *d, *n가 존재했었던 것은 확실하다.

1.3 치음齒音

중고 중국어의 치음에는 치두음인 精계와 정치음인 莊계 및 章계 성모가 존재했다. 그러나 학자들은 정치음인 莊계와 章계 성모는 상고 중국어에는 존재하지 않다가 『절운』 이전에 생겨난 성모로 보고 있다. SV에서는 치두음 精, 淸, 從, 심心, 사邪모의 다섯 자모 가운데 유기 파찰음인 淸모만 유기 파열음인 [tʰ]로 실현되고, 나머지 파찰음인 精, 從모, 마찰음인 心, 邪모는 모두 무기음 [t]로 실현되었다. 이 가운데 邪모는 상고 중국어에는 없고 『절운』 이전에 생겨난 성모이다. 따라서 상고 중국어의 치음에는 精, 淸, 從, 心 네 개의 성모가 있었다. 네 자모의 상고 중국어 시기 음가는 중고 중국어와 다르지 않은 *ʦ, *ʦʰ, *dz, *s이었던 것으로 보인다.

1. 莊계 성모의 형성

精계 글자들은 莊계 글자들과 성부가 같은 해성 현상을 보인다. 따라서 후앙 칸黃侃은 상고 중국어에서 莊계는 精계 성모와 같았다고 보았다(王力 1984:154). 리 팡꾸이 등 여러 학자들은 莊계 성모에는 개음 *r이 있었고, 이 개음의 작용으로 精계 성모에서 莊계 성모가 갈라져 나온 것으로 추정한다.

作(精)/詐(莊)　　倉(淸)/創(初)　　徂(從)/助(崇)　　莎(心)/沙(生)

그런데 精계와 莊계가 같았다고 보려면 한 가지 문제점을 해결해야 한다. 중고 중국어 자료에서 精계 글자는 1, 3, 4등운에 속하고, 莊계 글자는 2, 3등운에 출현해 3등운에서 두 성모가 대립하기 때문에 두 계열의 성모가 같았다고 볼 수 없다는 점이다.

똥 통허(1968:293-294)는 莊계 글자의 중고음과 상고 운부韻部를 자세히 관찰하고 다음과 같은 네 가지 근거를 제시함으로써 莊계 성모가 精계에서 갈라져 나왔고, 莊계 글자는 원래 모두 2등자였다가 일부가 3등자가 되었다는 결론을 내렸다. 첫째, 莊계 글자는 2등운이 있는 운섭韻攝에 출현하고 2등운이 없는 운섭에서만 3등운에 출현한다. 둘째, 진臻운과 즐櫛운은 莊계 글자만으로 2등운을 구성했는데, 두 운과 대응되는 3등운인 眞운과 質운에는 莊계 글자만 없어서 이 운들을 합치면, 일반적인 3등운과 완전히 똑같다. 이것이 모든 莊계 글자는 모두 2등운에 속하며, 臻운과 櫛운을 따로 세운 것은 상고음의 흔적임을 가리킨다. 셋째, 莊계 2등자는 다른 성모 글자의 반절하자로 쓰이지만 莊계 3등자는 소수의 글자만 그러할 뿐 대체로 그렇지 않다. 넷째, 상고 운부를 관찰하면 莊계 3등자가 있는 운부에는 莊계 2등자가 없는 것처럼 莊계 2등자와 3등자는 상보적으로 분포하며 절대 대립하지 않는다.

상고 중국어 개음 부분에서 살펴보겠지만, 학계에서는 중뉴 3등자가 상고 중국어에서 2등자와 마찬가지로 *r 개음을 가지고 있었던 것으로 보고 있다. 그런데 정 린샤오鄭林嘯와 백종인(2011:340-341)에 의하면 『전예만상명의篆隷萬象名義』에서 3등에 출현하는 莊계 성모 글자의 경우, 중뉴 3등자로 표음된 횟수가 46차례, 중뉴 4등자로 표음된 횟수가 단 두 차례였다.5) 따라서 莊계 3등자는 중뉴 3등자이며, 莊계 2등자와

5) 『전예만상명의(篆隷萬象名義)』는 9세기 일본 승려 구카이(空海)가 쓴 자서

마찬가지로 *r 개음이 있었던 것으로 보인다. 이것은 精계 성모에 개음 *r이 작용하여 莊계 성모가 생겼다는 학설을 뒷받침한다.

한대 한자음이 남아 있는 莊계 글자가 거의 없어서 그 몇 글자로 상고음을 추적하기는 불가능하다. 그러나 그 몇 글자의 SV와 OSV가 의미 있는 차이를 보인다. 다음에서 莊계 글자의 SV와 OSV를 살펴보면 권설 여부가 차이점임을 알 수 있다.

	SV	OSV		SV	OSV
盞(莊)	trản	chén	齋(莊)	trai	chay
斬(莊)	trảm	chém	察(初)	sát	xét
初(初)	sơ	xưa	助(崇)	trợ	chữa
紗(生)	sa	the	所(生)	sở	thửa
疏(生)	sơ	thưa/sưa	俟(俟)	sĩ	chờ

tr는 베트남어에서는 경구개음이지만 중고 중국어의 권설음에서 유래한 음이고 ch는 원래 권설음이 아니다. 또한 베트남 문자 s는 권설음 [ʂ]이고 x[s]는 권설음이 아니다. 그러므로 중고음 층은 모두 권설음에서 유래한 음으로 실현되고, 한대 한자음 층은 모두 권설음이 아닌 음에서 유래했다는 것을 알 수 있다. 이것은 권설음이 아닌 精계 글자들에서 개음 *r의 작용으로 권설음인 莊계가 생겨났다는 주장과 일치한다. 물론 베트남 한자음에서 주로 파열음 t-, th-로 실현된 精계 글자들과 위에 제시된 莊계 글자의 OSV가 완전히 일치하지 않고, 生모의 글자 紗사, 所소, 疏소만 OSV에서 th-로 실현되었지만, OSV는 한대의 음으로 『시경』 시기의 음과는 역시 거리가 있다. 따라서 莊계 글자의

(字書)이다.

OSV는 精계 글자가 개음 *r로 인해 莊계가 되었다는 주장을 어느 정도 뒷받침한다고 할 수 있다. 그러므로 상고 중국어의 치음에는 精, 淸, 從, 心 네 개의 성모가 있었고, 네 자모에 개음 *r이 작용하여 중고 중국어의 莊계 성모인 tʂ, tʂ^{h}, dʐ, ʂ 성모가 생겨났다고 할 수 있다.

2. 章계 성모의 형성

章계 성모도 莊계 성모와 마찬가지로 상고 중국어에는 없었다가 개음의 작용으로 『절운』계 운서 이전에 생겨난 성모로 보고 있다. 章계 성모 글자는 端계 및 見계 성모 글자들과 해성 현상을 보인다.[6)]

周(章)/彫(端)　戰(章)/單(端)　占(章)/店(端)　侈(昌)/多(端)
支(章)/技(羣)　止(章)/企(溪)　脂(章)/耆(羣)　出(昌)/屈(溪)

위의 해성 현상에 의하면 章계 성모는 端계와 見계 성모에서 생겨난 것으로 보이는데, 민난閩南 방언인 시아먼廈門 방언에서 章모 글자인 注주, 振진의 초성이 [t]로, 昌모 글자인 斥척의 초성은 [t^h]로 읽힌다.[7)]

精계와 章계 성모 글자의 베트남 한자음은 중국 한자음과 큰 차이를 보인다. SV와 OSV에서 淸모는 유기 파열음 [t^h]로 실현되었고 나머지 精계 성모는 모두 무기 파열음인 [t]로 실현되었다. 章계 성모 가운데 船, 書, 禪모도 유기 파열음인 [t^h]로 실현되었다. 따라서 船, 書, 禪모 글자가 한대 베트남 한자음에서 [t^h]로 실현된 것이 이 글자들이 端계

---

6) 章계 글자는 端계 및 見계 성모 글자와 해성 현상을 보이므로, 이 부분을 설음이나 아음에서 기술할 수도 있지만, 이 경우 나누어 기술해야 하는 불편함이 있고 端계 및 見계에서 비롯되었지만 章계는 치음에 속하기 때문에 치음에서 기술했다.

7) 시아먼 방언음은 李珍華·周長楫(1999)에서 인용했다.

성모에서 기원한 증거 자료가 될 수 없다. 그러나 章모 글자는 SV에서 ch[tɕ]로 실현되었고 昌모 글자도 마찰음인 x[s]나 s[ʂ]로 실현되었기[8] 때문에, 성모가 章모나 昌모인데 OSV에서 초성이 [ɗ]나 [tʰ]로 실현된 다음의 글자들은 章계 성모가 端계 성모에서 기원했음을 입증하는 자료가 될 수 있다. OSV가 남아있는 章, 昌모 글자는 모두 20개이다. 이 가운데 7개 글자의 OSV가 SV와 달리 đ[ɗ]와 th[tʰ]로 실현되었다.

	SV	OSV		SV	OSV
折(章)	chiết	đứt	朱(章)	chu	đỏ
鑄(章)	chú	đúc	燭(章)	chúc	đuốc
尺(昌)	xích	thước	吹(昌)	xuy	thổi
炊(昌)	xuy	thổi			

한편 章계 글자가 見계 성모 글자에서 유래했음을 보여 주는 예로는 시아먼 방언에서 支지, 枝지, 肢지, 指지, 齒치 등의 章계 글자들이 각각 k-, kʰ-로 읽히는 것을 들 수 있다. 또한 章계 글자 가운데 『광운』에 章계 성모 반절뿐 아니라 見계 성모 반절로도 음이 표기된 글자도 일부 章계 글자가 見계 글자에서 유래했음을 보여 주는 자료가 될 수 있다. 예를 들면 枝지, 기는 『광운』에 章移切장이절 외에 渠羈切거기절로도 음이 표기되어 있다. '기'음은 거의 쓰이지 않지만, 육손이의 덧붙은 손가락을 기지枝指라고 한다. 車차, 거는 『광운』에 尺遮切척차절, 九魚切구어절 두 음으로 표기되어 있고, 한국 한자음으로도 '차' 또는 '거'로 읽힌

8) 章모 글자는 SV에서 81.16%가 ch-로 실현되었고 10.51%는 tr-로 실현되었다. 昌모 글자도 61.86%는 초성이 x[s]로, 24.74%는 s[ʂ]로 실현되었다(계지연 2016:163-167).

다. 枝가 주로 '지'로 읽히는 것과는 달리, 車는 '차'뿐 아니라 '거' 음도 정거장停車場, 거마비車馬費 등의 어휘와 함께 흔히 쓰인다. 거수마룡車水馬龍과 같이 車가 들어간 사자성어에서도 車는 대부분 '거'로 읽힌다.

베트남 한자음에서 章모 글자인 針침의 OSV가 kim(낌)으로 실현된 것도 章계 성모가 見계 성모에서 기원했음을 입증하는 증거 자료이다. 또한 고대 한국어 자료에서도 章계 글자가 설근음 성모 글자와 대응되게 쓰인 예를 찾을 수 있다.[9] 『삼국사기』 지리지 제36권에 나오는 백제의 지명을 살펴보면, 성城에 대응되는 글자로 己기와 只지가 함께 쓰였다. 왼편이 백제의 원래 지명이고, 오른편이 신라 경덕왕(757) 때 바뀐 지명이다.

悅己	悅城
奴斯只	儒城
豆仍只	燕岐
多只	多岐

己와 只의 뜻이 다르므로 두 글자 모두 음차 표기임을 알 수 있다. 백제어에서 성城을 의미하는 어휘는 '*기'였던 것으로 보인다. 위의 두 지명은 순수 백제어 대신에 '城'이라는 한자를 써서 지명을 바꾼 것이다. 밑의 두 지명에서 경덕왕 때 只를 岐기로 바꾼 것은 只가 백제 지명에 쓰일 당시에는 초성이 분명 'ㄱ'이었으나, 경덕왕 때에는 只가 더 이상 'ㄱ' 초성으로 읽히지 않아서, 岐로 바꾼 것으로 추정된다.

백제 지명에서는 城에 대응되는 글자로 己, 只가 쓰였지만, 『삼국사기』 제34권에 실린 다음의 신라 지명에서는 城에 대응되는 글자로 支가

9) 김태경(2016:42-46)에 정리된 내용에서 일부를 인용했다.

쓰였다. 오른쪽이 경덕왕 때 바뀐 지명이다.

闕支郡　　　闕城郡
三支縣　　　三岐縣

첫 번째 지명은 백제어와 마찬가지로 신라어에서도 성을 뜻하는 어휘가 '*기'였음을 보여 준다. 두 번째 지명에서 支가 岐에 대응되고 있다. 역시 支의 초성이 'ㄱ'이었으나, 경덕왕 때에는 支가 더 이상 'ㄱ' 초성으로 읽히지 않아서, 岐로 바꾼 것으로 풀이된다.

앞에서 章계 성모 가운데 船, 書, 禪모의 SV가 유기 파열음인 $[t^h]$로 실현된 것을 언급했다. 船모 글자와 禪모 글자는 예외도 있지만, 운도에서 대체로 船모 글자가 있는 운에는 禪모 글자가 없고 禪모 글자가 있는 운에는 船모 글자가 없는 등 두 성모의 글자들이 상보적으로 분포한다. 따라서 리 팡꾸이(李方桂 1982:16)는 두 성모가 실제로 구분되지 않았고 지역 음이 섞여 들어간 것으로 보았다. 칼그렌이 船모를 파찰음 dʑ로, 禪모를 마찰음 ʑ로 재구한 이후 학자들이 이 재구음을 줄곧 사용해 왔으나, 이후 루 즈웨이(陸志韋 1947)가 처음으로 船모가 마찰음, 禪모가 파찰음일 가능성을 제기했고 풀리블랭크가 이에 동의하기도 했다[10]. 船모 글자는 매우 적은데, 船모 글자 脣순과 葚심이 禪모 글자 晨신, 甚심과 각각 해성 현상을 보인다. 또한 禪모 글자는 설음인 定모 글자, 아음인 羣모 글자와도 해성 현상을 보인다.

社(禪)/杜(定)　　署(禪)/屠(定)　　慎(禪)/塡(定)　　屬(禪)/獨(定)
嗜(禪)/耆(羣)　　臣(禪)/臤(羣)　　氏(禪)/祇(羣)　　豉(禪)/技(羣)

---

10) 陸志韋(1947), 『古音說略』, 11-13쪽. 최영애(2000:230)에서 재인용

따라서 書모를 제외한 章계 성모가 端계와 見계에서 기원한 것은 분명해 보인다. 물론 소수의 書모 글자는 見계에서 기원했지만, 다수의 書모 글자는 다른 章계 성모 글자와는 기원이 다른데, 書모의 형성 과정에 대해서는 무성의 공명음 성모 부분에서 다룰 것이다.

정 린샤오와 백종인(2011:340-341)의 연구에 의하면 知계와 莊계 성모 글자는 주로 중뉴 3등의 반절하자로 표음되었고 章계 성모 글자는 중뉴 4등의 반절하자로 표음되었다. 학자들은 중뉴 3등자에는 *r 개음이 있었고 중뉴 4등자에는 *r 개음이 없었던 것으로 보고 있다. 따라서 知莊계 성모 2등자의 개음은 *r, 3등자의 개음은 *rj이고, 章계 성모 글자의 개음은 r이 없는 *j가 된다. 이 개음으로 인해 知계와 莊계, 章계 성모가 생긴 것으로 추정된다.

1.4 아음牙音

중고 중국어의 아음에는 見k, 溪kʰ, 羣g, 疑ŋ 네 성모가 존재했다. SV에서는 羣모와 2등자를 제외한 見모가 대체로 k[k]로 실현되었고, 溪모는 마찰음 kh[x]로 실현되었다. 중국어와 한국 한자음에서 영성모가 된 疑모는 베트남어에서 여전히 [ŋ]으로 읽힌다.

1. 설근음 성모

중고 중국어의 아음은 상고 중국어에서 전해 내려온 성모로, 상고 중국어에도 見*k, 溪*kʰ, 羣*g, 疑*ŋ 네 성모가 존재했던 것은 확실해 보인다. 또한 무성의 순음이자 비음인 *hm-가 있었던 것처럼 무성의 연구개 비음 *hŋ-도 존재했던 것으로 보인다. 疑모 글자들도 明모 글자와 마찬가지로 曉모 글자들과 해성 현상을 보이기 때문이다.

〈표 1-3〉 疑모와 曉모 글자의 해성 현상[11]

성부	疑모	曉모
午	午仵忤迕牾	許
化	吪訛	化貨
嚴	嚴釅巖	玁
義	義	犧羲曦
兒	睨倪霓猊蜺婗輗郳鯢麑齯	鬩
艾	艾	餀
虐	虐	謔
鬳	巚甗讞	獻
干	岸犴	罕鼾軒
垚	堯垚僥嶢	曉嘵膮皢
斤	犷	欣忻炘昕訢焮
僉	驗	險獫嶮譣

疑모 글자 가운데 堯요는 見모 글자인 澆요,[12] 羣모 글자인 翹교와 성부가 같다. 그러나 午오, 訛와처럼 曉모 글자와만 해성 현상을 보이는 疑모 글자들이 있는데, 이 글자들은 상고 중국어에서 무성음으로 읽혔을 가능성이 있다. 리 팡꾸이는 이 글자들의 성모를 무성음을 나타내는 h를 붙여 *hŋ으로 재구했는데, 이 글자들은 나중에 유성의 연구개 비음인 疑모(ŋ) 글자가 되었거나 마찰음인 曉모(h) 글자가 되었다. 따라서 *hŋ은 이후의 음운변화를 설명하는 데도 도움이 된다. 그런데 *k, *k^h, *g, *ŋ, *hŋ 성모 외에도 원순음인 *k^w, *k^{hw}, *g^w, *$ŋ^w$, $hŋ^w$ 성모가 더 있었던 것으로 보인다.

11) 김태경(2016:92-93)에서 옮겨 실었다.

12) 澆의 한국 한자음이 '교'가 아닌 '요'인 것은 성부인 堯의 한국 한자음에서 유추된 결과로 보인다.

2. 원순 설근음 성모

리 팡꾸이는 상고 중국어에 원순 설근음 성모를 재구성했는데, 개구자開口字와 합구자合口字가 운韻이 같다고 볼 수밖에 없는데도 성부가 같은 해성 현상을 보이지 않아서였다. 보통 중고 중국어의 합구 개음은 w, 3등 개음은 i로 보는데, i는 해성 현상에 아무런 영향을 미치지 않지만, 합구 개음은 해성 현상에 영향을 미친다. 예를 들면 합구호 글자인 觀관과 權권은 개구호 글자인 幹간, 乾건과 운이 같은데도 해성 현상을 보이지 않는다. 역시 합구호 글자인 官관, 棺관도 운이 같은 개구호 글자인 干간, 竿간, 肝간과 해성 현상을 보이지 않는다. 따라서 리 팡꾸이는 이 글자들이 압운하는데도 해성 현상을 보이지 않는 이유가 성모가 다르기 때문이라고 해석했다. 또한, 합구 운모는 『절운』에서 주로 순음과 설근음 성모 뒤에서 출현하고, 그밖에 설첨음舌尖音 운미, 즉 치조음 -n, -t 운미를 가진 일부 운에만 출현하기 때문에 리 팡꾸이는 합구 운모가 순음과 원순 설근음 성모의 영향으로 생겨나서 다른 성모 뒤의 운모에까지 영향을 미친 것으로 분석했다.[13)]

리 팡꾸이의 학설에 의하면 원순 설근음 성모 $*k^w$, $*k^{hw}$, $*g^w$, $*ŋ^w$, $*ʔ^w$, $*h^w$가 kw, k^hw, gw, ŋw, ʔw, hw가 되어 중고 중국어에 합구 운모가 생겼다. 그런데 여기에 3등 개음 -i-가 붙으면 wi가 되었을 것이다. k^w에 -i-가 붙으면 k^wi가 되어 kwi로 변화되는 것이 kiw로 변하는 것보다 이치에 맞는다. 음의 유사성 면에서도 촬구 개음 [y]는 iw보다는 wi에서 비롯했다고 보아야 한다.[14)] [y]는 한국어로 'ㅟ'로 발음되는데,

---

13) 원순 설근음이 존재했을 가능성에 대한 이하 내용은 김태경(2023b)에서 요약한 것이다.

14) 제1편의 4.3 합구 3등 개음의 순서를 참고하라.

iw를 발음하면 'ㅠ'가 되고 wi를 발음하면 'ㅟ'가 된다. 그러므로 베트남 한자음에서 합구 3등 개음의 순서가 iw가 아닌 wi(ui)로 실현된 것은 원순 설근음 성모가 존재했음을 입증하는 증거라고 할 수 있다.

(1) 베트남 한자음에 보이는 원순 설근음 성모의 흔적

베트남 한자음에서는 현재 중국어에서 uei 운모로 읽히는 止섭의 글자들도 베트남 문자로 uy[ui] 또는 ui 운모로 표기된다. 다음은 합구 3등 개음이 있었던 운섭韻攝의 베트남 한자음이다. 베트남 문자 y는 장모음 [iː]이다.

〈표 1-4〉 합구 3등운 글자의 SV

운섭	운	SV의 운모
通	鍾	-ung, -uc
止	支, 脂, 微	-uy(-ui)
蟹	祭	-uê(중뉴3등), -ê/-uê(중뉴4등)
	廢	-uê
臻	文, 諄	-uân, -uât
山	元, 仙	-uyên, -uyêt
果	戈	-oa
宕	陽	-uông, -uôc
梗	庚, 淸	-uynh
曾	職	-ưc, -uăc
咸	凡	-âm, -âp

위의 표에서 볼 수 있듯이 止섭의 글자들은 uy[ui]가 운모이고, 山섭의 글자들은 uy가 개음이며, 梗섭의 글자들은 uy가 운미를 제외한 개음이자 주요모음이다. 〈표 1-4〉에서 볼 수 있듯이 베트남 한자음의 운모 체계는 대체로 비교적 늦은 당대唐代 이후의 음을 반영한 것처럼 보인다. 蟹섭을 제외하고는 중뉴 3등과 중뉴 4등 글자들의 운모가 전혀

차이 나지 않으며, 『절운』 시기에는 분명 나뉘어 있었던 운들, 예를 들면 支, 脂, 微운도 모두 하나로 통합되어 있다. 蟹섭도 중뉴 4등의 글자들이 -ê와 -uê로 나뉘는 것은 성모가 순음일 때이다. 순음이 가진 원순성 때문에 먼저 u가 생략되어 나타나고, 그런 연후에 순치음 성모가 치조음 t로 변해서 중뉴 4등의 순음 성모 글자가 tê[te]로 실현되었다. 또한, 베트남 한자음에서는 3등 개음 i 없이 합구 개음 u만 있거나 咸섭의 합구 3등처럼 아예 개음의 흔적이 없는 운도 있다. 위의 표에서 볼 수 있듯이 3등 개음 i와 합구 개음 u가 온전히 남아 있는 운섭은 山섭과 梗섭뿐이다.

① 梗섭 합구 3등자의 베트남 한자음

현재 표준 중국어에서 촬구 개음을 가지고 있는 운모는 ü[y], üe[ye], üan[yɛn], ün[yn] 네 개뿐이다. 혹자는 -n 운미 사호四呼 en(ㄣ), in(ㄧㄣ), un(ㄨㄣ), ün(ㄩㄣ) 가운데 ün이 촬구 운모이듯이 -ŋ 운미 사호 eng(ㄥ), ing(ㄧㄥ), ong(ㄨㄥ), iong(ㄩㄥ) 가운데 iong이 촬구 운모라고 한다.[15] 그러나 iong이 촬구 운모라면 ün'윈'처럼 '윙'[yŋ]으로 읽혀야 하는데, 실제 발음도 한어병음자모漢語拼音字母에 가깝게 읽힌다. 따라서 [y] 개음은 현재 운미가 없거나 운미가 -n인 음절에만 남아 있다. 다음은 梗섭 합구 3등자 가운데 베트남 한자음에서 uy[ui] 모음을 가진 글자들이다.

15) 괄호 안의 발음 기호는 타이완에서 사용되는 주음부호(注音符號)이다. 주음부호는 운(주요모음과 운미)을 하나의 문자로 표기한다. ün과 iong의 개음이 똑같이 ㄩ로 표기되어 있음을 알 수 있다.

〈표 1-5〉 梗섭 합구 3등자의 베트남 한자음

운	개합(등)	성모	한자와 베트남 한자음(SV)
庚	합3	見	憬囧quynh
		曉	兄huynh
淸	합3	溪	傾頃khuynh
		羣	瓊煢惸睘quynh, 焭茕huynh
		影	縈huynh
		曉	敻huynh
	개3	心	騂tuynh/tinh
靑	합4	見	絅扃駉炅炯quynh
		溪	[illegible]huynh, 闃quych
		匣	螢熒滎泂迥huynh, 狊quych
		影	濴uynh

위에 수록된 글자들은 騂성을 제외하고 모두 후아음喉牙音 성모 글자들이다. 騂은 개구 3등의 글자로 현재 중국어에서도 개구호 운모 xīng[ɕiŋ]으로 읽히는데, 미네야 토오루(1972)에 의하면,16) 베트남 한자음으로는 tuynh과 tinh 두 음을 갖는다. 따라서 tuynh은 베트남 한자음에서만 예외적으로 변한 음이라고 할 수 있다. 이와 같이 후아음 성모 뒤에서만 wi(ui)의 형태가 출현하므로, 梗섭의 베트남 한자음은 상고 중국어에 원순 설근음 성모 $*k^w$, $*k^{hw}$, $*g^w$, $*ŋ^w$, $*ʔ^w$, $*h^w$가 존재했고 이 성모들이 kw, kʰw, gw, ŋw, ʔw, hw가 되어 중고 중국어에 합구 운모가 생겼으며, 여기에 3등 개음 i가 붙어 나중에 wi>y로 음운변화가 생겼을 가능성을 뒷받침한다.

위의 표에 수록된 庚운과 淸운의 합구 3등자 및 靑운의 합구 4등자의 베트남 한자음 -uynh[uiɲ]은 이 글자들이 당시 중국어에서 uiŋ 또는

16) 미네야 토오루(1972)의 『베트남 한자음 연구』에 실린 「베트남 한자음 대조표」 103쪽 참조.

uiəŋ 운모, 즉 주음부호의 ㄩㄥ에 일치하는 운모를 가졌었을 가능성을 보여 준다. 실제로 扃경, 絅경, 炯형, 傾경, 憬경 등의 글자들이 베트남 한자음에서 uynh[uiɲ] 운모로 모음이 [ui]로 실현되었다. 따라서 이 글자들이 당시 '윙'과 같은, 아니면 적어도 '윙'과 비슷한 촬구 운모를 가졌던 것은 분명하다. 이 글자들은 1324년 간행된 『중원음운中原音韻』에서는 경청庚靑운에 수록되어 있는데, 이때까지는 이 글자들이 이 운모를 유지했을 것이다. 그러나 庚靑운은 후에 동종東鍾운과 함께 『등운도경等韻圖經』에서 通섭에 합류했다. 따라서 이 글자들은 用용, 容용처럼 원래 iuŋ 운모를 가졌던 글자들에 합류했다. 用, 容의 베트남 한자음도 iuŋ이다. 이것은 扃, 絅, 炯, 傾, 憬 등의 글자들의 운모가 『등운도경』 시기 iuŋ이 된 것을 의미한다. 루 즈웨이(陸志韋 1988:57)가 재구한 『등운도경』 通섭의 합구 운모도 uŋ과 iuŋ인데, 2백여 년 후 간행된 『어언자이집語言自邇集』에도 通섭의 합구 운모가 uŋ과 iuŋ인 것으로 보아서 당시 庚靑운의 촬구 운모 uiŋ(uiəŋ)이 iuŋ으로 합류한 것은 분명하다. iuŋ은 '윙'이 아닌 '융'이므로 촬구 운모와는 거리가 멀다. 다만 주음부호로 모음 [y]를 ㄩ로 표기하고 ün(ㄩㄣ)과 같이 iuŋ을 ㄩㄥ으로 표기하다 보니, iuŋ(iong[17])을 ün에 대응되는 -ŋ 운미 촬구호 운모로 여기게 되었을 뿐, 실제 음은 이미 『등운도경』 시기부터 현재의 음으로 읽혔을 것이다. 또한, iun(윤)으로 읽히는 중국어 발음이 없는 것도 iuŋ을 ün에 대응되는 촬구호 운모라고 여기게 했을 것이다.[18]

---

17) iung[iuŋ]은 한어병음자모로 iong으로 표기된다. u와 n이 혼동되기 쉬워 한어병음방안위원회(漢語拼音方案委員會)에서 ung, iung을 ong, iong으로 표기하기로 정했다고 한다. 王力(1979), 「現代漢語語音分析中的幾個問題」, 『中國語文』, 4:281-286. 최영애(2011:89)에서 재인용. 한어병음자모처럼 ung, iung의 주요모음을 o에 가깝게 읽는 화자들이 많다.

② 山섭 합구 3등자의 베트남 한자음

다음은 山섭 합구 3, 4등 -n 운미 운 글자들의 베트남 한자음(SV)이다. 仙운은 중뉴 3, 4등 구분 없이 uyên으로 실현되었으므로, 본서에서도 칸을 나누지 않고 수록했다.

〈표 1-6〉 山섭 합구 3, 4등자의 베트남 한자음

운	개합(등)	성모	한자와 베트남 한자음
元	합3	見	綣禾卷quyên, 厥劂蕨蹶鱖quyết, 厥khuyết
		溪	勸khuyên, 綣勸khuyên, 闕khuyết/quyết
		羣	圈khuyên
		疑	元原源願 nguyên, 月 nguyệt
		影	宛苑婉死uyên, 怨oan
仙	합3	見	卷眷桊桊捲睠帣quyên, 棬quyên/khuyên, 蹶quyết(이상 중뉴3등), 絹狷quyên(중뉴4등)
		羣	權quyên
		喩	沿緣duyên, 悅閱ruyên
		明	滅duyệt
		知	轉chuyên
		澄	傳truyên
		來	戀luyên
		照	專chuyên, 拙chuyêt
		穿	川xuyên
		船	船thuyên
		審	說duyệt

---

18) 『역어유해』에 用과 兄의 당시 중국어음도 '융', '흉'으로 표기되어 있다. 『역어유해』에 촬구 운모가 'ㅠ'로 표기되었으니, 이 글자들도 당시 촬구 운모인 yŋ(〈wiŋ)으로 읽혔다고 보아야 할까? 雲(운)이 『어언자이집』에 yün으로 표기된 것을 보면, '융'이 촬구 운모였다면 yüng으로 표기되었을 것이다. 그런데 『어언자이집』에 用은 'yung', 兄은 'hsiung'으로 표기되어 있다. 그러므로 用의 음 '융'은 [iuŋ]이었던 것으로 보아야 한다. 즉, 『역어유해』에서 -ŋ 운미 음절의 'ㅠ'는 ü[y]가 아니다.

운	개합(등)	성모	한자와 베트남 한자음
		從	全泉tuyên, 全toan, 絶tuyêt
		心	宣選tuyên, 雪tuyêt
		邪	旋tuyên/toan
	개4	匣	弦huyên
		來	練鍊luyên
文	합3	見	君軍莙捃quân, 趉quyêt/quât
先	합4	見	涓睊鵑鞙鐍畎埍羂狷獧quyên, 畎khuyên, 獧huyên, 決泱抉玦訣鈌駃觼憰譎鴂quyêt
		溪	犬khuyên, 缺khuyêt
		曉	血huyêt
		匣	縣玄懸huyên, 穴huyêt
桓	합1	影	腕uyên

위의 표에 수록된 仙운 개구 4등자들이 중국어에서는 개구 운모로 실현되었는데, 베트남 한자음에서는 uy[ui] 개음을 갖고 있는 것이 눈에 띈다. 3등 합구 개음이 [ui] 개음으로 실현된 위의 글자들을 살펴보면 대다수가 후아음 성모 글자들이고, 설첨음 성모와 기타 성모 글자들은 훨씬 적다는 것을 알 수 있다. 오로지 仙운에만 [ui] 개음을 갖는 설음과 치음 성모 글자가 있다. 이 같은 사실은 리 팡꾸이가, 합구 운모가 순음과 원순 설근음 성모의 영향으로 생겨나서 다른 성모 뒤의 운모에까지 영향을 미친 것으로 분석한 것과 일치한다. 일부 글자의 베트남 한자음을 살펴본다.

元원의 베트남 한자음 nguyên에서 성모 ng[ŋ]이 영성모가 되고 uy, 즉 wi는 [y]로 변했다고 보면 nguyên은 현 중국어음 [yɛn]과 크게 차이 나지 않는다. 絹견의 베트남 한자음 quyến도 q[k]가 중국어에서 설면음으로 구개음이 된 것을 고려하면 [tɕyɛn]으로의 변화를 쉽게 풀이할 수 있다. 心모의 宣선 tuyên, 選선 tuyển, 邪모의 旋선 tuyền도 心모와 邪모가 베트남 한자음에서 모두 t로 실현된 것을 고려하면 역시 현 중국 한자음과 비슷하다.

반면 중국어에서 ün[yn] 운모로 실현된 臻섭의 글자들은 베트남 한자음에서 uy[ui] 개음이 없다. 臻섭 합구 3등운에는 文운, 순諄운이 있다. 臻섭의 합구 3등자는 베트남 한자음에서 君군 quân[kuən](文운), 均균 quân[kuən](諄운)과 같이 대부분 uân[uən]으로 실현되었다. 臻섭의 합구 3등자가 중고 중국어에서 *wiən 운모를 가지고 있었다고 추정하면, 중국어에서는 ə모음이 탈락해 win>yn이 되고, 베트남어에서는 i 개음이 소실되어 uən(<wən)이 된 것으로 풀이할 수 있다. 臻섭의 입성자入聲字인 橘귤의 베트남 한자음(SV)은 quất[kuət]로 -n 운미 글자인 君, 均의 베트남 한자음 quân과 운미만 다를 뿐 나머지는 정확하게 일치한다. 그런데 橘의 한대 한자음(OSV)은 quít[kuit]이고 상고음은 $*k^wjit$로 재구되어[19] 橘의 상고음이 橘의 OSV와 거의 일치한다. 따라서 橘의 OSV도 원순 설근음 성모 $*k^w$가 존재했음을 보여 준다.

(2) 중국 한자음에 보이는 원순 설근음 성모의 흔적

모음 [y]가 원순 설근음에서 유래했음을 나타내는 증거는 베트남 한자음에만 남아 있는 것은 아니다. 중국 한자음에서도 원순 설근음 성모의 흔적을 찾을 수 있다.

① 江宕섭 입성자의 중국 한자음

〈표 1-6〉에서 볼 수 있듯이 山섭의 입성자들은 베트남 한자음으로

19) 귤을 뜻하는 어휘로 quýt[kuiːt]도 쓰이는데, 역시 상고음을 반영한 어휘로 보인다. 橘은 원순 설근음 성모를 가진 質운부 3등자이고 質운부는 *-it로 재구된다. 여기에 3등 개음 *j가 붙게 되면 橘의 상고음은 $*k^wjit$가 된다. 상고 중국어 운부 부분을 참고하라.

-uyêt[uiet]으로 실현되었다. [uiet]에서 입성 운미 -t가 소실되고 ui>y가 되어 현 중국어의 [ye] 운모가 생겼음을 알 수 있다. 山섭 외에 江宕섭 입성자의 독서음인 [ye] 운모도 원순 설근음 성모를 가진 음절에서 비롯했을 가능성이 있어 살펴본다. 개합開合이 구분되지 않은 독운獨韻인 江섭에는 2등운밖에 없는데, 중기 운도인 『절운지장도』에서 江섭은 이미 宕섭에 병합되었다. 江섭 글자 가운데 설상음 知계와 정치음 莊계 성모 입성자는 uo 운모로 실현되었고, i 개음이 생긴 江섭의 후아음 성모 입성자는 宕섭의 개구 3등자와 마찬가지로 대체로 [ye]로 실현되었다. 1867년에 간행된 『어언자이집』에 山섭과 江宕섭 입성자가 수록되어 있어 옮겨 본다.

〈표 1-7〉 山섭과 江宕섭 입성자의 19세기 중국어 발음

한자	발음	운섭	개합/등
絶	chüeh	山섭	합구3등
雪	hsüeh	山섭	합구3등
缺	ch'üeh	山섭	합구4등
角	chio	江섭	개구2등
學	hsüo	江섭	개구2등
卻(却)	ch'io	宕섭	개구3등
卻(却)	ch'üo	宕섭	개구3등
爵	chüo	宕섭	개구3등

『어언자이집』은 토마스 웨이드가 중국에 거주하는 영국인을 대상으로 출간한 중국어 교재인데, 웨이드식 표기법으로는 설면음 [tɕ], [tɕʰ]와 권설음 [tʂ], [tʂʰ]를 똑같이 ch, ch'로 표기한다. 마찰음의 표기는 조금 달라서 설면음 [ɕ]는 hs, 권설음 [ʂ]는 sh로 표기한다. 따라서 山섭 3, 4등 글자인 絶절, 缺결, 雪설의 19세기 음은 현재와 같은 [tɕye], [tɕʰye], [ɕye]임을 알 수 있다.

宕섭의 개구 3등 글자 爵작은 [tɕyo], 卻각은 [tɕʰyo], 江섭의 學학은 [ɕyo]로 표기되어 있는데, 卻은 [tɕʰio]로도 표기되어 있고 江섭의 角각은 [tɕio]로 표기되어 있어 변화하는 과정에 있었던 것 같다. 위의 표에 수록된 글자들에 따르면 山섭의 입성자들이 먼저 [ye] 운모로 읽혔고, 당시 주요모음이 o였던 江섭과 宕섭의 입성자들이 나중에 [ye] 운모로 합류한 것으로 보인다. [y]는 전설 고모음이므로 후설 모음인 [o]가 전설 모음인 [y]의 영향을 받아 조음 위치가 앞으로 이동해 [e]가 된 것으로 풀이할 수 있다. 그런데 卻이 [tɕʰyo] 외에 [tɕʰio]로도 표기되어 있고 현재 독서음으로 [tɕye]로 읽히는 角이 [tɕio]로 표기되어 있는 것으로 보아 [io]와 [yo] 두 가지 운모가 함께 쓰이다가 [ye](<yo) 운모로 통합된 것으로 보인다.

江, 宕섭에서 [ye](<yo) 운모를 갖는 글자들은 대부분 후아음 성모 글자들이고 소수가 치두음 精계와 來모 글자들이다. 여기서 i 개음이 생긴 후아음 성모 글자들이 [ye]로 실현된 사실에 주목해야 한다. 宕섭의 후아음 개구 3등자도 [ye]로 실현된 글자가 상당수인데, 이 글자들과 江섭의 글자들은 합구 개음 w가 없었으므로, 주로 후아음 성모 글자들이 [ye] 운모로 실현된 사실이 원순 설근음 성모에서 w 개음을 이어받았음을 증명한다.[20] 江섭과 宕섭 개구 3등 입성자가 촬구 개음 [y]를 갖는 것은 wi 개음을 가정하지 않으면 그 음운 변화를 설명하기 어렵다. 이 글자들은 i 개음이 생긴 후의 운모인 -wiak(<-ʷiak)에서 운미 k가 소실되고 주요모음이 o로 변해 wio>yo>ye의 변화 과정을 거쳤을 것이다. 표에 보이는 io로 실현된 음은 wio에서 w가 소실된 운모로 보인다.

---

20) 소수 치두음 精계와 來모 글자들이 [ye] 운모를 갖는 것은 후아음 성모 글자의 영향을 받았기 때문이다.

江, 宕섭의 입성자들은 현대 중국어에서 독서음과 구어음의 두 갈래 음으로 읽히고 있다. ao[au], iao[iau] 운모는 구어음에서 유래한 형태이고, 1등자와 知계, 照계 성모 글자의 운모 uo[uo]와 근대 중국어의 [io] 및 üe[ye]는 독서음에서 유래한 형태인데, 위에서 살펴본 바와 같이 현재 쓰이고 있는 江, 宕섭 입성자의 독서음 [ye]는 원순음 성모의 흔적이라고 할 수 있다. i 개음이 생긴 江섭과, 宕섭 개구 3등 입성자의 변화 과정을 요약하면 다음과 같다.

-wiak → -wio → -yo → -ye
↘ -io

위의 독서음의 경우 성모의 원순음 흔적이 개음으로 남으면서 상고 중국어 시기의 원순 설근음 운미 *-k^{w}는 이화작용으로 인해 원순음 성분을 잃게 되었다. 따라서 운미는 k가 되었다가 그대로 소실되었다.

한편 구어음의 경우 운미의 원순음 흔적이 남으면서 성모의 원순음 흔적인 개음 w는 같은 이화작용으로 완전히 없어졌다(*-iak^{w}>-iau). 원순 설근음 운미 *-k^{w}가 모음 운미 u로 흔적을 남긴 것에 대해서는 제1편 5.2 입성운의 운모 체계에서 간단히 살펴보았는데, 뒤에서 다룰 한대 운부 가운데 입성 운부의 변화 편에서 자세히 살펴볼 것이다.

② 遇섭 3등자의 중국 한자음

현대 표준 중국어에는 운미가 없는 또 하나의 촬구 운모 [y]가 존재한다. 현재 중국어에서 [y] 운모를 갖는 음성운 글자들은 베트남 한자음으로는 ui(uy)음을 갖지 않는 글자들이며, 『광운』에서도 개합이 나뉘지 않은 독운의 글자들이 많다. 현재 중국어로 [y] 운모로 읽히는 한자들은 대부분 상고 중국어에서 어魚운부와 후侯운부에 속했던 글자들로, 중고 중국어에서는 遇섭 3등운인 魚운, 虞운에 속한 음성운 글자들이고, 그 외에 소수 臻섭과 通섭의 입성운 글자들이 현재 [y] 운모를 갖는다.

虞운의 글자들 가운데 후아음 성모 글자들과 소수의 치두음 精계 성모, 來모의 글자들은 현재 [y] 운모로 읽히고, 그 밖의 성모를 갖는 글자들은 [u] 운모로 읽힌다. 魚운의 글자들도 후아음 성모 글자들과 소수의 치두음 성모, 來모의 글자들은 현재 [y] 운모로 읽히고, 그 밖의 성모를 갖는 글자들은 [u] 운모로 읽힌다. 따라서 이 글자들도 상고 중국어의 원순 설근음 성모로 인해 개음으로 *wi를 갖게 되었다가 현재 [y] 운모로 읽히게 되었을 가능성이 있다.

魚운과 虞운의 글자들이 현재 [y] 모음을 갖게 된 과정을 알아보려면 두 운의 상고 시기 운부부터 살펴볼 필요가 있다. 魚운의 글자들은 상고 중국어에서 魚운부에 속하고, 虞운의 글자들은 侯운부에 속한다. 侯운부 1등자들은 대부분 중고 중국어에서 侯운(əu)으로 들어갔고,[21] 3등자들은 虞운으로 들어갔다. 魚운부의 경우, 1등자들은 遇섭 모模운으로 들어갔고, 2등자와 3등자 일부는 假섭으로 들어갔다. 나머지 3등자는 성모의 종류에 따라 遇섭의 虞운과 魚운으로 합류했는데, 순음과 후아음 성모 글자 일부는 侯운부 3등자들과 함께 虞운으로 합류하고, 虞운에 합류하지 않은 나머지 후아음 성모 및 기타 성모 글자는 魚운으로 들어갔다. 다음은 魚운부에 속한 3등자들이 중고 중국어에서 다른 운섭으로 들어간 상황을 정리한 것이다.

---

21) 侯운의 글자들은 현재 한어병음자모로 ou 운모를 갖는데, 한어병음자모의 영향 때문인지 화자에 따라 [ou] 또는 [əu]로 발음된다. 侯운부 1등자들은 대부분 중고 중국어에서 侯운(əu)에 속하며, 그 음이 현재까지 큰 변화 없이 이어져 왔다.

冶야, 耶야, 車차, 寫사, 射사, 社사, 借차 → 假섭으로 합류
車거, 庶서, 女여, 絮서, 箸저, 許허, 據거 → 魚운으로 합류
瞿구, 虞우, 于우, 雨우, 夫부, 父부, 無무 → 虞운으로 합류

위에서 虞운에 합류한 글자들의 성모가 모두 후아음이거나 순음 성모임을 알 수 있다. 『한자고음수책漢字古音手冊』에 수록된 글자를 대상으로 魚운부에 속했다가 虞운이 된 3등자들을 모드 살펴보았더니, 〈표 1-8〉에서 볼 수 있듯이 예외 없이 성모가 설근음이거나 순음이었다. 벽자僻字가 많아 상용자 위주로 수록했다.

〈표 1-8〉 魚운부에서 虞운으로 합류한 한자

성모	한자	성모	한자	성모	한자
見	矩榘	影	迂紆	幫	夫趺甫傅賦
羣	懼瞿躍	曉	訏雩吁詡盱	滂	敷専麩撫
疑	虞娛俁	云(喩三)	于雨禹宇羽	並	扶釜輔父賻
		以(喩四)	窳瓜	明	武無舞巫誣

상고 중국어에서 魚운부에 속했다가 중고 중국어에서 虞운이 된 글자들이 모두 성모가 후아음이거나 순음이라는 사실은 성모의 순음 성분 w 때문에 이 글자들이 虞운으로 합류했을 가능성을 나타낸다.

왕 리(1980:93-94)는 虞운의 상고음을 ĭwo로, 『절운』 음은 ĭu로 재구하고 魚운의 『절운』 음은 ĭo로 재구했다. 조우 파까오(1948)는 산스크리트를 한자로 옮긴 자료에서 산스크리트 o, u음을 모두 虞운의 글자로 옮긴 것과 남북조 후기 운문 자료에서 虞운이 魚운과 분류되고 魚운에는 원순 모음이 아닌 모음이 있다는 사실을 밝히고, 이에 근거해 魚운이 개구운開口韻이라고 보고 魚운을 io, 虞운을 iuo로 재구했다.[22)]

사실 o, u는 모두 원순 모음이다. 상고 중국어 운부 부분에서 다루겠

지만 베트남 한자음과 한국 한자음에 의하면 『절운』 전에 魚운의 주요 모음은 ə였다가 o가 되었을 가능성이 있다. 이것은 魚운에 원순 모음이 아닌 모음이 있다는 조우 파까오의 주장과도 일치한다. 어쨌든 『절운』 시기에는 魚운이 io가 되었던 것으로 보인다. 조우 파까오의 재구음에서 虞운의 재구음 iuo는 uio, 즉 wio로 보아야 한다. 위에서 왕 리도 虞운의 상고음을 ĭwo로 재구했는데, 개음의 순서를 바꾸면 wĭo가 된다. 제1편에서 살펴보았듯이 본서에서는 합구 3등 개음의 순서를 wi로 본다. 그렇다면 같은 운모를 가진 魚운부 3등자이지만, 魚운에 합류한 설근음 성모 글자들은 非원순음 성모를 가졌으므로 魚운(-io)으로 들어가고, 虞운에 합류한 원순 설근음 성모 글자들(*-^{w}io)은 w음을 가졌으므로 虞운(-wio)으로 들어갔을 것이다. 魚운부에서 虞운으로 합류한 후아음 성모 글자들은 성모가 원순음이 아니었다면 w음이 없었으므로, 魚운부에서 虞운으로 합류하지 않았을 것이며, 이것은 원순 설근음 성모의 존재를 증명하는 것이다. 또한 동시에 虞운의 개음이 wi의 순서였을 가능성도 뒷받침한다. *-^{w}io에서는 -iwo보다는 -wio로 변화했을 것이기 때문이다.

지금까지 원순 설근음 성모가 상고 중국어에 존재했음을 보여 주는 증거를 베트남 한자음과 중국 한자음에서 찾아보았다. 그 결과 상고 중국어의 설근음 성모로는 *k, *k^{h}, *ɡ, *ŋ, *hŋ 외에, 원순음인 *k^{w}, *k^{hw}, *ɡ^{w}, *ŋ^{w}, *hŋ^{w}이 있었던 것으로 보인다.

---

22) 周法高(1948), 「切韻魚虞之音讀及其流變」, 『歷史語言研究所集刊』, 13:119-152. 최영애(2000:276-277)에서 재인용.

1.5 후음喉音

후음에는 影, 曉, 匣, 喩모의 성모가 있다. 이 가운데 喩모 글자들의 베트남 한자음이 상고 중국어 성모를 재구성하는 데 중요한 단서가 된다.

1. 影모

影모 글자들은 중국 한자음은 물론, 한국 한자음, 베트남 한자음, 일본 한자음에서 모두 영성모로 실현되었다. 그런데 影모의 글자들은 見계 성모 글자들과 해성 현상을 보인다.

〈표 1-9〉 影모와 見계 성모 글자의 해성 현상23)

성부	影모	見계
可	啊妸痾	可坷柯軻珂笴
圭	蛙洼窪哇	圭卦掛罣詿奎桂封閨邽室跬佳
加	袈	加架嘉駕枷迦痂
曷	謁堨遏藹靄	葛渴碣竭揭楬
奇	倚椅猗漪陭	奇畸寄琦騎剞徛綺掎踦
區	歐毆嘔謳傴嫗漚	區驅軀嶇彄摳䮃鏂
官	綰婠	官館棺涫管琯輨痯輨
肙	娟悁蜎	絹狷睊涓焆鞙
軍	惲	軍皸
景	影	景憬
今	畲	今衿紟琴芩

이와 같은 해성 현상 때문인지 嫗구, 嘔구, 綰관 같은 影모 글자가 한국 한자음에서 'ㄱ' 초성으로 실현되었다. OSV가 남아있는 影모 글자

---

23) 김태경(2016:53)에서 옮겨 실었다.

는 9개인데(부록 참조), 이 가운데 烏오의 OSV만 quạ[kua]로 실현되었고, 나머지 글자들은 SV이든 OSV이든 모두 영성모로 실현되었다. 影모는 중국 한자음뿐 아니라 이웃 국가의 한자음에서도 영성모로 실현되었고, 현대 중국어 방언에서도 영성모로 실현되었기 때문에 왕 리(1980)는 影모의 상고음을 영성모로 보았다. 그런데 위의 해성 현상은 影모의 글자들이 見계 성모 글자들과 같거나 적어도 비슷한 음에서 갈라져 나왔을 가능성을 보여 준다. 칼그렌은 影모의 글자들에 성문 파열음인 ʔ를 재구했고, 대부분의 학자들도 影모를 ʔ로 보았는데, 見계 글자들과 성부가 같은 것으로 보아 후설의 파열음이면서, 소실되기 쉬운 음이라는 점에서 대부분 그대로 받아들였을 것이다. 또한 운도에서 연구개음 성모를 아음으로 분류한 것과는 달리 影모를 무성(청음)의 후음으로 분류했으므로, 아음보다 조음 위치가 후설인 무성음 *ʔ와 $*ʔ^w$로 재구성하는 것이 운도의 형식에도 어울린다.

2. 曉모와 匣모

曉모와 匣모는 見계 성모 글자와 해성 현상을 보인다. 리 신쿠이(1999:18-19)는 見모와 匣모가 서로 관계가 깊고 溪모와 曉모가 관계가 깊다고 밝히고, 후대의 曉모는 상고 중국어의 溪모 3등과 見모 1, 2등에서 유래했기 때문에 4등자가 특히 적다고 언급했다. 〈표 1-10〉에 해성 현상을 보이는 曉, 匣모의 글자들과 見계 성모 글자를 수록했다.

리 신쿠이(1999:11)는 위에粤 방언에서 溪모의 글자들이 대부분 현재 [h]로 읽히는 것을 예로 들며, 특히 溪모와 曉모의 관계가 매우 밀접했다고 밝혔다. 리 신쿠이(1999:12-14)는 曉모와 匣모가 상고 시기에는 見계 성모와 음이 같았다가 나중에 생겨난 성모임을 나타내는 증거로, 여러 사례를 제시했는데, 일부를 옮겨 본다.

〈표 1-10〉 曉匣모와 見계 성모 글자의 해성 현상

성부	曉모	匣모	見모	溪모	羣모
干	罕𩑶	汗扞旱悍	干肝竿忓	刊衎	
可	訶呵	荷何河菏	哿笴柯	可軻珂坷	
共	烘	洪閧	恭供拱珙		共
合	欱翕噏	洽合盒郃	鴿蛤頜閤	恰	
巠	蛵	莖脛陘鋞	經涇巠頸	輕	痙
果	夥	踝	果裹蜾	窠錁顆課	
曷	喝歇蠍猲	褐曷鶡餲	葛羯	堨愒渴揭	碣楬竭偈
高	蒿嗃熇歊	鎬鰝滈鄗	高膏縞稿	犒敲	
后	詬垢	后逅郈	垢姤茩詬		

첫째, 쑨 얜孫炎은 『석문釋文』에서 '烘홍'의 음을 '恭공'으로 표기했다. 쑨 얜은 삼국시대 위魏나라(220-266년) 사람이다. 烘은 뤼 천呂忱의 『자림字林』에는 甘凶감흉과 具凶구흉 두 개의 반절로 음이 표기된 반면, 양梁나라 고야왕顧野王(519-581년)의 『옥편玉篇』에는 許公切허공절, 『당운唐韻』에는 呼東切호동절로 표기되어 있다. 뤼 천은 서진西晉(266-317년) 사람이다. 남조 양나라 사람인 고야왕은 6세기 인물이다. 시대순으로 보면 烘은 見모에서 曉모로 바뀌었다고 할 수 있다.

둘째, 曉모 글자인 掀흔은 『자림』에는 丘近切구근절로 음이 표기되어 있으나, 『옥편』에는 許言切허언절로 음이 표기되어 있다. 丘는 溪모 글자이므로 掀은 溪모에서 曉모로 바뀐 것이다.

셋째, 쑨 얜은 曉모 글자인 駽현을 溪모 글자인 犬縣切견현절로 음을 표기했다. 따라서 駽이 동한 말에도 여전히 溪모 글자였음을 알 수 있다. 그런데 뤼 천은 駽을 呼縣切호현절로 표기했고, 꾸오 푸郭璞(276-324)도 火玄切화현절로 표기했다. 溪모에서 曉모로 바뀐 것이다.

넷째, 杭항은 匣모 글자로, 삼국시대 위나라 사람인 쉬 먀오徐邈(172-249년)가 쓴 『의례음儀禮音』에 苦浪切고랑절로 음이 표기되어 있다. 그런데 『옥편』에는 胡剛切호강절, 『광운』에도 胡郞切호랑절로 음이 표기되어 있다. 溪모에서 匣모로 변한 것을 알 수 있다.

다섯째, 鉉현은 匣모 글자이다. 쉬 먀오는 『주역周易』에 음을 표기할 때 古冥고명, 古螢고형, 古玄切고현절의 반절을 사용했다. 그러나 『옥편』에는 胡犬切호견절, 『광운』에도 胡畎切호견절로 음이 표기되어 있다. 見모에서 匣모로 변화했다.

여섯째, 陘형은 匣모 글자이다. 쉬 먀오는 『좌전음左傳音』에서 이 글자의 음을 古定切고정절로 표기했다. 그러나 『옥편』에는 下丁切하정절, 『광운』에는 戶經切호경절로 표기되어 있다. 見모에서 匣모로 변화했다.

고대 한국 한자음 자료에서도 曉匣모가 見계 성모에서 갈라져 나왔음을 보여 주는 사례를 찾을 수 있다. 김태경(2016:58-64)에 정리된 것을 옮겨 본다.

먼저 曉모가 ㄱ초성으로 실현된 예를 들어본다. 다음에서 골정骨正은 『삼국사기』 제2권에 실린 신라 조분왕助賁王의 아버지 이름이다. 왕검성王儉城은 『삼국사기』 제17권에 수록된 고구려 지명인데, 왕험성王險城이라고도 했다. 중국의 사서에는 王險城으로 표기되어 전한다.

骨正	一作	忽爭
王儉		王險

"骨正은 홀쟁忽爭이라고도 한다"에서 骨과 忽이 대응하고 있고, 王儉과 王險에서는 儉과 險이 대응하고 있다. 骨은 見모, 忽은 曉모이다. 또 儉은 羣모, 險은 曉모이다. 지명도 그렇지만 인명을 음이 다른 글자로 표기하지는 않았을 것이다. 이러한 대응은 상고 중국어에서 曉모가 見모, 羣모처럼 'ㄱ'으로 읽혔을 가능성을 보여 준다.

또한 『삼국사기』 제8권에 수록된 신라 효소왕孝昭王의 휘에 대해

"리홍理洪은 리공理恭이라고도 한다理洪一作理恭"라고 기록되어 있다. 恭은 見모, 洪은 匣모이다. 동일인을 지칭했을 때는 같은 음을 가진 글자로 표기했을 것이므로, 이 예는 匣모가 상고 중국어에서 見모처럼 파열음 'ㄱ'으로 읽혔을 가능성을 보여 준다.

『삼국사기』 제36권에는 백제 지명 '소비혜所非兮'가 '삼계森溪'로도 표기되었는데, 匣모 글자 兮가 溪에 대응되게 쓰였다. 『삼국사기』 제34권에 실린 다음의 신라 지명에서도 兮가 溪에 대응된다. 오른쪽이 경덕왕 때 바뀐 지명이다.

熱兮(泥兮)	日谿	
芼兮(化鷄)	杞溪	
道品兮停	南畿停	
草八兮	八谿	草谿(고려초)

匣모자 兮가 경덕왕 때 바뀐 지명에서 見계 글자인 溪계, 谿계, 畿기와 대응되고, 두 번째 지명에서는 兮가 鷄계와 대응되고 있다. 溪, 谿, 鷄는 상고 중국어에서 兮와 함께 지支운부에 속하고, 畿는 미微운부에 속한 글자이다. 溪, 谿는 성모가 같고, 鷄는 見모, 畿는 羣모의 글자이다. 支운부와 微운부의 상고음은 매우 비슷하다. 匣모인 兮가 상고 중국어에서 見계에 속했지만 경덕왕 때는 이미 더 이상 파열음으로 읽히지 않았기 때문에 見계 글자 溪, 谿, 畿로 대체된 것으로 보인다. 그러므로 본서에서도 曉·匣모는 상고 시대에 존재하지 않았고, 동한 말기 이후에야 형성되기 시작했다고 본다.

曉모는 학자에 따라 국제 음성 문자로 *x로 재구성하기도 하고, *h로 재구성하기도 한다. 匣모 역시 학자에 따라 *ɣ로 재구성하기도 하고 *ɦ로 재구성하기도 한다. x와 ɣ는 조음 위치와 조음 방식이 같은 음으로 x는 무성음, ɣ는 유성음인 것만 다르다. x와 ɣ는 파열음인 k, g와 조음 위치가 같은 연구개 마찰음이고, h와 ɦ는 성문 마찰음이다. 왕리(1980:80)는 曉모와 匣모의 중고음과 상고음을 각각 연구개음인 *x, *ɣ로 재구했다. 똥 통허(1968:303)도 曉모와 匣모의 상고음을 *x, *ɣ로 보았다. 똥 통허(1968:150)는 중고음 역시 *x, *ɣ로 보았으나 h, ɦ를 괄호 안에 넣어 병기함으로써 曉, 匣모가 성문음일 가능성이 있음을 나타냈다. 리 신쿠이(1999:16-20)는 두 성모가 동한 말기에서 서진 말기 사이에 생겨난 성모로 보았지만 그 음은 *x, *ɣ로 재구성했다. 아마도 曉, 匣모가 見계에서 갈라져 나왔다고 보기 때문에 見계 글자들과 조음 위치가 같은 *x, *ɣ로 재구성했을 것이다. 판 우윈(2000:336-350)은 曉, 匣모가 상고 시기 설근음에서 갈라져 나왔으나 그 이후에는 후음인 *h, *ɦ로 변화했다고 보았다.

여기서 36자모를 오음五音으로 분류한 운도의 형식을 참고할 필요가 있다. 오음은 당시 존재하던 성모를 조음 방법이 아닌 조음 위치로 나눈 것이다. 치음 가운데 치두음을 예로 들면, 치두음 精, 淸, 從, 心, 邪모에는 파열음과 파찰음, 마찰음이 모두 포함된다. 각 성모는 조음 위치가 같아서 한 부류로 분류된 것이다. 曉모와 匣모를 影모와 함께 후음으로 분류한 것은 옛사람들이 曉모와 匣모의 조음 위치가 아음의 조음 위치보다 더 후설이라고 느꼈기 때문일 것이다. 따라서 운도의 형식에 의하면, 아음의 네 성모와 조음 위치가 같은 x와 ɣ가 아닌, 성문 파열음 ʔ(影모)와 조음 위치가 같은 성문 마찰음 h와 ɦ가 曉모와 匣모가 된다. 그러므로 曉·匣모가 동한 말기 이후 見계에서 갈라져 나왔다고 하더라도 오음의 명칭대로 *h와 *ɦ였던 것으로 보인다. 한대 베트남 한자음에서도 曉·匣모는 성문음으로 실현되었다.

	SV	OSV		SV	OSV
許(曉)	hứa	hứa	歇(曉)	yết	hết
呼(曉)	hô	hò	況(曉)	huống	huống
喧(曉)	huyên	ồn	蜆(曉)	hiến[24]	hến
夏(匣)	hạ	hè	限(匣)	hạn	hẹn
含(匣)	hàm	gồm	函(匣)	hàm	hòm
陷(匣)	hãm	trõm	盒(匣)	hạp	hộp
缸(匣)	hàng	cong	蜆(匣)	hiện	hến
狹(匣)	hiệp	hẹp	鞋(匣)	hài	hia
戶(匣)	hộ	họ	壺(匣)	hồ	vò
畫(匣)	hoạ	vẽ			

OSV가 남아있는 曉모 글자로는 許허, 歇헐, 呼호, 況황, 喧훤 다섯 글자가 있고, 曉모와 匣모, 溪모의 반절로 음이 표기된 蜆현도 있다. 喧이 영성모로 실현된 것을 제외하고, OSV에서든 SV에서든 曉모는 모두 [h]로 실현되었다. OSV가 남아있는 匣모 글자는 13개인데, SV에서는 모두 [h]로 실현된 반면, OSV에서는 8개 글자는 [h]로 실현되었고, 두 글자는 [v], 나머지는 g[ɣ], tr[c], c[k]로 각각 실현되었다. 그러나 대체로 베트남 한자음에서는 溪모가 OSV에서든 SV에서든 모두 연구개음 [x]로 실현되었고, 匣모와 曉모는 성문음인 [h]로 실현되었다. 이처럼 한대 한자음에서 曉·匣모가 溪모와 다른 조음 위치의 음으로 실현된 것은 曉모와 匣모가 見계에서 갈라져 나와 다른 성모가 되었을 때 아음

24) 蜆(현)은 『광운』 선(銑)운에 匣모인 胡典切(호전절), 曉모인 呼典切(호전절) 두 개의 반절로 음이 표기되어 있고 산(霰)운에도 溪모인 苦甸切(고전절)로 음 표기가 되어 있다. 판 우윈(2000:64)에는 중고음이 hiện으로 표기되어 있지만, 미네야 토오루(1972)의 저서 뒷부분에 실린 「베트남 한자음 대조표」(32쪽)에는 曉모로 되어 있고 hiến으로 음표기가 되어 있다.

인 溪모보다 후설의 음으로 실현되었음을 시사한다.

3. 喩三과 喩四

喩모는 원래 3등운의 자모로 云모와 以모를 가리킨다. 匣모에 속했던 云모 글자들이 匣모에서 분리되어 나와 喩모 3등에 배열되었기 때문에 喩三이라 불리게 되었고, 3등에 자리가 없어 4등에 놓이게 된 以모 글자들은 喩四라 불리게 되었다. 즉 云모나 以모나 운도 시기에는 모두 영성모가 되었다.

(1) 云모

『절운』 전에 匣모 글자들과 음이 같았다고 여겨지는 云모 글자들은 見계 성모 글자들과 해성 현상을 보인다.

運(云)/軍(見)　　筠(云)/均(見)　　域(云)/國(見)

또한 云모 글자들은 見계 성모 글자로도 음이 표기되어 있다.

〈표 1-11〉 云모 글자의 『광운』 반절[25)]

한자	『광운』 반절	현대 중국어음	한국한자음
盂	羽俱切, 古寒切	[ý]	우
萬	王矩切, 俱雨切	[y̌]	우
潙	薳支切, 居爲切	[uéi]	위, 규
蘬	榮美切, 古對切	[uěi]	유
緷	王問切, 胡本切, 古本切	[ỳn], [kuə̆n]	혼, 곤
迋	于放切, 俱往切	[uὰŋ], [kʰuὰŋ]	왕, 광

25) 김태경(2016:73-74)에서 옮겨 실었다.

동한 말기 이후 見계 성모에서 갈라져 나온 匣모의 글자들은 유성음인 羣모 글자와 상보적으로 분포한다. 匣모 글자는 1, 2, 4등에 출현하고 羣모 글자는 3등에 출현한다. 3등인 羣모 글자는 일부 합구자를 제외하고 중고음 시기까지 연구개 파열음 성모 *g를 유지하고, 나머지 1, 2, 4등운에 출현하는 *g 성모 글자들은 위진魏晉 시기를 거치면서 마찰음 *ɦ가 되었는데, 이 글자들이 匣모 글자들이다. 3등운만 남은 羣모 글자 가운데 일부 합구자의 성모가 역시 마찰음 *ɦʷ가 되었는데, 이 글자들이 云모 글자들이다. 云모 글자들이 일본 오음에서 영성모로 읽히는 것으로 보아서(이경철 2006:81-83), 云모는 匣모와 달리 『절운』 이전에 마찰음을 잃었을 수 있다.

베트남 한자음에서는 특이하게도 云모가 [v]로 실현되었다. 云모 글자인 越월은 베트남 한자음으로 việt으로 읽는다. 국가 이름의 영문 표기 Vietnam은 월남越南을 베트남 한자음으로 읽은 것이다.

	SV	OSV		SV	OSV
王	vương	vua	盂	vu	vùa
園	viên	vườn	圓	viên	tròn
越	việt	vượt			

(2) 以모

以모는 중고음을 반영한 SV에서는 영성모로 실현되었으나 한대 음을 반영한 OSV에서는 과반수가 유음으로 실현되었다. 베트남 문자로 d는 원래 반모음인 [j]이다. 영성모이기는 하지만 以모가 3등운의 성모이므로 d는 3등운의 개음을 나타낸 것으로 보면 된다. 즉 喩의 dụ는 원래 '유'로 읽혔는데, 현재 북부 베트남에서는 d도 gi, r와 같은 마찰음 [z], [ʐ]로 읽힌다. 그러나 옛 발음이 비교적 보존된 남부 베트남 방언에서 d는 여전히 [j]로 읽힌다.

	SV	OSV		SV	OSV
蠅	dăng	lằng	餘	dư	lứa
延	diên	lan	容	dung	dong
悠	du	lâu	逾	du	lố
窬	du	lỗ	遺	di	lọi
諛	du	dua	夷	di	lì
姨	di	dì	移	di	dời
俑	dũng	dõng	勇	dũng	dõng
蛹	rũng	dộng	酉	dậu	dậu
誘	dụ	rủ26)	以	dĩ	lấy
喩	dụ	rõ	易	dị	dễ
亦	dịch	diệc/riệc			

OSV가 남아있는 以모 글자는 위에 제시된 21개이다. 이 가운데 성모가 l[l]로 실현된 글자는 모두 9개이고, d[j]로 실현된 글자도 9개이다. r[ɹ]로 실현된 글자는 2개이며 亦(역)은 [j]와 r로 실현되었다.27) SV에서는 蛹용을 제외한 모든 글자들이 [j]로 실현되었다. 앞에서 밝힌 대로 OSV에서 [j]로 실현된 글자들은 3등 개음 [j]를 반영한 것이므로, 사실상 이 글자들은 영성모로 실현된 것이다.

그런데 21개 以모 글자의 OSV에서 영성모가 10개이지만, 유음인 l, r로 실현된 글자가 과반수라는 것은 以모의 상고음이 중고음과 다르다는 것을 의미한다. 운도 시기에는 云모이든 以모이든 喩모는 모두

---

26) 판 우원(2000:206)은 誘(유)를 dũ로 표기했으나, 사전에 dũ라는 어휘가 없고 '유혹하다'의 뜻으로 rủ가 사용되는 것으로 보아 rủ가 한대 음으로 보인다.
27) [j]를 d로 표기하면 혼동될 우려가 있어 예외적으로 [j]로 표기한다.

영성모였다. 그런데 以모의 한대 베트남 한자음이 유음이라는 사실은 상고 시기 以모의 성모가 *l(또는 *r)이었음을 의미한다. 일반적인 음성 변화의 방향을 고려하면 l(또는 r) > ø(영표지)는 가능하지만, ø > l(또는 r)은 가능성이 거의 없기 때문이다. 나라 이름 고구려高句麗는 사서에 여러 이름으로 기재되어 있는데, 『삼국사기』 제29권에는 고려高麗, 『삼국사기』 제37권에는 구려句麗, 중국 문헌인 『주서周書』에는 고이高夷로 기재되어 있다.[28] 以모 글자인 夷가 來모 글자인 麗와 대응되게 쓰인 것은 당시 以모가 절대 영성모가 아니었음을 의미한다.

*l, *r 둘 중에서는 l-로 실현된 글자가 9개이고 r-로 실현된 글자는 亦을 포함해 3개이므로, 以모는 *l이었을 가능성이 높다. 그런데 以모가 *l이었다면 중고 중국어에서 l이었던 來모의 상고음은 *l이 아니었을 가능성이 높다. 來모에 대해서는 뒤에서 살펴보기로 하고, 먼저 以모의 OSV외에도 以모의 상고음이 *l이었음을 보여 주는 다른 증거를 찾아본다.

『한서漢書』에 Alexandria(알렉산드리아)가 烏弋山離오익산리로 음역되어 있다. 以모의 職운부 글자인 弋익으로 '렉'을 표기한 것이다(潘悟雲 2000:188). 또한 정장 상팡(1984:46-47)에 의하면 현 시아먼厦門 방언으로 以모자인 檐첨은 liam, 지앤양建陽어로 痒양은 liong, 이양益陽어로 孕잉은 len이다.[29] 檐은 한국 한자음은 '첨'이지만 중국 한자음은 한어병음자모로 영성모인 yán이다. 또한 타이어, 티베트어, 주앙족壯族어의 언어에서도 來모는 r-로, 以모는 l-로 읽히는 어휘들이 있다(鄭張尙芳

28) 『주서(周書)』는 원본이 없어지고 남은 편들로 구성되었기 때문에 『일주서(逸周書)』라고도 한다.

29) 시아먼(厦門)과 지앤양(建陽)은 푸지앤성(福建省), 이양(益陽)은 후난성(湖南省)에 소재한다.

1984:46-47).

다음은 타이어에서 以모가 l-로 실현된 예이다.

養(양)	lieŋ	易(역)	lek
酉(유)	hlau	餘(여)	hlɯa
杙(익)	hlǎk	異(이)	plēk

다음은 티베트어에서 以모가 l-로 실현된 예이다.[30)]

淫(음)	lum	遺(유)	lus
涌(용)	long	亦(역)	lag
揚(양)	lang	諭喩(유)	lo
謠(요)	lo	裕(유)	lhug
孕(잉)	lhums	枼(엽)	leb
瀛(영)	gling		

다음은 주앙족어로 以모가 l-로 실현된 예이다.

油(유)	lau	酉(유)	lǎu
峪(욕)	luǎk	餘(여)	lɯ

OSV와 타이어, 티베트어 등에서도 以모 글자들이 l-로 실현된 것을 근거로, 본서에서도 以모는 *l이었던 것으로 본다.

---

30) 정장 상팡(1984:46-47)은 티베트어 어휘 가운데 淫(음)에는 '스며들다'로, 遺(유)에는 '남다', 亦(역)에는 '손', 揚(양)에는 '일어서다', 枼(엽)에는 '마디풀(扁薄)', 瀛(영)에는 '섬(洲)'으로 뜻을 표기했다.

1.6 반설음半舌音

반설음 來모 글자들은 중고 중국어 이후로 음의 변화 없이 l-로 읽혀 왔고, 상고 시기에도 *l-이었던 것으로 여겨졌지만, 以모의 상고음이 *l-이었을 가능성이 제기되면서 來모는 以모와 다른, 유음 *r-이었을 가능성이 제기되었다. OSV에서 來모 글자의 초성은 r[ɹ]이나 l[l]로 실현되었는데, r로 실현된 글자들이 조금 더 많다.

	SV	OSV		SV	OSV
羅	la	chài	藍	lam	chàm
郎	lang	chàng	梁	lương	rường
驢	lư	lừa	連	liên	liền
蓮	liên	sen	廉	liêm	rèm
簾	liêm	rèm	鐮	liêm	liềm
零	linh	riêng	爐	lô	lò
籠	lung	lồng	牢	lao	rào/sao
龍	long	rồng	樓	lâu	lầu
離	li/ly	lìa/rời	冷	lãnh	lạnh
禮	lễ	lạy	老	lão	rệu
路	lộ	sá	聾	lũng	luống
簍	lẩu	rọ	亂	loạn	rộn
亮	lượng	sáng	煉	luyện	rèn
練	luyện	rèn	露	lộ	rõ/ló/lõ
漏	lậu	rò	利	lợi	lãi
辣	lạt	rát	臘	lạp	chạp
蠟	lạp	sáp	力	lực	sức
冽	liệt	rét	烈	liệt	rát
錄	lục	lọc			

OSV가 남아있는 來모 글자는 위에 제시된 37개이다. 이 가운데 14개 글자의 성모가 r로 실현되었고, 11개 글자의 성모가 l로 실현되었다. 離리, 露로 두 글자는 r, l 두 가지 초성으로 실현되었다. s[ʂ] 초성으로 읽히는 글자도 5개 있고, 牢뢰는 r과 s[ʂ] 두 가지 초성으로 실현되었다. 또한 ch[tɕ] 초성으로 실현된 글자도 4개 있다.31) 두 가지 초성으로 실현된 글자를 모두 포함하면 37개 글자 가운데 r-로 실현된 글자는 17개, l-로 실현된 글자는 13개이다. 정장 상팡(1984:46-47)에 타이어, 티베트어, 주앙족壯族어에서 來모 글자가 r-로 실현된 사례가 정리되어 있다.

다음은 타이어에서 來모가 r-로 실현된 예이다.

藍(람)	grām	林(림)	grim
懶(라)32)	grān	漏(루)	rua
厲(려)	rāi		

다음은 티베트어에서 來모가 r-로 실현된 예이다.33)

藍(람)	rams	六(륙)	drug
粒(립)	bru	龍(룡)	brug
陵(릉)	ri	零(령)	rengs
侶(려)	ra	略(략)	rags
裂(렬)	rad	凉諒(량)	grang

31) s[ʂ]와 ch로 실현된 來모자에 대해서는 복성모 부분에서 다룰 것이다. s는 [s]로 오인할 수 있어 이하 국제 음성 문자와 함께 s[ʂ]로 표기한다.

32) 懶의 한국 한자음은 '라'이지만 중국어 발음은 lǎn이다.

33) 零(령)에는 '외롭다', 兩(량)에는 '근(무게 단위)'으로 뜻풀이가 되어 있다 (鄭張尙芳 1984:46-47).

兩(량)	srang	量(량)	srang

다음은 주앙족어에서 來모가 r-로 실현된 예이다.[34)]

藍(람)	rom	六(륙)	rok
臠(련)	ron	鬲(력)	rek
楝(련)	rēn	利(리)	rai
籠(롱)	ruŋ	漏(루)	ro

반대되는 사례도 있지만 비교적 적은데, 以모자 가운데 喩유는 타이어로 ru, 주앙족어로 ro, 余여, 陽양은 티베트어로 rang, 羊양은 ra이다(鄭張尙芳 1984:47). 살펴본 바와 같이 來모의 글자들이 r-로 실현된 예를 근거로 來모의 상고음을 *r로 추정한다.

1.7 무성의 유음과 비음 성모

以모의 글자들은 定모의 글자들과 성부가 같은 글자들이 많아서 쩡윈치앤曾運乾은 "以모가 定모에 귀속된다"는 학설喩四歸定說을 제시했다(王力 1984:154). 그런데 以모 글자들은 定모뿐 아니라 透모의 글자들과도 해성 현상을 보인다. 다음은 定모, 透모의 글자들과 동시에 해성 현상을 보이는 以모 글자들이다.

---

34) 臠(련)에는 '저민 고기', 鬲(력)에는 '솥', 利(리)에는 '날카롭다'로 뜻풀이가 되어 있다(鄭張尙芳 1984:46-47). 鬲은 '력'외에 '격'으로도 읽히는데, '격'으로 읽히면 '막다'를 의미한다.

〈표 1-12〉 以모와 定모, 透모 글자의 해성 현상

성부	以모	定모	透모
昜	陽楊暘揚昜颺煬禓鍚	腸場蕩盪璗碭	湯簜
也	也池拖貤酏	地池馳髢	他
台	怡冶飴貽詒台	殆苔怠迨紿駘炱菭	胎台邰鮐笞齝
枼	葉枼箑鍱揲	蝶蹀牒諜喋堞	鰈
兌	悅閱說銳	兌	蛻駾娧
由	由油	笛宙冑軸舳妯舳迪柚	抽妯
余	余	除塗篨蒢途涂荼駼	稌
隹	維惟唯濰蓶琟	椎陮	推蓷
兆	姚珧銚	兆晁垗佻桃逃窕誂	佻恌祧朓挑跳眺覜趒
舀	舀	蹈稻	滔韜縚謟慆搯
炎	琰棪剡郯剡	談啖錟淡惔餤痰郯	錟荻
臽	焰	萏啗	滔韜縚謟慆搯
彖	緣蝝	篆瑑隊	彖
呈	郢	呈程酲裎	逞
甬	甬涌勇踊俑蛹	筩	通桶痛

이 글자들의 상고음을 어떻게 재구성해야 할까? 以모 글자와 성부가 같으므로, 단순하게 위의 定모 글자들의 성모를 *dl, 透모 글자들의 성모는 *tʰl로 재구성하고, 시간이 지나면서 뒤의 l가 소실되었다고 해야 할까? 그런데 문제는 以모 글자들은 邪모, 書모 글자와도 해성 현상을 보인다는 점이다. 〈표 1-13〉은 邪모와 以모 글자의 해성 현상이다.

리 팡꾸이는 以모의 상고음을 *r로 보았기 때문에, 以모와 邪모의 해성 현상에 근거하여 邪모의 상고음을 *rj로 재구성했다. 以모의 상고음을 *l로 재구성한 학자들은 邪모의 상고음을 *lj로 재구성했다. 『삼국유사』 제1권에 신라시대 왕을 일컫는 명칭 가운데 하나인 마립간麻立干에 "립立은 수袖라고도 한다(立一作袖)"라는 설명이 붙어있다. 立과 袖의 뜻이 다르므로, 두 글자의 음이 비슷해서 대응된 것인데, 邪모 글자인 袖가 *l-로 읽히지 않았다면 이와 같은 대응 관계는 설명하기 어렵다. 그러므로 邪모의 상고음은 유음인 *lj였을 가능성이 높다.

〈표 1-13〉 以모와 邪모 글자의 해성 현상[35)]

성부	以모	邪모
谷	裕欲慾浴鵒	俗
以	以苡	似姒
與	與譽礜鸒	嶼鱮藇
由	由油柚	袖岫
延	延筵狿埏綖蜒鋋	涎
羊	羊洋佯徉恙樣漾	羨翔痒祥詳庠
甬	甬勇踊涌蛹俑	誦
邪	邪鎁琊	邪
予	予	序

以모와 해성 현상을 보이는 邪모의 상고음이 以모의 상고음과 비슷하다면, 以모와 해성 현상을 보이는 定모와 透모의 상고 시기 성모도 以모의 상고 시기 성모와 크게 다르지 않았다고 가정할 수 있다. 위의 邪모 글자들 가운데 涎연[36)]은 定모 글자인 誕탄과도 성부가 같다. 袖는 定모 글자인 笛적은 물론 透모(徹모 포함) 글자인 抽추와도 성부가 같다. 또한 誦송 역시 透모 글자인 通통과 성부가 같다. 그러므로 以모와 성부가 같은 定모와 透모 글자들의 상고음도 邪모와 마찬가지로 *l-을 가정할 수 있다. 다만 透모의 경우는 定모와 달리 중고 중국어에서 무성음이 되었으므로, 유성음이 아닌 무성의 유음이었을 가능성이 높다.

앞에서 인용한 타이어에서 l-로 실현된 以모 글자들 가운데 酉유는 hlau, 餘여는 hlɯa, 杙익은 hlăk으로 실현되고, 養양은 lieŋ, 易역은 lek으

35) 김태경(2016:87)에서 옮겨 실었다.

36) 涎은 한국 한자음은 '연'이지만 현 중국어 발음은 xián[ɕiɛn]으로 邪모와 일치한다.

로 실현된 것을 보면, 以모 글자와 성부가 같은 透모 글자의 상고음은 *hl-로 재구성할 수 있다.

상고 중국어의 또 다른 유음 성모인 來모의 글자들도 다음과 같이 透모 글자들과 해성 현상을 보이는데, 來모 글자와 성부가 같은 透모 글자의 상고음은 *hr-로 재구성할 수 있다. 다음에서 왼쪽의 글자는 모두 來모 글자들이다. 괄호 안에 36자모로 성모를 표기했다. 중고 중국어의 徹모는 透모에서 갈라져 나왔다.

賴(뢰) / 獺(달, 透)　　禮(례) / 體(체, 透)
慮(려) / 攄(터, 徹)　　厲(려) / 蠆(채, 徹)

〈표 1-14〉 泥모와 透모 글자들의 해성 현상[37]

성부	泥모	透모
能	能	態
占	黏鮎鲇	覘帖
奴	奴帑	帑
丑	紐狃杻忸鈕	丑
若	若諾暱匿	慝
妥	餒	妥
冉	柟	聃
耳	耳珥餌佴刵	恥

來, 以모의 글자들만 透모 글자들과 해성 현상을 보이는 것은 아니다. 泥모 글자들도 透모 글자들과 해성 현상을 보인다. 위의 〈표 1-14〉는 泥모와 透모 글자의 해성 현상이다. 상고 중국어에서 日모는 泥모에 속했으므로, 日모는 泥모에 넣었다. 來, 以모 글자들과 성부가 같은 透모 글자들의 상고음을 *hr-, *hl-로 재구성했으므로, 泥모 글자와 해성

37) 김태경(2016:94)에서 옮겨 실었다.

현상을 보이는 透모 글자들의 상고음은 *hn-으로 재구성할 수 있다.

書모 글자들은 泥모 글자들과도 해성 현상을 보이고, 유음 및 透모 글자와도 해성 현상을 보인다. 다음에서 왼쪽의 글자는 모두 書모 글자들이다. 聶과 饟의 한국 한자음은 각각 '섭'과 '양'이지만, 중국어 발음은 한어병음자모로 泥모자인 聶은 niè이고, 書모자인 饟은 xiǎng이다.

恕(서) / 如(여, 日) 諗(심) / 念(념, 泥)
攝(섭) / 聶(섭, 泥) 饟(양) / 囊(낭, 泥)

다음에서 왼편은 書모 글자들이고, 오른편은 書모 글자들과 해성 현상을 보이는 以모, 來모, 定모(澄모 포함), 透모, 邪모 글자들이다. 弛의 한국 한자음은 '이'이지만 중국어 발음은 chí이다.

傷(상) / 易(以) 場(澄) 湯(透) 韘(섭) / 葉(以) 蝶(定) 鰈(透)
弛(이) / 也(以) 地(定) 他(透) 始(시) / 怡(以) 殆(定) 台(透)
輸(수) / 喩(以) 偸(透) 舒(서) / 予(以) 杼(澄) 序(邪)
稅(세) / 悅(以) 兌(定) 蛻(透) 爍(삭) / 樂(來)

위에서 以모 글자와 성부가 같은 透모 글자의 상고음을 *hl-로 재구성했으니, 以모뿐 아니라 透모 글자와 성부가 같은 書모 글자는 *hlj-로 재구성할 수 있다. 『삼국사기』 제44권에 지명地名인 '울산'이 우시산국于尸山國으로 표기되어 있는데, '울'이 于尸에 해당한다. 書모 글자인 尸(*hljid)로 'ㄹ'을 표기한 것은 書모가 상고음에서 유음 성모를 가지고 있었음을 보여 준다.

書모 글자들은 다음과 같이 설근음 성모 글자와도 해성 현상을 보인다. 다음에서 왼쪽의 글자는 모두 書모 글자들이다. 餉의 한국 한자음은 '향'이지만 중국어 발음은 xiǎng이다.

嬈(소) / 澆(見) 翹(羣) 堯(疑)　　　爍(삭) / 樂(疑)
聲(성) / 馨(曉)　　　　　　　　　　餉(향) / 向(曉)

리 팡꾸이(1982)는 見계 성모 글자들과 성부가 같은 書모 글자의 성모를 *skʰj로 재구했다가 나중에 *hrj로 바꿨다. 그런데 見계 글자들과 해성하는 書모 글자들이 *hrj-라면, 이론적으로 爍삭, 鑠삭과 같이 來모 글자와 성부가 같은 무성의 書모 글자의 상고음 *hrj-와 같아진다. 앞(치음 부분)에서 살펴본 바와 같이 章계 성모 글자는 見계 성모 글자와 해성 현상을 보인다. 리 팡꾸이는 見계에 속했던 글자들이 章계로 합류한 것을 설명하기 위해 *rj 개음을 재구했는데, 본서에서는 見계 글자들과 성부가 같은 書모 글자들 역시 다른 章계 글자들과 마찬가지로 *r 개음 없이 *kj->*hj-로 재구한다. 현재 한국에 거주하고 있는 화교들은 '현재'라는 단어에서 '現'을 [히엔]으로 읽는다. 표준 중국어에서 [히]가 구개음이 되어 [시]가 된 것에서 알 수 있듯이, *r 개음 없이 *j만으로도 구개음이 될 수 있다. 그러므로 來모 글자와 성부가 같은 書모 글자와, 見계 글자와 성부가 같은 書모 글자를 똑같이 *hrj-로 재구하지 않아도 된다. 또한 정 린샤오와 백종인(2011:340-341)은 『전예만상명의篆隷萬象名義』에 반절로 음이 표기된 글자들이 성모에 따라 중뉴 3등의 글자가 반절하자로 쓰이거나 중뉴 4등의 글자가 반절하자로 쓰인 것을 발견했는데, 연구 결과에 의하면 莊계 글자는 중뉴 3등자로, 章계 글자는 중뉴 4등자로 음이 표기되었다. 중뉴 3등자는 2등자와 마찬가지로 *r 개음이 있었던 것으로 여겨진다. 書모는 章계에 속하므로 r 없이 *kj, *hj로 표기하는 것이 정 린샤오와 백종인의 연구 결과에도 부합한다. 2등자와 중뉴 3등자의 상고 시기 개음에 대해서는 뒤에서 자세히 살펴볼 것이다.

예를 들면 燒소처럼 見모 글자(澆)와 성부가 같은 書모 글자의 상고음은 *kj-였다고 추정할 수 있다. 본서에서는 曉·匣모가 한대 말기에서 위진魏晉 시대를 거치면서 見계 성모에서 갈라져 나온 것으로 보기 때문에, 이 *kj가 마찰음 *hj가 되고 書모 ɕ가 되었다고 본다. 書모 글자는 見계 성모 글자뿐 아니라 聲성과 馨형, 餉향과 向향처럼 曉모 글자와도 해성 현상을 보이는데, 이는 曉모가 상고 중국어에서 파열음인 見계 성모에 속했다가 위진 이후 갈라져 나왔다는 해석과 일치한다. 그러므로 見모, 曉모 글자들과 성부가 같은 書모 글자들은 상고 중국어에서 *kj-였다가 위진 이후 *hj-가 되고, 이후 『절운』 시기까지 *hj->ɕ-의 변화 과정을 거쳤다고 볼 수 있다. 이와 같이 후아음 성모 글자들과 書모 글자의 해성 현상을 간편하게 풀이할 수 있다.

지금까지 살펴본 공명음 성모 글자들의 해성 현상에 의하면, 상고 중국어에서 공명음이 유성음과 무성음으로 나뉘어졌을 가능성이 있다. 김태경(2016:100)에 정리된 것을 옮겨 본다.

〈표 1-15〉 상고 중국어의 차탁 성모

무성음		유성음	
상고 성모	중고 자모	상고 성모	중고 자모
*hm	曉, 明	*m	明
*hn > tʰ	透	*n	泥
*hnj > ɕ	書	*nj	日
*hŋ	曉, 疑	*ŋ	疑
*hl > tʰ	透	*l > d	定
*hlj > ɕ	書	*lj	以, 邪(*lj>z)
*hr > tʰ	透	*r	來
*hrj > ɕ	書	*rj	來

현재 대부분의 언어에서 비음과 유음 성모는 유성음이다. 따라서

상고 중국어에 무성의 비음과 유음 성모를 재구성하는 것이 형성자의 해성 현상에만 집중해 얻은 결과로, 과연 무성의 비음과 유음 성모가 존재했을까 하는 의구심을 가질 수 있다. 일반 언어학 책에도 비음, 즉 비강음은 모두 유성음이라고 되어 있다.[38)]

제1편에서 언급했듯이 현재 미얀마어에서 비음과 유음이 무성음과 유성음의 두 갈래로 존재한다. 현재 미얀마어에는 비음 m, n, ɲ, ŋ과 유음 l 외에 m̥, n̥, ɲ̊, ŋ̊, l̥의 무성음이 있다. 무성의 비음은 코에서 기류가 강하게 나오는 유기음이다. 예를 들면 m̥은 [hm]으로 [m]을 발음할 때보다 기류가 강하게 나온다. 그러므로 m̥은 유기음으로 무성음이라고 할 수 있다. n̥도 [hn]으로, 유기음이며 무성음이다. 『위키백과』에 의하면, 미얀마어에서 숫자 2가 [n̥iʔ]인데, 발음이 한글로 [흐닛]으로 표기된 것으로 보아 [n̥iʔ]는 [hniʔ]으로 표기할 수 있다.[39)] 미얀마어는 중국·티베트어족에 속하는 언어로, 현재 사용되는 언어에서 차탁 성모에 유무성의 대립이 있다는 사실은, 형성자의 해성 현상에 근거해 상고 중국어에 재구성한 무성의 비음과 유음 성모가 이론으로만 가능한 음성이 아닌 실제로 존재했을 가능성을 보여 준다.

---

38) 예를 들면 "자음의 명칭은 다음과 같은 차례로 명명된다. 즉, 기의 유무 또는 공기 통로, 성(聲)의 유무, 조음 위치, 조음 방식의 순서이다. 그래서 [pʰ]는 유기·(무성)·양순·파열음으로 명명된다. 또 [m]은 비강·(유성)·양순·파열음으로 불린다. 그런데 유기음은 반드시 무성음이고, 비강음은 모두 유성음이므로 음성을 명명하고 표기할 때 성의 유무를 표시할 필요는 없다."(성백인·김현권 1998:22) 아마도 비음과 유음이 무성음인 사례가 극히 드물어서 고려되지 않았을 것이다.

39) 미얀마어 어휘 2[n̥iʔ]는 二의 상고 중국어에서 왔을 가능성이 있다. 二는 脂운부 日모 글자로 상고음이 *njid로 재구된다. 미얀마어에서 종성에는 성문 폐쇄음 ʔ만 올 수 있으므로, -d가 -ʔ로 변했다고 보면 이러한 추정이 터무니없는 것은 아니다.

1.8 어두자음군

여러 학자가 상고 중국어에 어두자음군, 즉 복성모複聲母가 존재했다고 보는데, 같은 성부를 가진 형성자들의 성모가 중고 중국어 이후 두 가지 이상의 음으로 갈라졌기 때문이다. 형성자의 성부에만 근거해 복성모를 재구성한다면 매우 많은 복성모를 재구해야 한다. 실제로 앤 쉬에췬(嚴學宭 1998:127-128)은 형성자의 해성 현상에 근거해 200개가 넘는 복성모를 재구했다. 그러나 이미 살펴보았듯이 曉모나 透모의 글자가 비음 및 유음 성모 글자와 성부가 같다면, 이는 그 曉모나 透모 글자의 성모가 상고음에서 무성의 비음이나 유음이었을 가능성이 높다. 또한 定모나 邪모 글자가 以모 글자와 해성 현상을 보인다면, 그 定모 글자와 邪모 글자가 以모와 성모가 같았기 때문이라고 볼 수 있다. 曉모뿐 아니라 見모 글자와도 성부가 같은 書모 글자들은 상고 중국어에서 *kj-였다가 동한 이후 *hj-로 변했고, 이후 『절운』 시기까지 ɕ-로 변화된 것으로 결론을 내렸다. 그러므로 모든 해성 현상과 중고 중국어음에 근거해서 t^hn, dl와 같은 복성모를 재구할 필요는 없다.

물론 많은 수의 복성모를 재구할 필요는 없지만, 상고 중국어에 여전히 어두자음군이 있었다고 보는 이유는 중국 한자음뿐 아니라 한국 한자음, 베트남 한자음에서도 같은 성부를 가진 형성자들의 성모가 두 가지 이상의 음으로 나뉘기도 하고, 티베트어나 중국 소수민족 언어에서 그러한 형성자들의 성모가 어두자음군으로 이루어져 있기 때문이기도 하다. 판 우윈(2000:302-303)은 중국 소수민족 언어와의 비교를 통해 원시 중국·티베트어족 언어의 어두자음군 *Cr, *Cl에서 C(Consonant)에 올 수 있는 자음은 순음과 설근음, 후음뿐이라고 밝혔다. 본서에서는 후음이 상고 중국어에서 見계 성모에 속했다고 보기 때문에, C에 올 수 있었던 음은 k, kʰ, ɡ의 설근음과 p, pʰ, b, m의 순음이었다고 본다.

*kr- 京/凉, 各/路, 監/藍, 柬/練, 膠/廖, 龔/龍, 檢/斂, 果/祼, 兼/廉
*kʰr- 泣/立, 悝/里
*ɡr- 鯨/凉, 咎/綹
*pr- 風/嵐, 筆/律, 剝/綠
*pʰr- 品/臨
*br- 龐/龍
*mr- 麥/來, 文/吝, 命/令, 卯/聊, 埋/里, 姥[40]/老
*kl- 谷/欲, 貴/遺
*kʰl- 頃/潁

OSV에 의하면 來모의 상고음은 *r, 以모의 상고음은 *l이었던 것으로 추정된다. 따라서 來모 글자와 성부가 같은 글자의 상고 성모는 *Cr, 以모 글자와 성부가 같은 글자의 상고 성모는 *Cl이라고 가정한다. 그런데 r을 지닌 어두자음군 음절은 등等에 따라 來모자 및 기타 성모의 글자로 나뉜다. 대체로 2등이 아닌 1, 3, 4등자는 r이 탈락하지 않고 남아 있어 중고 중국어에 이르러 來모가 되었는데, 2등자는 대체로 r이 탈락하고 다른 성모로 읽혀서 2등자는 성부가 來모인데도 來모자가 거의 없다.

40) 姥(모)의 『광운』 반절은 莫補(막보)절로 明모의 글자이다. 현재는 성부(聲符)인 老(lǎo)의 음으로 읽히는데, 반절이 莫補절 하나뿐인 것으로 보아서 성부의 음에 근거해 사용되기 시작한 음으로 보인다.

〈표 1-16〉 성부가 來모인 한자들

1등	2등	3등	4등
藍籃覽濫	監鑒檻	鹽	
蘭欄爛瀾讕	柬揀諫		練煉楝
洛路落駱賂	格客額		
欒鑾鸞巒孿	蠻彎孿	戀變	
嫪	膠	戮廖	寥
來萊賚	麥		
樂	樂	藥爍鑠	
	埋霾	里狸理鯉	
	曬	灑	麗

위의 표에 의하면 *kr, *pr 등의 복성모를 가진 글자들 중에서 1등, 3등(일부 3등자 제외), 4등의 글자만 r 성모를 갖게 되었고 2등자들은 r 성모를 잃은 셈이다. 그런데 2등자에서는 r이 성모가 아닌 개음이었다고 볼만한 이유가 있다.

야혼토프(Yakhontov)는 다음의 네 가지 근거를 제시하면서 2등자에 유음 개음인 *l을 가장 먼저 재구했다.41) 첫째, 2등자 가운데 來모 글자는 거의 없다. 둘째, 藍람과 監감, 彔록과 剝박, 來래와 麥맥에서 볼 수 있듯이 來모 글자는 다른 성모 2등자와 성부가 같다. 셋째, 鬲격이 '격'과 '력'의 두 독음으로 읽히듯이, 2등자 가운데 l-로도 읽히고 다른 성모로도 읽히는 글자가 있다. 넷째, 중국어와 친족어 관계에 있는 언어에서 2등자에 l 또는 r 개음을 가진 글자들이 있다. 예를 들면 馬마는 미얀마어로 mraŋ, 江강은 타이어로 kʰloŋ, 甲갑은 티베트어로 kʰrab이다. 따라서 성모가 l인 글자는 2등자와 관련이 깊으므로, l이 2등자의 개음이다.

41) 야혼토프(雅洪托夫 1960), 「上古漢語的複輔音聲母」, 『漢語史論文集』, 北京大學出版社, 1986. 楊劍橋(1998:64)에서 재인용.

야혼토프는 이 네 가지 이유를 근거로 2등자에 유음 개음인 *l 개음을 가장 먼저 재구했는데, 나중에 2등 개음이 *r이라는 다른 학자들의 주장을 받아들였다(潘悟雲 2000:290). 來모의 상고음이 *r이므로 來모와 관계가 깊은 2등 개음도 *r이라는 다른 학자들의 주장을 받아들인 것이다.

그런데 2등자에 來모가 적은 것은 맞지만, 1, 3, 4등자 가운데에도 성부가 來모인데도 來모가 아닌 다른 성모 글자들이 더러 있다. 특히 3등자 가운데 來모가 아니면서 來모 글자와 성부가 같은 글자가 많다. 다음에서 왼쪽이 來모의 글자이고 오른쪽이 기타 성모 글자이다.

1등	路(로)/各(각, 見)	裸(라)/果(과, 見)	
3등	斂(렴)/檢(검, 見)	廖(료)/謬(류, 明)	諒(량)/京(경, 見)
	臨(림)/品(품, 滂)	林(림)/禁(금, 見)	良(량)/娘(낭, 娘)
	吏(리)/史(사, 生)	麗(려)/灑(쇄, 生)	律(률)/筆(필, 幫)
	戀(련)/變(변, 幫)	凜(름)/稟(품, 幫)	
4등	濂(렴)/兼(겸, 見)		

謬의 한국 한자음은 '류'이지만 중국어 발음은 miù이다. 야혼토프(1960)는 일부 3등자가 來모 글자와 해성 현상을 보이는 것을 발견하고 이 글자들도 2등자처럼 상고 중국어에서 유음 개음을 가지고 있었다고 밝혔다.[42] 풀리블랭크(1961-2)는 來모자와 성부가 같은 3등자는 모두 중뉴 3등자로 2등자와 같이 개음 *r이 있었다고 추정했다(潘悟雲 2000:297).[43]

---

42) 雅洪托夫(1960), 「上古漢語的複輔音聲母」, 『漢語史論文集』, 北京大學出版社, 1986. 潘悟雲(2000:297)에서 재인용.

앞에서 이미 살펴보았듯이 대체로 학자들은 2등자인 知계, 莊계 성모 글자가 상고 중국어에서 端계, 精계 성모 글자와 성모가 같았는데, 端계, 精계 성모에 *r 개음이 작용하여 권설음이 된 것으로 보고 있다. 3등에 출현하는 知계, 莊계 글자는 중뉴 3등의 반절하자로 음이 표기되었으므로 중뉴 3등자이다. 그렇다면 知, 莊계 2등자와 마찬가지로 知, 莊계 3등자가 권설음이 된 것도 중뉴 3등 개음이 2등 개음과 같이 *r이었음을 입증하는 것이다. 다음 글자들의 해성 현상은 端, 透, 定모에 개음 *r이 작용하여 설상음 知, 徹, 澄모가 되었고, 精, 淸, 從, 心모에 개음 *r이 작용하여 莊, 初, 崇, 生모가 되었음을 보여 준다.

tr 都(端) 著(知)　　t^{h}r 台(透) 笞(徹)　　dr 獨(定) 躅(澄)
ʦr 祖(精) 詛(莊)　　ʦ^{h}r 親(淸) 櫬(初)　　dzr 昨(從) 乍(崇)　　sr 莎(心) 沙(生)

2등자와 중뉴 3등자에서는 *r이 성모가 아닌 개음이었으므로 성모에 어느 정도 영향을 미치거나 혹은 큰 영향을 미치지 못하고 소실되었다. 즉, *sr->ʂ-(史)에서는 *-r-이 성모를 권설음으로 만들고 없어졌는데, k나 p와 같이 권설음이 되기 어려운 자음 뒤에서는, 즉 *kr, *pr에서는 *-r-이 그 역할이 발휘되지 못한 채 탈락했다. 예를 들면 監, 麥, 柬간 등의 2등자에서 *-r-은 그대로 소실되었고, 端계와 精계 성모 뒤에서는 앞의 성모를 권설음으로 만든 후 소실되었다.

그런데 한대 베트남 한자음(OSV)에서는 來모 글자 일부가 초성이 s[ʂ]와 ch[ʨ]로 실현되어 *sr와 같은 복성모가 존재했을 가능성을 보여

43) 본서에서도 2등자와 중뉴 3등자의 *-r-은 성모가 아닌 개음이었다고 본다. 2등자와 중뉴 3등자에 *r 개음이 있었다고 보는 근거에 대해서는 상고 중국어의 개음 부분에서 다룰 것이다.

준다.

蠟(랍) sáp　亮(량) sáng　力(력) sức
蓮(련) sen　路(로) sá　牢(뢰) sao
羅(라) chài　藍(람) chàm　臘(랍) chạp　郎(랑) chàng

위에서 亮과 力은 3등자, 蓮은 4등자이고 나머지는 모두 1등자이다. 1, 4등의 來모 글자들은 *sr-에서 r이 개음이라고 할 수도 없고, *sr-은 *Cr-, *Cl-에서 C에는 순음과 설근음만 가능했다고 전제한 것에도 어긋난다. 위에 제시된 글자 가운데 路로는 格격, 客객 등의 k 성모 글자와 성부가 같고, 꾸앙시廣西 취앤조우全州현의 야오어瑤語로는 路가 kla여서(楊劍橋 1998:164) 상고 중국어에서 성모가 *kl 또는 *kr였을 가능성이 크다. 蓮련도 軍군 등의 k 성모 글자와 성부가 같고, 藍람도 監감 등의 k 성모 글자와 성부가 같다.

來모 글자들은 민閩 서북방언에서도 초성이 [s] 또는 [ʃ]인 글자들이 많다. 리 루롱(李如龍 1996:111-112)은 31개의 來모 글자가 민 서북방언에서 초성이 [s] 또는 [ʃ]로 읽히는 사례를 정리해 놓았는데, 일부를 옮겨 본다. 성조 표기는 생략했다.

〈표 1-17〉 來모 글자의 민 서북방언 독음

예자	永安	沙縣	明溪	將樂	泰寧	邵武	崇安	建陽	建甌	政和	松溪
籮	suɒ	sua	—	ʃai	sai	sai	syai	sue	suɛ	suɛ	sua
螺	sue	sue	sue	ʃyæ	suai	soi	suəi	sui	so	suɛ	sue
腡	sue	sue	sue	×	suai	soi	suəi	sui	so	suɛ	sue
李	ʃia	sai	×	×	×	sə	×	se	sɛ	sɛ	syø
狸	ʃia	sai	×	ʃe	soi	sə	×	se	sɛ	se	syø
力	ʃia		sa	ʃa	soi	sə	seiʔ	seʔ	sɛ	sɛ,sa	syø

예자	永安	沙縣	明溪	將樂	泰寧	邵武	崇安	建陽	建甌	政和	松溪
露	sɔu	su	sɤ	ʃo	so	so	su	so	su	su	sɒu
蘆	sɔu		su	ʃy	su		su	so	su	su	sɒu
老	×	×	×	×	×	sa	siəu	seu	se	sɛ	sa
六	×	×	×	ʃu	su	su	suʔ	soʔ	×	su	sɒu
籃	sõ	sɔ̃	saŋ	ʃaŋ	saŋ	san	saŋ	saŋ	saŋ	saŋ	saŋ
卵	sum	suĩ	sõ	ʃyɛ̃	suan	son	suiŋ	suɽ	sɔŋ	sauŋ	suɛiŋ
鱗	ʃĩ	sɔ̃i	sɛ̃	ʃɛ̃	suan	sɛn	saiŋ	saiŋ	saiŋ	saiŋ	saŋ
郎	×	×	×	×	×	—	sɔŋ	sɔŋ	sɔŋ	sauŋ	saŋ
兩	×	×	×	×	×	×	sɔŋ	sɔŋ	sɔŋ	sauŋ	saŋ
聾	saŋ	sɔuŋ	sɤŋ	ʃuŋ	suŋ	suŋ	səŋ	soŋ	sɔŋ	sɔŋ	soŋ
笠	ʃye	sai	sa	ʃia	soi	sɛn	sieʔ	seʔ	sɛ	sɛ	syø

—는 다른 글자가 쓰이고 있음을 의미하고, ×는 s-가 아닌 l-로 읽힌다는 뜻이다. 빈칸은 조사가 미진하여 누락된 곳이다.

쑹시松溪 방언에서 六륙이 sɒu로 실현된 것이 눈에 띈다. 판 우윈(2000:277)은 숫자 6을 가리키는 베트남어 어휘 sáu를 六의 한대 한자음으로 보았는데, 필자는 sáu가 고유의 베트남어일 가능성도 있다고 보아서 OSV를 반영한 한자음에서 제외했다. 한국어에는 하나, 둘, 셋, 넷, 다섯과 같이 한국어 고유어에서 비롯된 숫자가 있고 일, 이, 삼, 사, 오와 같이 한자의 도입과 함께 들어온 중국 한자음에서 비롯된 숫자가 있다. 베트남어 역시 다음과 같이 한자어에서 비롯된 음이 있고, 고유어에서 비롯된 음이 있다.

		한자음			한자음
一	một	nhất	七	bảy	thất
二	hai	nhị	八	tám	bát
三	ba	tam	九	chín	cửu
四	bốn	tứ	十	mười	thập

五	năm	ngũ	百	trăm	bách
六	sáu	lục			

위의 두 줄의 숫자 가운데 오른쪽의 음이 한자음이다. 그렇다면 왼쪽의 음은 베트남 사람들이 사용해 온 고유어일 가능성이 높다. 앞에서 제시한 OSV에서 초성이 s[ʂ], ch로 실현된 來모 글자들은 모두 당시 한자음과 운미가 동일하고 주요모음도 거의 일치한다. 그런데 sáu는 六의 한자음 lục[luk]과 운미도 전혀 다르고 주요모음도 일치하지 않는다. 따라서 왼쪽 줄의 다른 베트남어 어휘와 달리 sáu만 베트남 고유어가 아닌 한자음에서 비롯했다고 볼 수 있는지 의문이 들었다. 그런데 총안崇安 방언에서 六이 suʔ으로 실현되고 쑹시 방언에서 六이 sɒu로 실현되었다면, OSV의 sáu 역시 한자음을 반영했을 수 있다. 하지만 중국 소수민족 가운데 하나인 징족京族의 언어에서 숫자 6이 thaːu로 읽힌다(阮廷賢 2012:190). 징족은 베트남과 접경지대인 꾸앙시 주앙족壯族 자치구에 사는 소수민족으로, 베트남 인구의 총 85.3%가 바로 이 징족인데, 일반적으로 킨(Kinh 京)족이라고 알려져 있다.[44] 따라서 sáu는 한자음의 영향이 아닌, 베트남어 고유어일 수 있고 이 고유어가 베트남 지역과의 언어 접촉에 의해 역으로 소수민족 언어에 영향을 끼쳤을 수 있다. 즉 sáu와 thaːu는 음이 유사하지만 그렇다고 이 어휘가 六의 한자음에서 비롯되었다고 단언할 수 없어서 제외했다.[45]

---

44) 『위키백과』 참조. 킨족은 비엣(Việt)족, 즉 월(越)족이라고도 한다. 킨(Kinh)으로 알려져 있는데, 베트남어로는 '낀'으로 발음한다.

45) 千을 의미하는 베트남어 어휘 thiên은 중고음을 반영한 한자음(SV)이다. thiên외에 베트남어 어휘 nghìn(남부 방언에서는 ngàn으로 발음한다)도 숫자 천을 의미하는데, 人에 1획을 그어서 만든 千의 갑골문을 고려하면, nghìn과 ngàn도 상고 중국어음을 반영한 한자음일 가능성이 있다.

후난湖南 와시앙瓦鄉어에서도 來모 글자 來, 梨ㄹ, 漏루의 성모가 z로 실현되었다(楊劍橋 1998:164). 그렇다면 來모 글자 일부가 OSV에서 초성이 s[ʂ]와 ch[tɕ]로 실현되고, 민 서북방언과 와시앙어에서도 s-, ʃ- 또는 z-로 실현된 것을 어떻게 해석해야 할까? *Cr-, *Cl-에서 C에는 순음과 설근음만 가능하다고 한 전제를 깨고 예외적으로 s를 넣어야 할까? 그런데 *sr-은 이미 상고 중국어에서 生모 글자의 상고음으로 존재했다(물론 이 *sr-에서 r이 개음이기는 하다). 필자는 예외적으로 C에 s를 추가하기보다는 조음 위치가 비슷한 데서 해답을 찾았으면 한다. r은 s, ʂ와 조음 위치가 가까워서 *r->*s-, *r->*tɕ- *r->*ʂ-로 쉽게 변화했을 수 있다. 베트남 한자음의 성모 체계가 중국 한자음이나 한국 한자음에 비해 예외적으로 변한 사례가 많다는 것은 이미 제1편에서 언급했었다. 중뉴 4등운의 순음 성모 글자의 초성이 설첨음 [t]로 실현되고 云모가 순치음 [v]로 실현되었으며, 溪모는 마찰음 [x]로, 見모 2등자의 성모도 마찰음 [z] 또는 [ʐ]로 실현되었다. 또한 파찰음인 精(*ts), 從모(*dz), 마찰음인 心, 邪모는 모두 파열음 [t]로 실현되었다. 따라서 *r- 또는 *l-이 조음 위치가 가까운 *s-, *ʂ-, *tɕ- 등으로 변하는 것은 얼마든지 발생할 수 있다.

뿐만 아니라 OSV에서 초성이 ch[tɕ]와 s[ʂ]로 실현된 藍, 蓮, 路는 k 성모 글자와 해성 현상을 보이며, 앞에서 밝힌 대로 路는 야오어瑤語로 kla이다(楊劍橋 1998:164). 그렇다면 k 성모 글자와 해성 현상을 보이는 來모 글자들은 상고 중국어에서 *Cr- 유형인 *kr의 성모를 가졌을 것이고, 이 글자들이 *kr->*ʂ-, *kr->*tɕ-로 변화한 것으로 보인다. 이렇게 본다면 *Cr-, *Cl-에서 C에 순음, 설근음 외에 굳이 s를 추가하지 않아도 된다. 물론 2등자나 중뉴 3등자가 아닌 *Cr-, *Cl-에서 r, l은 개음이 아니라는 조건이 붙어야 한다.

일부 학자들은 *Cr, *Cl(r, l≠개음) 유형의 복성모 외에도 *sC 유형의 복성모도 재구한다. 학자들은 치두음 精계 글자의 기원을 설명하기 위해서 *sC 유형의 복성모를 가정한다(潘悟雲 2000:304-315). 파찰음 ts-가 *st-, *sk- 등의 *sC- 유형에서 유래했다고 하면 ts-는 st-에서 음자리바꿈으로 생겨났다고 설명할 수 있기 때문이다. 실제로 心모 글자 가운데 雖수는 透모 글자인 推추와 성모가 같고, 修수는 條조, 絛조 등의 透모, 定모 글자와 성부가 같으며, 泄설도 蹀접, 牒접 등 역시 설음 성모 글자들과 해성 현상을 보이기 때문에 일부 학자들은 st와 같은 복성모를 재구하기도 한다. 그러나 ts-가 st-에서 생겼다는 가설이 타당한지에 대해서는 확언하기 어렵다.

앞에서 같은 파찰음인 章계 성모도 *kj, *tj 등이 구개음화한 것으로 풀이했고, 이웃 국가의 한자음이나 소수민족 언어에 보이는 현상에 의하면 굳이 *st->*ts-를 가정하지 않아도 될 것 같다. 예를 들면 티베트어로 船선이 gru인데, 티베트의 수도인 라싸어로는 tʂu이고, 미얀마어로 鷄계가 krak인데 수도인 양곤 말로는 ʨeʔ이며, 五오는 먀오어苗語의 까오포高坡 방언으로 pla인데 시앤진先進 방언으로 tʂi이고, 鼠서는 까오포 방언으로 plu인데 시앤진 방언으로 tʂua이다(楊劍橋 1998:162). 후난湖南 와시앙瓦鄉어에서는 심지어 來모 글자 聾롱, 留류, 兩량의 성모가 파찰음 ts로 실현되었다(楊劍橋 1998:164). 위의 어휘들로부터 *gr->tʂ-, *kr->ʨ-, *pl->tʂ-, *kr->ʦ- 등의 음운변화를 가정할 수 있다. 그렇다면 精계 성모 역시 *Cr, Cl에서 변화된 것으로 볼 수 있다.

지금까지 기술한 내용을 정리해 본다. 다음에서 무성의 비음과 유음인 *hn, *hl과 *hr은 透모, 書모 글자와 해성 현상을 보이는 泥모, 以모 및 來모 글자에 근거해 재구성된 성모이다. 또한 *hm과 *hŋ은 曉모 글자와 해성 현상을 보이는 明모와 疑모 글자에 근거해 재구성된 성모이다. 그리고 앞에서 살펴본 바와 같이 $*h$나 $*h^w$는 동한 말기 이후 생겨난 성모이다.

〈표 1-18〉 상고 중국어의 성모

조음방식 / 조음위치	파열/파찰음			마찰음	비음		유음	
	무성/무기	무성/유기	유성음	무성음	무성음	유성음	무성음	유성음
순 음	幫p	滂p^h	並b		hm	明m		
설 음	端t	透t^h	定d		hn	泥n	hr, hl	來r, 以l
치 음	精ts	清ts^h	從dz	心s				
아 음	見k	溪k^h	羣g		hŋ	疑ŋ		
후 음	影ʔ			(曉h)				
원순 아음	見k^w	溪k^{hw}	羣g^w		$hŋ^w$	疑$ŋ^w$		
원순 후음	影$ʔ^w$			(曉h^w)				

여기에 *kr, $*k^hr$, *gr, *pr, $*p^hr$, *br, *mr, *kl, $*k^hl$ 등의 어두자음군이 상고 중국어에 존재한 성모로 추정된다.

02 상고 중국어 운부

운부韻部는 상고 중국어의 운모 체계를 다룰 때만 적용되는 개념으로, 『시경』 등의 상고 중국어 음운자료에서 압운押韻된 글자들끼리 모아놓은 각각의 글자 묶음을 지칭한다. 옛사람들은 상고 시대 운문에서 압운된 상황이 자신들이 시를 짓던 당시의 압운 상황과 다르면, 상고 중국어 시기에는 압운할 수 있는 글자들이 많았기 때문이라고 여겼다. 그들은 말소리가 달라졌기 때문에 압운할 수 있는 글자들도 달라졌을 것이라는 생각은 전혀 하지 못했다. 명대明代에 비로소 천 띠陳第가 말소리도 시대에 따라 변한다는 사실을 발견하게 되면서 청대淸代 학자들이 상고 중국어의 운부를 분류하기 시작했다.

2.1 한대 이전의 상고 운부

압운의 기준은 주요모음과 운미이다. 따라서 성모 체계와는 달리 『시경』의 압운 상황을 통해 당시의 운모 체계를 어느 정도 파악할 수 있다. 꾸 앤우顧炎武(1613-1682)는 『시경』에서 압운된 글자들을 묶어서 동東, 지脂, 어魚, 진眞, 소蕭, 가歌, 양陽, 경耕, 증蒸, 침侵운부의 10개 운부로 분류했다. 이후 지앙 용江永(1681-1762)이 꾸 앤우가 나눈 운부 가운데 蕭운부를 소宵운부와 유幽운부로 나누고, 眞운부를 眞운부와 원元운부로 나누었으며, 侵운부를 侵운부와 담談운부로 나누어 13개 운부로 늘렸다. 뚜안 위차이段玉裁(1735-1815)는 운부를 나눌 때 『시경』에서 압운된 글자 외에 또 다른 중요한 기준인 형성자의 성부聲符를 활용하여, 성부가 같은 글자들을 같은 운부에 넣고 17개 운부로 늘렸다. 이후 콩 꾸앙썬孔廣森(1751-1786), 지앙 요우까오江有誥(1773-1851) 등도 각 운부를 조금 더 세분하여 각각 18개, 21개 운부로 분류했다.

현대 학자들 가운데에는 왕 리(王力 1980:74-77)가 음성운 9개, 양성운 9개, 입성운 11개로 모두 29개의 운부로 분류했고, 루오 창페이·조우 쭈모(羅常培·周祖謨 2007:13-14)는 『시경』에서 압운된 글자들과 해성 현상 등을 참고해 음성운 10개, 양성운 10개, 입성운 11개로 왕 리보다 두 운부 더 많은 31개 운부로 분류했다. 왕 리가 분류한 상고 운부와 비교할 때 음성운 제祭운부와 양성운 동冬운부가 추가되었다. 다음은 왕 리(1980), 루오 창페이·조우 쭈모(2007)가 분류한 상고 중국어 운부이다. 운부의 명칭은 학자들이 각 글자 묶음을 대표하는 글자로 어느 글자를 선정했는지에 따라 차이가 나는 것일 뿐이며, 크게 다르지 않다. 아래 표에서 왕 리는 물物운부, 엽葉운부로 지칭한 것을 루오 창페이·조우 쭈모는 각각 術운부, 합盍운부로 이름 지었다.

〈표 2-1〉 왕 리의 상고 운부

음성운	양성운	입성운
之	蒸	職
幽		覺
宵		藥
侯	東	屋
魚	陽	鐸
歌		
支	耕	錫
脂	眞	質
微	文	物
	寒	月
	談	葉
	侵	緝

〈표 2-2〉 루오와 조우의 상고 운부

음성운	양성운	입성운
之	蒸	職
幽	冬	沃
宵		藥
侯	東	屋
魚	陽	鐸
歌		
支	耕	錫
脂	眞	質
微	文	術
祭	元	月
	談	盍
	侵	緝

1. 주요모음

상고 운부의 주요모음은 한국 한자음이나 베트남 한자음을 통해서도 파악하기가 쉽지 않다. 한국 한자음은 주로 중고음을 나타내고, 베트남 한자음의 경우 SV는 중고음을, OSV는 한대 한자음을 나타내지만, 한대의 음은 『시경』의 음과 이미 많이 달라져 있다. 중국 한자음은 주변 국가의 한자음에 비해 더 큰 변화를 겪었기 때문에, 중국 한자음만으로 주요모음을 파악하는 것은 더 어렵다. 이때 형성자의 성부를 활용할 수 있는데, 형성자의 성부는 운부를 나눌 때뿐만 아니라 주요모음을 재구성할 때도 도움이 된다.

寺사, 侍시, 等등, 待대, 特특 이 다섯 글자는 성부인 寺를 공통으로 가지고 있다. 그러나 寺, 侍, 待는 음성운인 지之운부에 속하고 等은 양성운인 증蒸운부에 속하며, 特은 입성운인 직職운부에 속한다. 이와 같이 중고음이 확연히 달랐던 글자들이 상고음에서 서로 대응되는 것을 따이 전戴震(1723-1777)이 처음으로 발견하고 상고음 분석에 적용했는데, 음양이란 명칭은 아직 사용하지 않았다. 이후 콩 꾸앙썬이 처음으로 음양대전陰陽對轉이라는 명칭을 사용했다(김상근 1995:80). 대전對轉은 음성운이 양성운 또는 입성운으로 변하고 입성운은 양성운 또는 음성운으로 변하는 등의 음운변화를 가리킨다. 음양대전은 음성운이 양성운으로 변하거나 양성운이 음성운으로 변한 음운변화를 가리키고, 음입대전은 음성운이 입성운으로 변하거나 입성운이 음성운으로 변한 음운변화를 가리킨다. 또한 양입대전은 양성운이 입성운으로 변하거나 입성운이 양성운으로 변한 음운변화를 가리킨다. 그런데 이와 같은 대전 현상은 운끼리 주요모음이 같아야 발생한다. 그렇다면 之, 蒸, 職 세 운부의 주요모음이 상고 중국어에서 같았을 것이라고 추정할 수 있다. 態태와 能능은 음양대전이고, 是시와 湜식은 음입대전인데, 학자들이 입성 운부를 음성 운부에 넣었을 만큼 음성운 글자와 입성운 글자가 해성 현상을 보이는 음입대전 사례가 압도적으로 많다.

대전 외에 상고 중국어에 발생한 음운변화를 일컫는 용어로 방전旁轉이 있는데, 방전은 음성운이 다른 음성운으로, 양성운이 다른 양성운으로, 입성운이 다른 입성운으로 변한 음운변화를 가리킨다. 루오 창페이·조우 쭈모는 한대 운문에 근거해 『시경』의 31개 운부를 27개 운부로 줄였다. 음성운 후侯운부는 魚운부로, 미微운부는 脂운부로 합류했고, 양성운 문文운부는 眞운부로, 입성운 術(物)운부는 질質운부로 합류했기 때문이다. 이렇게 두 운부가 합류한 것이 방전의 예라고 할 수 있다.

또한 중고음까지 입성 운미를 보존한 입성자의 변화 과정도 상고 중국어 음성 운부의 음운체계를 재구성할 때 참고할 수 있다. 예를 들면 탁鐸운부 1등자 諾낙(*nak)은 중고음에서도 이 음을 유지하다가 이후 -k 운미가 탈락하여 현재 nuo로 읽힌다. 鐸운부 1등자들은 근대 중국어에서 대부분 uo 운모로 변화했다. 학자들은 鐸운부 글자와 압운하는 음성운 魚운부 1등자의 중고음을 대체로 uo(wo)로 재구하는데(潘悟雲 2000:83-86),[1] 리 팡꾸이(1982:59)는 魚운부 1등자의 상고음을 *-ag으로 재구했다.[2] 그렇다면 鐸운부 1등자는 *-ak>-uo로, 魚운부 1등자는 상고음에서 중고음까지 *-ag>-uo로 변화한 것이다. 魚운부 1등자의 중고음 uo는 -k 운미가 소실된 후의 鐸운부 1등자의 운모와 일치한다. 따라서 음성 운부를 재구성할 때는 대응되는 입성 운부의

---

1) 중고음 uo에서 u가 개음, o는 주요모음으로 볼 수 있으므로 한국 한자음에서는 '오'로 실현될 확률이 매우 높은데, 실제로 古(고), 五(오), 祖(조), 奴(노) 등의 魚운부 1등자는 한국 한자음으로 '오'로 읽힌다.

2) 魚운부를 *-ag으로 재구하는 것이 타당한지에 대해서는 뒤에서 살펴볼 것이다.

운미를 잃기 전 형태와 이후 어떤 변화 과정을 거쳤는지를 참고할 수 있다.

1등자가 없거나 1등자와 3등자만 있는 운부와 달리, 네 등이 다 갖춰진 상고 운부의 주요모음을 재구성할 때는 개음이 없었던 1등자의 한자음을 기준으로 삼아야 한다. 개음이 있었던 글자들은 개음의 영향으로 상대적으로 음 변화가 컸기 때문이다. 중고 중국어와 달리 상고 중국어에서는 2등운 글자에도 개음이 존재했던 것으로 보이는데, 이 문제는 뒤에서 다룰 것이다. 해성 현상을 보이는 운부에 같은 주요모음을 재구하는 방법과 陽운부와 鐸운부처럼 서로 대응되는 운부에 같은 주요모음을 재구하는 방법을 사용하여, 상고 중국어 각 운부 주요모음의 재구성 과정을 독자들이 알기 쉽게 간략하게 정리해 본다.

(1) 주요모음이 ə인 운부

① 之운부, 職운부, 蒸운부

위에서 待, 等, 特의 대전 현상을 근거로 음성운인 之운부, 양성운인 蒸운부, 입성운인 職운부의 주요모음이 같았을 것으로 보았다. 之운부 1등의 글자로는 來래, 戴대, 海해, 態 등의 글자가 포함되는데, 이 글자들은 현대 표준 중국어로 ai 운모로 읽힌다. 그러나 態와 能, 疑의와 凝응, 乃내와 仍잉처럼 之운부 글자들과 대전 현상을 보이는 蒸운부 글자의 주요모음은 之운부 글자들과 다르다. 蒸운부 1등자들로는 等등, 登등, 僧승, 曾증, 朋붕 등의 글자들이 포함되는데, 이 글자들은 현대 표준 중국어에서 성모를 제외한 주요모음과 운미가 [əŋ]으로 읽힌다.

또한 之운부에 대응되는 입성 운부인 職운부 1등자, 예를 들면 克극, 刻각, 德덕, 得득, 則칙, 즉, 特특도 입성 운미를 잃고 현재 표준 중국어에서 대체로 중모음 [ə]와 비슷한 후설음 [ɤ]로 읽힌다. 운미가 소실되면

음운변화가 발생할 확률도 높고 실제로 입성자들이 운미가 소실된 후 변화를 겪은 것을 여러 입성운의 변화에서 볼 수 있다. 그러므로 운미가 그대로 보존된 蒸운부 1등자의 주요모음을 근거로 之, 蒸, 職운부의 주요모음을 *ə로 재구성할 수 있다.

베트남 한자음도 之운부의 주요모음을 ə로 재구하는 것이 적절한 재구임을 뒷받침한다. 之운부에 속하는 글자들은 한대 베트남 한자음에서 대부분 주요모음이 [ə]로 실현되었다(〈표 2-3〉 참조). 한대 음이 남아있는 之운부 글자들은 23개 한자인데, 12개의 한자가 개음이나 운미 없이 주요모음이 [ə]로 실현되었고, 婦부[ɓuə]와 治치[cuə]만 개음+주요모음의 형태인 [uə]로 실현되었다. 之운부 글자가 한대 베트남 한자음(OSV)과 당대 베트남 한자음(SV)에서 어떤 운(주요모음+운미)으로 실현되었는지 살펴본다.

〈표 2-3〉 之운부 글자의 베트남 한자음

之운부	OSV	SV
ə	棋旗坯婦似祀俟絲市侍時疑載治	
ɨ	忌字試	似祀字
i		忌棋旗俟絲市侍時疑以治試置
e	置	
u		婦
ai	戒	載代袋
əi	以代	時戒
ai:	袋	
oi		每坯
ɔi	每	

대부분의 글자들이 영운미인데, 영운미가 아닌 글자들은 위의 표에 국제 음성 문자로 주요모음과 운미를 함께 표기했다. 之운부 글자의

OSV는 왕 리(1980:95), 똥 통허(1968:272), 리 팡꾸이(1982:36) 등 여러 학자들이 之운부의 주요모음을 *ə로 재구성한 것을 뒷받침한다. 중고음을 반영한 SV에서는 之운부의 글자들이 [i] 운모를 갖는 것을 볼 수 있다.

② 幽운부, 覺운부, 冬운부

리 팡꾸이(1982:40)는 幽운부의 주요모음을 之운부와 동일하게 *ə로 재구성했는데, 之운부와 幽운부 글자들이 해성 현상을 보이기 때문이다. 幽운부 글자인 求구와 臼구는 之운부 글자인 裘구, 舊구와 성부가 같다. 또한 幽운부의 글자들은 包포와 雹박, 由유와 笛적에서 볼 수 있듯이 각覺운부의 글자들과 해성 현상을 보이므로 覺운부의 주요모음도 *ə로 재구성된다.

幽운부와 覺운부에 대응되는 양성운 운부는 冬운부이다. 따라서 冬운부의 주요모음도 *ə로 추정할 수 있는데, 해성 현상도 이를 증명한다. 冬운부 글자는, 앞에서 주요모음이 *ə로 재구된 蒸운부 글자와 해성 현상을 보인다. 弓궁은 蒸운부 글자인데, 弓이 성부인 躬궁과 窮궁은 冬운부 글자이다. 그러므로 冬운부의 주요모음도 *ə로 재구된다.

③ 侵운부, 緝운부

冬운부 글자는 侵운부 글자와 해성 현상을 보인다. 冬운부 글자인 風풍, 楓풍과 侵운부 글자인 颿범은 성부가 같다. 또한 冬운부 글자 芃봉은 侵운부 글자인 凡범과 해성 현상을 보이고, 冬운부 글자 鳳봉의 성부도 凡이다. 따라서 侵운부의 주요모음도 冬운부와 같이 *ə로 재구할 수 있다.

왕 리(1980:117-118)는 다른 학자들이 冬운부로 분류한 글자 가운데

風과 같이 『시경』에서 侵운부 글자들과 압운된 글자들을 侵운부에 넣고 侵운부의 주요모음을 *ə로 재구했으며, 冬운부는 따로 세우지 않았다. 왕 리뿐 아니라 똥 통허(1968:285-286)도 侵운부에 속하는 글자들의 해성 현상을 고려해 侵운부의 주요모음을 *ə로 재구했다. 侵운부의 주요모음이 *ə라면 侵운부에 대응되는 입성 운부 집緝운부의 주요모음도 *ə로 재구할 수 있다.

④ 微운부, 物운부, 文운부

위에서 緝운부의 주요모음을 ə로 재구성했다. 그런데 緝운부 글자인 納납과 微운부 글자인 內내의 성부가 같고 緝운부 글자인 立립과 微운부 글자인 位위도 성부가 같다. 이러한 대전對轉이 발생하려면 주요모음이 같아야 하므로 微운부의 주요모음도 *ə로 재구성할 수 있다. 또한 다음과 같이 微운부 글자는 物운부 글자와 해성 현상을 보인다.

內(내) / 訥(눌)　　　肆(사) / 律(율)　　　醉(취) / 卒(졸)

또한 帥수, 솔은 微운부와 物운부의 두 가지 독음을 갖는다. 그러므로 物운부의 주요모음도 *ə로 재구성할 수 있다. 또한 微운부의 글자들은 淮회와 準준, 揮휘와 軍군, 鬼귀와 魂혼처럼 양성운 文운부의 글자들과 대전 현상을 보인다. 따라서 文운부의 주요모음도 *ə로 재구성된다.

(2) 주요모음이 a인 운부

① 魚운부와 鐸운부, 陽운부

魚운부 글자들 가운데 중고음에서 1등자로 분류된 글자들은 五, 古, 奴, 都도, 孤고에서 볼 수 있듯이 한국 한자음으로 [o]모음으로 읽힌다.

한국 한자음에서는 魚운부 2등자와 소수 3등자만 주요모음이 a로 실현되었으나, 선행 연구자들이 제시한 증거에 의하면 상고 중국어 시기 魚운부 글자들의 주요모음이 a였을 가능성이 높다.

판 우원(2000:187-188)에 魚운부의 주요모음을 a로 재구성한 근거가 실려 있어 옮겨 보면, 첫째, 남북조 시대 이후에는 가과歌戈운의 글자로 옮긴 음을 위진魏晉 이전에는 遇섭의 글자로 옮긴 사례가 많다. 예를 들면 산스크리트의 ‘Buddha’를 남북조 이후에는 佛陀불타로 옮겼는데, 위진 이전에는 浮圖부도로 옮겼다. 陀는 가歌운, 圖는 魚운부 글자로 중고음으로는 遇섭 모模운에 속한다. 둘째, Alexandria의 a를 음역하는 데 魚운부 글자인 烏오를 써서 烏弋山離오익산리로 옮겼다. 셋째, 『후한서後漢書』에 tarmita가 都密도밀로, Talas가 『한서漢書』에 都賴水도뢰수로 음역되어 있다.

또한 魚운부 글자와 어원이 같은 티베트어 어휘의 주요모음도 a로 실현되었다. 다음의 티베트어 발음은 판 우원(2000:190)에서 인용했다.

父(부)	pha	御(어)	mŋag
吾(오)	ŋa	語(어)	ŋag
武(무)	dmag	五(오)	lŋa
渠(거)	rga	除(제)	ɦdag
模(모)	ɦbag	傅(부)	bla
虎(호)	stag	塗(도)	ɦdag
擧(거)	kjag	烏(오)	ka
無(무)	ma	膚(부)	pags

이밖에 베트남 한자음과 미얀마어에서도 魚운부의 주요모음이 a였음을 뒷받침하는 증거를 찾을 수 있다. 魚운부 1등자 가운데 弩노의 OSV가 ná이고, 路로의 OSV는 sá, 墓묘의 OSV는 mả, 烏의 OSV는 quạ

로 실현되었다. 또한 路는 야오어瑤語로 kla이고(楊劍橋 1998: 164), 魚운부 疑모 글자인 五는 미얀마어로 [ŋa]이다. 여기에 魚운부 글자와 압운하는 입성운 鐸운부 글자의 한국 한자음도 魚운부의 주요모음을 *a로 재구성하는 근거가 된다. 魚운부 글자 路 및 乍사와 성부가 같은 鐸운부 글자 各각, 落락 및 作작, 昨작 등의 한국 한자음에서 알 수 있듯이 鐸운부 1등자의 개구호 운모는 'ㅏ' 모음으로 실현되었다. 따라서 鐸운부의 주요모음도 *a로 재구성할 수 있다.

양陽운부 1등자들은 岡강, 康강, 行항, 堂당, 藏장에서 볼 수 있듯이 한국 한자음에서 鐸운부 1등자들과 주요모음이 동일하게 실현되었다. 陽운부는 음성운 魚운부와 입성운 鐸운부에 대응되는 양성운 운부이므로 주요모음을 *a로 재구할 수 있다.

② 談운부와 葉(盍)운부

위에서 살펴본 바와 같이 魚운부 글자들은 -k 운미 鐸운부 글자들과 압운하거나 해성 현상을 보이지만, 魚운부 글자인 去거는 葉운부 글자인 法법, 怯겁, 劫겁 등의 글자와 해성 현상을 보이고, 魚운부 글자 華화는 葉운부 글자 燁엽과 해성 현상을 보인다. 또한 葉운부 개구 1등자도 盍합, 榻탑, 臘랍과 같이 한국 한자음에서 'ㅏ' 모음으로 실현되었다.

葉운부 글자들은 대응되는 양성운 운부인 談운부의 글자들과 해성 현상을 보인다. 談운부 글자인 占점, 店점은 葉운부 글자인 帖첩과 성부가 같고, 談운부 글자 泛범, 貶폄은 葉운부 글자인 乏핍과 성부가 같다. 또한 談운부 개구 1등자들도 甘감, 敢감, 藍람과 같이 한국 한자음에서 주요모음이 'ㅏ'로 실현되었다. 그러므로 葉운부와 談운부의 주요모음도 *a로 재구성할 수 있다.

③ 祭운부, 元운부, 月운부, 歌운부

元운부는 談, 陽운부에 대응되는 -n 운미 운부이다. 元운부 개구 1등자는 干간, 安안, 歎탄, 贊찬, 難난과 같이 한국 한자음으로 주요모음이 'ㅏ' 모음으로 실현되었다. 이러한 양상은 주요모음이 a인 다른 양성운 談운부, 陽운부의 한국 한자음에 보이는 양상과 일치한다. 그러므로 元운부의 주요모음 역시 *a로 재구성할 수 있다.

元운부에 대응되는 음성 운부는 제祭운부이다. 따라서 祭운부의 주요모음도 *a로 추정할 수 있으며, 해성 현상도 이를 뒷받침한다. 祭운부 글자 厲려, 蠆채는 元운부 글자인 萬만과 해성 현상을 보인다. 또한 祭운부 글자는 祭와 察찰, 害해와 割할에서 볼 수 있듯이, 대응되는 입성 운부인 월月운부 글자들과 압운하거나 성부가 같은 해성 현상을 보인다. 또한 月운부 1등자의 한국 한자음도 達달, 跋발, 渴갈, 剌랄 등에서 볼 수 있듯이 'ㅏ' 모음으로 실현되었다. 그러므로 月운부의 주요모음도 *a로 재구성된다.

또 다른 음성운인 歌운부 글자들도 元운부 글자들과 압운하거나 해성 현상을 보인다. 歌운부 글자인 瑞서, 揣췌는 元운부 글자인 端단, 湍단과 성부가 같다. 그러므로 歌운부의 주요모음도 *a로 재구된다.

④ 宵운부, 藥운부

宵운부 글자들의 한국 한자음은 1등자는 刀도, 高고 등에서 볼 수 있듯이 'ㅗ' 모음으로 실현되어서, 魚운부 1등자들이 한국 한자음에서 'ㅗ'모음으로 실현된 것과 같은 양상을 보인다. 그런데 魚운부 2등자가 한국 한자음에서 'ㅏ'(家, 馬) 모음으로 실현된 것과 달리 宵운부 2등자는 'ㅗ'(貌)나 'ㅛ'(教, 效) 모음으로 실현되었고, 3, 4등자도 'ㅛ' 모음으로 실현되었다. 현대 표준 중국어에서 宵운부 글자들의 주요모음은 a이다.

더욱이 宵운부 글자와 성부가 같은 해성 현상을 보이는 藥운부 1, 2, 3등자의 주요모음이 한국 한자음에서 ‘ㅏ’ 모음으로 실현되었다. 중고음 시기까지 운미가 남아 있던 입성자들의 음이 상고음에 가까울 것이므로, 藥운부 글자의 주요모음을 기준으로 상고 시기 宵운부 글자의 주요모음을 예측할 수 있다. 다음은 藥운부 글자의 한국 한자음이다.

1등: 隺(각/확/학/흑), 睢(학/혹) 熇(학/혹), 鶴(학), 沃(옥), 樂(락), 鑿(착), 暴(폭)
2등: 駁(박), 卓(탁), 倬(탁), 樂(악), 濯(탁), 趠(탁), 逴(탁)
3등: 虐(학), 藥(약), 約(약), 弱(약), 綽(작), 勺(작), 酌(작), 躍(약)
4등: 的(적), 溺(닉), 激(격), 翟(적), 櫟(력)

宵운부와 魚운부 1등자는 한국 한자음으로 ‘ㅗ’모음으로 실현되고, 藥운부와 鐸운부 1등자는 ‘ㅏ’모음으로 실현되었다. 다만 藥운부 1등자 가운데 ‘ㅏ’모음과 ‘ㅗ’모음 두 가지 음으로 실현된 글자도 있고 ‘ㅗ’모음만을 갖는 글자도 있다. 이처럼 鐸운부 1등자들의 한국 한자음과 藥운부 1등자들의 한국 한자음이 차이가 나는 것은 뒤에서 살펴보겠지만 운미의 차이에 따른 것으로 보인다. 또한 鐸운부 2등자들이 2등 개음의 영향을 받아 客객, 百백, 宅택과 같이 ‘ㅐ’모음으로 실현된 것과 달리,[3] 藥운부 2등자와 3등자들은 ‘ㅏ’모음으로 실현되었다. 藥운부 글자들의 한국 한자음은 藥운부의 주요모음이 ‘ㅗ’보다는 ‘ㅏ’에 가까웠음을 보여준다. 따라서 藥운부 및 대응되는 음성운 宵운부의 주요모음도 *a로 재구성한다.

3) 한대 중국어에 존재했던 2등 개음 *-ɛ-에 대해서는 뒤에서 살펴볼 것이다.

(3) 주요모음이 u인 운부

앞에서 해성 현상에 근거해 幽운부의 주요모음을 *ə로 재구했지만, 판 우윈(2000:208)은 侯운부의 주요모음은 *o, 幽운부의 주요모음은 *u로 재구했다. 반면 똥 통허(1968:273, 275)는 幽운부의 주요모음은 *o, 侯운부의 주요모음은 *u로 재구해 두 운부의 운을 각각 *-og, *-ug으로 재구했다. 학자들이 侯운부와 幽운부의 주요모음을 이와 같이 비슷한 음으로 재구한 데에는 그럴 만한 이유가 있다. 판 우윈(2000:206-209)은 侯운부의 주요모음은 *o, 幽운부의 주요모음은 *u인 근거로, 侯, 屋, 東운부 글자와 대응되는 티베트어 어휘 가운데 주요모음이 o로 실현된 33개의 어휘를 제시했고(동시에 주요모음이 u로 실현된 어휘도 29개나 제시했다), 幽, 覺, 冬운부 글자와 대응되는 티베트어 어휘 가운데 주요모음이 u로 실현된 30개 어휘를 제시했다. 그런데 이 수치로는 侯운부의 주요모음을 *o로 재구할 수도 있지만 *u로 재구할 수도 있다.

u는 후설의 원순 고모음이고 o는 후설의 원순 반고모음으로, o의 조음 위치가 u보다 조금 낮을 뿐, 현대 표준 중국어에서는 -ŋ 운미 앞의 후설 원순 모음을 u로 발음하든 o로 발음하든 음절의 의미가 달라지지 않는다.[4] 조우 파까오(1948)는 산스크리트를 한자로 옮긴 자료에서 산스크리트 모음 o, u를 모두 虞운의 글자로 옮긴 것을 발견했는데,[5] 어쩌면 현대 표준 중국어에서와 마찬가지로 설근음 운미 앞에서 주요모음을 u로 발음하든 o로 발음하든 글자의 의미가 달라지지 않았을 수 있다. 아마 이러한 이유로 侯운부 글자들이 티베트어에서 o로도

---

4) 예를 들면 故宫(gùgōng)을 '꾸꿍'으로 발음하든 '꾸꽁'으로 발음하든 의미가 달라지지 않는다.

5) 周法高(1948), 「切韻魚虞之音讀及其流變」, 『歷史語言硏究所集刊』, 13:119-152. 최영애(2000: 276-277)에서 재인용.

실현되고 u로도 실현되었으며, 산스크리트 o, u가 모두 侯운부 글자로 음역音譯되었을 것이다. 侯운부의 주요모음이 o나 u일 수 있다면 幽운부의 주요모음은 o나 u가 아닐 수 있다.

뒤에서 幽운부의 변화 과정을 다룰 것인데, 幽운부 글자들은 중고음에서 流섭과 效섭으로 합류했다. 3등자는 주로 流섭으로 들어가고 이후 -əu로 읽히게 되었고, OSV에서는 -əu, -iu 등으로 실현되었다. 效섭으로 들어간 1, 2, 4등자는 등에 따라 OSV에서 -au, -aɔ, -ɛɔ 등의 운모로 실현되었다. 즉, 幽운부 글자의 주요모음은 OSV에서 ə, a, ɛ 등으로 실현되었다.[6] 중모음 ə는 주위의 음에 따라 어느 음으로든 쉽게 바뀔 수 있는 모음이다. 따라서 幽운부의 주요모음을 o나 u가 아닌, 해성 현상에 근거해 *ə로 재구하면 幽운부의 주요모음이 중국 한자음과 OSV에서 여러 가지 모음으로 실현된 것을 설명하기도 쉽다. 또한 侯운부 1등자들은 나중에 주요모음이 이중모음 əu가 되면서 幽운부 3등자로 구성된 流섭(-əu)에 합류했는데, 이 역시 幽운부의 주요모음을 *ə로 재구하는 것을 뒷받침한다.

판 우윈은 侯운부의 주요모음이 *o인 근거로 티베트어 어휘 외에, 아래에 제시한 侯운부 글자 10개의 OSV를 제시했다. 이 가운데 叩고, 漏루, 簍루, 狗구가 1등자이고 나머지는 3등자이다. 베트남 문자 ô는 국제 음성 문자로 [o]이고, o는 [ɔ]이다.

叩(고) khỏ	窳(유) lọ	踰(유) lò	逾(유) lố	窬(유) lỗ
漏(루) rò	喩(유) rõ	簍(루) rọ	豎(수) số	狗(구) chó

6) 이 부분은 2.2 한대 이후 운모 체계의 변화 1. 음성 운부의 변화 (2) 幽운부의 변화에서 자세하게 정리해 놓았다.

10개 가운데 3개의 글자가 o로, 나머지 7개의 글자는 ɔ로 실현되었다. 그런데 본서에서 수집한, 한대 한자음이 남아 있는 23개 侯운부 한자 가운데 가장 많은 글자인 10개 글자가 uə로 실현되었고, 모두 3등자이다. 이외에 3등자 1개는 u, 2개는 ɔ, 2개는 o로 실현되었다. 위에 제시된 10개 한자 가운데 甒, 踰, 豎 세 개의 한자는 베트남어 사전에 뜻이 실려 있지 않아서 본서에서 수집한 OSV가 남아 있는 23개 한자에 넣지 않았다. 이 23개의 侯운부 한자 가운데 uə로 실현된 10개 한자는 다음과 같다.

驅(구) khua[xuə]	務(무) mùa[muə]
斧(부) búa[ɓuə]	符(부) bùa[ɓuə]
須(수) tua[tuə]	輸(수) thua[tʰuə]
諛(유) dua[juə]	主(주) chúa[tɕuə]
注(주) chua[tɕuə]	註(주) chua[tɕuə]

23개 한자 가운데 1등자의 OSV 운모는 ɔ가 4개, o가 2개, əu가 2개이다. 판 우윈은 위와 같이 이중 모음 -uə로 실현된 侯운부 글자는 고려하지 않았는데, 필자는 이 글자들이 오히려 侯운부 글자의 주요모음을 재구성하는 데 결정적인 단서를 제공한다고 본다. 운미 부분에서 살펴보겠지만 리 팡꾸이가 재구한 侯운부의 상고음은 *-ug인데, 유성 폐쇄음 운미 *-g가 한대 한자음에서 대체로 ə로 변화된 것이 侯운부뿐 아니라 支, 魚, 之운부 글자에 공통으로 보인다. 따라서 *-ug>-uə로 변화했을 가능성이 크며,[7] ɔ나 o로 실현된 글자들도 uə에서 ɔ나 o로

---

7) 이 부분은 2.1 한대 이전의 상고 운부 2. 운미 (1) 魚, 之, 侯, 支운부 운미를 참고하라.

변했을 가능성이 크다. 그러므로 侯운부 글자의 OSV -uə는 侯운부의 주요모음이 *u였음을 입증하는 자료일 수 있다.

한국 한자음에서는 叩고와 같이 예외적으로 변한 글자도 있지만 侯운부 글자들은 1등자이든 3등자이든 절대 다수의 글자들이 [u]로 실현되었다. 또한 일본 한자음 가운데 시기적으로 이른 오음吳音에서도 侯운부 글자들은 모두 [u]로 실현되었으며[8] 한음漢音에서는 1등자는 중고음의 영향으로 [ou]로 실현되고 3등자는 역시 [u]로 실현되었다(이경철 2006: 204, 214). 따라서 한국 한자음이나 일본 한자음에 의하면 侯운부의 주요모음은 *u로 재구할 수 있다.

『삼국사기』 제34권에 실린 다음의 신라 지명에서는 侯운부 글자와, 侯운부에 대응되는 양성운 東운부 글자가 대응되고 있다. 제1편에서 중고음 東운의 주요모음을 u로 보았는데, 상고음도 다르지 않았던 것으로 보인다.

奴<u>同</u>覓　　　一云　　　如<u>豆</u>覓

"노동멱奴同覓은 여두멱如豆覓이라고도 한다"에서 東운부 글자인 同과 侯운부 글자인 豆가 대응되게 쓰였다. 東운부와 屋운부는 侯운부에 대응되는 양성운과 입성 운부이므로, 두 운부의 주요모음도 *u로 재구성한다. 다만 侯운부에 대응되는 입성 운부인 屋운부 글자의 주요모음은 한국 한자음에서 대체로 'ㅗ' 모음으로 실현되었고, 東운부 글자들은 'ㅗ' 모음으로 실현된 글자도 있고 'ㅜ' 모음으로 실현된 글자도 있는 것으로 보아서

8) 일본 한자음 가운데 오음(吳音)은 5세기를 전후해 백제를 통해 일본으로 전달된 중국 오(吳)나라 지역의 발음이고, 한음(漢音)은 8세기에 일본의 사신들이 들여온 당나라 창안(長安)의 발음으로 보인다. 이경철(2006:19-20) 참조.

侯, 東, 屋운부의 후설 원순 모음은 설근음 운미 앞에서 u로 들릴 수도 있고 o로 들릴 수도 있었던 것 같다. 같은 이유로 侯, 東, 屋운부 글자의 주요모음이 티베트어에서도 u 또는 o로 실현되었을 것이다.

(4) 주요모음이 i인 운부

① 脂운부, 質운부, 眞운부

이 세 운부는 모두 1등운이 없고, 2등자와 4등자가 적으며, 대다수가 3등자이다. 왕 리(1980:98-115), 똥 통허(1968:280)는 이 세 운부의 주요모음을 *e로 재구한 반면, 리 팡꾸이(1982:63-67)는 *i로 재구했다. 세 운부 가운데 지금까지 운미를 잃지 않은 眞운부 글자의 OSV와 한국 한자음(SK)을 먼저 살펴본다. 한대 한자음이 남아있는 眞운부 글자는 6개로 모두 3등자이다. 이 가운데 編편을 제외한 5개 글자의 주요모음이 [i]로 실현되었는데, 이것은 한국 한자음과도 일치한다.

〈표 2-4〉 眞운부 글자의 한국 한자음과 베트남 한자음

한자	SK	SV	OSV	한자	SK	SV	OSV
緊	긴	khẩn	kín	申	신	thân	xin
辰	진	thần	thìn	信	신	tín	tín/tin
印	인	ấn	in	編	편	biên	bện

〈표 2-4〉를 보면 緊긴, 申신, 辰진, 印인은 OSV에서는 주요모음이 [i]로 실현되었는데, SV에서는 â[ə]로 실현되었다. 위의 眞운부 글자의 OSV에 의하면 眞운부의 주요모음을 *i로 재구성하는 것이 합당해 보인다. 앞에서도 밝혔듯이 운미를 잃은 음성운의 주요모음이 변화가 더 컸기 때문이다.

OSV가 남아있는 질質운부 글자 가운데 3등자는 橘귤이 유일하다.

質운부의 주요모음이 *i라고 가정하면 橘의 상고 중국어음은 *kʷjit로 재구되는데, 실제로 橘의 OSV는 quít[kuit]로, 상고음과 일치한다. 비록 한 글자이지만, 이것은 質운부의 주요모음을 *i로 재구성하는 것을 뒷받침한다. 橘의 SV는 quất[kuət]로 眞운부 글자들의 SV와 주요모음이 같은데, 이는 眞운부 글자와 質운부 글자가 한대 한자음에서 중고음까지 동일하게 변화했음을 의미한다.

脂운부와 입성운 質운부 글자들은 해성 현상을 보인다. 脂운부 글자인 至지와 質운부 글자인 室실, 姪질의 성부가 같고, 脂운부 글자인 矢시와 質운부 글자인 疾질의 성부가 같다. 따라서 세 운부의 주요모음을 *i로 추정할 수 있다. 脂·質·眞 세 운부 글자의 한국 한자음도 살펴본다.

〈표 2-5〉 脂·質·眞운부 글자의 한국 한자음

	脂운부	質운부	眞운부
2등	皆(개) 諧(해) 齋(재)	黠(힐) 劀(괄)	臤(현)
3등	棄(기) 示(시) 至(지)	吉(길) 匹(필) 疾(질)	緊(긴) 信(신) 民(민)
4등	計(계) 齊(제) 西(서)	結(결) 節(절) 切(절)	賢(현) 電(전) 年(년)

脂운부 3등자의 경우 대부분 [i] 모음으로 실현되었다. 3등자는 [i] 모음으로 실현되고 중고 중국어에서 止섭으로 들어간 반면, 2등자와 4등자는 蟹섭으로 들어갔다. 脂운부 글자의 OSV도 한국 한자음과 비슷한 양상을 보인다. 眞운부 2등자와 4등자의 한국 한자음은 [iən]으로 실현되었으나 이 글자들은 나중에 山섭으로 들어갔고, 또한 앞에서 -n 운미 운부인 文운부(*-ən)의 주요모음을 *ə로 재구했으므로, 나중에 臻섭으로 들어간 3등자의 주요모음에 따라 *i를 주요모음으로 재구하는 것이 합리적이다. 따라서 脂, 質, 眞운부의 주요모음을 *i로 재구성한다.

② 支운부, 錫운부, 耕운부

支, 錫, 耕운부는 치조음 운미 脂(*-d), 質(*-t), 眞(*-n) 운부에 대응되는 연구개음 운미를 가진 운부로, 脂, 質, 眞운부처럼 모두 1등운이 없다. 각 운부 개구호 글자들의 한국 한자음을 살펴보면 脂, 質, 眞운부 글자의 한국 한자음과 비슷한 양상을 보인다.

〈표 2-6〉 支·錫·耕운부 글자의 한국 한자음

	支운부	錫운부	耕운부
2등	解(해) 買(매) 債(채)	隔(격) 謫(적) 責(책)	耕(경) 幸(행) 生(생)
3등	企(기) 知(지) 避(피)	益(익) 湜(식) 易(역)	頸(경) 成(성) 鳴(명)
4등	鷄(계) 提(제) 麗(려)	擊(격) 狄(적) 錫(석)	經(경) 寧(녕) 冥(명)

支운부 3등자와 일부 錫운부 3등자의 주요모음은 'ㅣ'[i]로 실현되었으나, 耕운부 3등자의 중성 모음은 'ㅕ'[iə]로 실현되었다. 그러나 앞에서 이미 蒸운부(*əŋ)의 주요모음을 *ə로 재구했고, 支, 錫, 耕운부는 脂, 質, 眞운부에 대응되는 운부이므로 세 운부의 주요모음은 脂, 質, 眞운부의 주요모음과 같이 *i로 재구할 수 있다. 脂운부와 마찬가지로 支운부도 3등자는 중고 중국어에서 止섭으로 들어간 반면, 상대적으로 수가 적은 2등자와 4등자는 蟹섭으로 들어갔다. 支운부 3등자의 OSV도 支운부의 주요모음을 *i로 재구성하는 것을 뒷받침한다.9)

9) 支운부는 3등자가 가장 많고 2등자와 4등자는 상대적으로 적다. 더욱이 2등자는 개음의 영향으로 OSV에서 주요모음이 [ɛ]로 실현된 글자들이 많다. 〈표 2-6〉을 보면, 운미를 일찍 잃은 음성 운부인 支운부는 논외로 하더라도 중고 중국어 시기에 운미가 있었던 錫운부와 耕운부 2등자인 責, 幸, 生도 한국 한자음에서 'ㅐ' 모음으로 실현되었다. 2등 개음의 영향을 받은 것으로 보인다.

〈표 2-7〉 支운부 글자의 OSV

한자	등	OSV	한자	등	OSV
鞋	2	hia	碑	3	bia
匙	3	thìa	紫	3	tía
支	3	chia	紙	3	giấy

〈표 2-7〉을 보면 支운부 3등자들은 대체로 ia[iə]로 실현되었다. 운미 부분에서 살펴보겠지만, 음성운 운부 운미 *-g는 OSV에서 대체로 *-ə로 변화되었다. 따라서 支운부를 *-ig로 보면, OSV에서 支운부 글자가 [iə]로 변한 것과 支운의 중고음 재구음이 ie가 되는 것을 쉽게 설명할 수 있다. ə는 앞의 모음 i의 영향으로 전설음 e가 되었다고 보면 된다.

支운부와 錫운부의 글자들은 해성 현상을 보인다. 支운부 글자인 債채, 提제, 避피, 賜사는 錫운부 글자인 責책, 湜식, 壁벽, 易역과 각각 성부가 같다. 따라서 支운부의 주요모음을 *i로 재구하면 대응되는 錫운부와 耕운부의 주요모음도 *i로 재구할 수 있다.

이렇게 형성자의 해성 현상과 한국 한자음, 한다 베트남 한자음 등을 근거로 상고 중국어 운부의 주요모음을 재구성한 결과를 정리해 본다.

〈표 2-8〉 재구성된 상고 운부의 주요모음

음성운	입성운	양성운	주요모음
之	職	蒸	ə
幽	覺	冬	ə
	緝	侵	ə
微	物	文	ə
魚	鐸	陽	a
	葉	談	a
祭	月	元	a
歌			a
宵	藥		a

음성운	입성운	양성운	주요모음
侯	屋	東	u
脂	質	眞	i
支	錫	耕	i

위의 표를 보면 상고 중국어의 주요모음으로 전설 저모음 a, 전설 고모음 i, 중앙 모음 ə, 후설 고모음 u가 재구되었다. 그런데 주요모음이 ə인 운부와 a인 운부가 너무 많은 것을 알 수 있다. 음성 운부의 경우 之·幽·微운부의 주요모음이 *ə로, 魚·宵·祭·歌운부의 주요모음이 *a로, 脂운부와 支운부의 주요모음이 *i로 재구되어서 각 음성 운부에 운미가 없었다면 주요모음이 달라야만 한다. 그런데 주요모음이 동일하게 재구성되었으므로 운미가 달랐다고 볼 수밖에 없다.

음성 운부뿐 아니라 입성 운부와 양성 운부의 운미를 재구할 때도 같은 문제에 직면한다. 입성운 운미와 양성운 운미가 잘 보존된 한국 한자음으로 보면 職운부와 覺운부, 蒸운부와 冬운부의 운미는 같다. 그렇다면 職운부와 覺운부는 ək, 蒸운부와 冬운부는 əŋ이 되는데, 만일 두 운부 모두 ək, əŋ이었다면 이 운부들이 서로 나뉘지 않았을 것이다. 鐸운부와 藥운부도 모두 ak이라면 역시 나뉘지 않았을 것이다. 따라서 적어도 두 운부의 운미는 달랐다는 결론에 이른다. 다음에서 상고 운부의 운미를 살펴본다.

2. 운미

칼그렌(1985)은 처음으로 음성 운부에 유성 폐쇄음 운미를 재구했다. *-k 입성자와 압운하는 음성운 글자에는 -k와 조음 위치와 조음 방법이 같고 유무성의 차이만 있는 *-g 운미를 재구했고, *-t 입성자와 압운하는 음성운 글자에는 -t와 조음 위치와 조음 방법이 같은 *-d 운미를 재구했다. 이후 똥 통허(1968), 리 팡꾸이(1982) 등도 음성 운부에 유성 폐쇄음 운미를 재구했다. 유성 폐쇄음 운미를 재구해야만 입성운 글자와 음성운 글자가 압운하는 것을 설명할 수 있기 때문이다.

왕 리(1980)는 음성운에 유성 폐쇄음 운미가 있었다는 학설을 인정하지 않았기 때문에, 모든 음성운에 영(zero)운미 또는 모음 운미를 재구했다. 왕 리는 압운 상황을 고려해 저모음으로 a외에 ɑ를 사용하여 魚운부에는 *ɑ, 歌운부에는 *a를 주요모음으로 재구했고, 祭운부는 따로 세우지 않았다. 또한 幽운부와 宵운부의 운은 *əu, *au로 재구했고, 脂운부와 微운부의 운은 각각 *ei, *əi로 재구했다. 이 경우 운미가 *-u인 幽운부와 宵운부 글자가 운미가 *-k인 覺운부, 藥운부 글자와 압운하는 것을 설명하기 어려워 覺운부와 藥운부에 모음 운미와 자음 운미 *-uk를 동시에 재구했다. 그런데 脂운부와 微운부에는 모음 운미 *-i만을 재구함으로써 *-i 운미가 입성 운부인 質·物운부의 *-t 운미에 대응되게 했다. 또한 之·支·魚·侯운부는 운미가 없는 영운미 운부 *ə, *e, *ɑ, *o로 재구하여 *-k 운미 입성 운부인 職·錫·鐸·屋운부에 대응되게 했다. 왕 리(1980:77)는 칼그렌이 음성 은부 글자에 *-ɡ 운미를 재구한 것에 대해 비판하면서, 이 음성운 글자들이 입성운 글자와 상고 운문에서 압운할 수 있었던 것은 주요모음만 같으면 압운할 수 있었기 때문이라고 설명했다. 다음에서 상고 중국어 음성 운부에 유성 폐쇄음 운미와, 입성 운부에 원순 설근음 운미를 재구하는 것이 타당한지 살펴본다.

(1) 유성 폐쇄음 운미와 원순 설근음 운미

한자와 어원이 같은 티베트어 어휘에 보이는 음운 현상이 음성 운부에 자음 운미를 재구할 수 있는지에 대한 단서가 될 수 있다. 다음은

魚운부 글자들과 鐸운부 글자들의 티베트어 발음이다. 티베트어 발음은 판 우윈(2000:190-191)에서 인용했다.

御(어)	mŋag	格(격)	bkag
語(어)	ŋag	赤(적)	khrag
武(무)	dmag	略(략)	rag
除(제)	ɦdag	亦(역)	lag
模(모)	ɦbag	坼(탁)	ɦtɕhag
塗(도)	ɦdag	着(착)	gʑag
擧(거)	kjag	嚇(혁)	skrag
膚(부)	pags	髆(박)	phrag

이와 같이 티베트어에서는 음성운 글자이든 입성운 글자이든 유성 폐쇄음 운미를 갖는 사례가 흔하다. 물론 모든 음성운 글자가 폐쇄음 운미를 가진 것은 아니다. 父부는 pha, 吾오는 ŋa, 五오는 lŋa로 읽히는 등 폐쇄음 운미가 없는 어휘도 많다. 그러나 입성자도 운미가 없는 어휘가 있다. 夕석은 zla, 百백은 brgja으로 실현되었으며, 諾낙은 심지어 gnaŋ과 같이 -ŋ 운미로 실현되었다. 이처럼 음성운 글자 및 대응되는 입성운 글자와 어원이 같은 티베트어 어휘가 유성 폐쇄음 운미로 실현된 현상은 魚운부와 鐸운부 글자에서만 볼 수 있는 것은 아니다. 幽운부와 覺운부, 侯운부와 屋운부, 之운부와 職운부, 支운부와 錫운부 등 상고 중국어에서 설근음 운미를 가졌던 입성 운부 및 이에 대응되는 음성 운부 글자와 어원이 같은 티베트어 어휘도 유성 폐쇄음 운미를 갖는 것을 종종 볼 수 있다(潘悟雲 2000:205-214).[10]

---

10) 脂, 質, 眞운부의 상고 운미는 각각 설첨음 *-d, *-t, *-n로 재구되는데, 판 우윈(2000:215)에는 脂, 質, 眞운부 글자 일부가 티베트어에서 설첨음 운미

幽운부	道(도)	lugs	覺운부	六(륙)	drug
侯운부	後(후)	ɦog	屋운부	曲(곡)	kjog
支운부	支(지)	gdeg	錫운부	册(책)	glegs
之운부	友(우)	grogs	職운부	息(식)	srog

그러므로 중고 중국어 음성운에 폐쇄음 운미가 없었다고 해서 상고 중국어 음성 운부에도 폐쇄음 운미가 없었다고 단언할 수 없다. 또한 주요모음만 같으면 압운할 수 있었다면, *-ək 운부 글자와 압운하는 음성운 글자가 -ə일 경우, 그 음성운 글자는 *-ət, *-əp 운부 글자와도 압운하거나 해성 현상을 보여야 한다. 마찬가지로 *-at 운부 글자와 압운하는 음성운 글자의 운모가 -a라면 그 글자는 *-ak, *-ap 운부 글자와도 압운하거나 해성 현상을 보여야 한다. 그런데 실제로는 한두 개의 예외가 되는 글자도 있지만 대체로 *-ək 운부 글자와 압운하는 음성운 글자는 *-ət, *-əp 운부 글자와 압운하지 않고 해성 현상을 보이지도 않으며, 또한 *-at 운부 글자와 압운하는 음성운 글자는 *-ak, *-ap 운부 글자와 압운하지 않고 해성 현상을 보이지도 않는다. 본서에서는 이 같은 이유에서 음성 운부에 유성 폐쇄음 운미가 있었다고 본다.

루오 창페이·조우 쭈모가 분류한 상고 운부에 〈표 2-8〉에 재구성된 주요모음과, 한국 한자음 및 베트남 한자음에 남아 있는 입성 운미와 양성운 운미를 참고해 당시 운을 추정해 본다. 앞에서 살펴본 대로 음성 운부에 유성 폐쇄음 운미가 있었다는 전제하에 각 입성 운부와 대응되는 음성 운부에는 조음 위치가 같은 유성 폐쇄음 운미를 적어넣었다.

-l, -r, -d, -n으로 실현된 사례 외에 설근음 운미 -g, -k, -ŋ으로 실현된 사례가 소개되어 있다.

음성운	양성운	입성운
之 -əg	蒸 -əŋ	職 -ək
幽 -əg	冬 -əŋ	覺 -ək
宵 -ag		藥 -ak
侯 -ug	東 -uŋ	屋 -uk
魚 -ag	陽 -aŋ	鐸 -ak
歌 -a		
支 -ig	耕 -iŋ	錫 -ik
脂 -id	眞 -in	質 -it
微 -əd	文 -ən	術 -ət
祭 -ad	元 -an	月 -at
	談 -am	盍 -ap
	侵 -əm	緝 -əp

위와 같이 추정했을 때 음성운에서는 *-g 운미 운부가 너무 많고, 양성운에서는 *-ŋ 운미 운부가 *-m, *-n 운미 운부에 비해 많으며, 입성운에서는 *-k 운미 운부가 *-p, *-t 운미 운부에 비해 너무 많은 것을 알 수 있다. 위의 10개 음성 운부 가운데 *-g 운미 운부가 6개이고 *-d 운미 운부는 3개뿐이다. 11개 입성 운부 가운데 *-k 운미 입성 운부는 6개이고, *-t 운미 입성 운부는 세 개이며, *-p 운미 입성 운부는 葉(盍)운부와 緝운부 두 개뿐이다. 더 큰 문제는 앞에서 해성 편방偏旁 등에 근거하여 각 운부의 주요모음을 재구한 결과에 의하면, 之운부와 幽운부, 職운부와 覺운부의 주요모음이 같고 魚운부와 宵운부, 鐸운부와 藥운부의 주요모음도 같다는 것이다. 또한 蒸운부와 冬운부의 주요모음도 같다. 만일 위의 재구음처럼 운미마저 같았다면 이 운부들은 서로 나뉘지 않았을 것이다.

상고 중국어 성모 체계에 원순 설근음 성모 $*k^w$, $*g^w$를 재구했던 리 팡꾸이(1982)는 幽운부와 宵운부, 覺운부와 藥운부에 원순 설근음 운미 *-gʷ, *-kʷ를 재구하고 冬운부의 운미는 *-ŋʷ으로 재구함으로써 之운부(*-əg)와 幽운부(*-əgʷ), 職운부(*-ək)와 覺운부(*-əkʷ)를 구분하고 魚운부(*-ag)와 宵운부(*-agʷ), 鐸운부(*-ak)와 藥운부(*-akʷ), 蒸운부(*-əŋ)와 冬운부(*-əŋʷ)를 구분했다. k와 g, kʷ와 gʷ는 유무성의 차이만 있을 뿐 조음 위치와 조음 방법이 같은 음이다. 이렇게 하면 *-g, *-k, *-ŋ 운미 운부는 각각 4개, *-gʷ, *-kʷ 운미 운부는 각각 2개, *-d, *-t 운미 운부는 각각 3개, *-p 운미 운부는 2개, *-ŋʷ 운미 운부는 1개로, *-g, *-k, *-ŋ 운미 운부의 수가 줄어들어 어느 정도 균형이 맞게 된다.

원순 설근음을 인정하지 않은 똥 통허(1968:273-275)는 宵운부와 幽운부의 주요모음을 원순 모음으로 보고 각각 *-ɔç, *-og으로 재구하고 대응되는 입성 운부는 *-ɔk, *-ok로 재구했다. 다음에서 운미에 원순 설근음 *-kʷ, *-gʷ을 재구하는 것이 타당한지 한국 한자음과 베트남 한자음을 통해 알아본다. 먼저 입성운 글자와 대응되는 음성운 글자의 해성 현상을 살펴본다.

먼저 *-k 입성 운부 가운데 鐸운부 글자들은 魚운부 글자들과 『시경』에서 압운하며 성부가 같은 해성 현상을 보인다. 또한 職운부 글자들은 之운부 글자들과, 屋운부 글자들은 侯운부 글자들과, 錫운부 글자들은 支운부 글자들과 각각 『시경』에서 압운하고 같은 성부를 공유한다. *-g 음성 운부 글자와 *-k 입성 운부 글자의 해성 현상을 살펴보면 다음과 같다. 해당하는 한자가 여러 개인 경우는 사용 빈도가 높은 글자를 대표 글자로 수록했다.

魚부와 鐸부: 借차 昔석 據거 劇극 詐사 作작 謨모 莫막 夜야 液액

之부와 職부: 來래 麥맥 有유 郁욱 富부 福복 背배 北북 倍배 踣복
侯부와 屋부: 樓루 數삭 裕유 谷곡 訃부 卜복 斗두 斛곡 嗾주 族족
支부와 錫부: 避피 僻벽 賜사 錫석 債채 責책 畫화 劃획 兒아 鬩혁

리 팡꾸이가 원순 설근음 운미 *-k^w를 재구한 藥운부 글자들과 覺운부 글자들은 각각 宵운부 글자들, 幽운부 글자들과 『시경』에서 압운하고, 또한 다음에서 볼 수 있듯이 성부가 같은 해성 현상을 보인다.

宵부와 藥부: 高고 熇혹 夭요 沃옥 敫교 激격 暴포 暴폭 焦초 隺학
幽부와 覺부: 包포 雹박 造조 梏곡 由유 笛적 逵규 陸륙 斆효 學학

앞에서 원순 설근음 운미를 적용하지 않고 鐸운부와 藥운부에 똑같이 *-k 운미를 재구하면 두 운부의 주요모음이 같기 때문에 재구음이 똑같이 *-ak이 되어 두 운부의 운미가 달라야 함을 언급했다. 藥운부 1등자와 鐸운부 1등자의 한국 한자음을 비교해 본다.

藥운부: 隺(각/확/학/흑), 睢(학/혹), 熇(학/혹), 鶴(학), 沃(옥), 樂(락), 鑿(착), 暴(폭)
鐸운부: 各(각), 落(락), 作(작), 博(박), 莫(막), 惡(악), 諾(낙), 郭(곽)

위에서 藥운부 1등자들의 모음이 鐸운부 1등자들과는 달리 'ㅏ'로도 실현되고 'ㅗ'로도 실현된 것을 볼 수 있다. 藥운부는 駁박, 卓탁, 樂악 등 2등의 글자와 虐학, 藥약, 約약 등 3등의 글자도 주요모음이 a로 실현되었다. 만일 藥운부의 운모가 *-ak^w이라고 가정하면 藥운부 1등자들이 'ㅏ'모음으로도 실현되고 'ㅗ'모음으로도 실현된 이유를 설명할 수 있다. 'ㅗ'모음으로 실현된 것은 원순음 운미 *-k^w의 영향 때문이라고 할 수 있다.

마찬가지로 원순 설근음 운미를 적용하지 않고 주요모음이 같은 職운부와 覺운부에 똑같이 -k 운미를 재구하면 두 운부의 재구음이 *-ək이 되므로, 두 운부의 운미는 달라야 한다. 職운부와 覺운부 1등자들의 한국 한자음도 비교해 본다.

職운부: 克(극), 德(덕), 墨(묵), 黑(흑), 北(북), 得(득)
覺운부: 毒(독), 瓕(독), 梏(곡), 學(학), 雹(박), 笛(적)

위의 한국 한자음에 의하면 覺운부 글자에 원순음 운미 *-kʷ가 없었다면 覺운부 글자의 한국 한자음이 職운부 글자와 달리 'ㅗ'모음으로 실현된 것을 설명할 수 없다. 따라서 覺운부의 운모를 *-əkʷ으로 재구하는 것이 적절해 보인다. 또한 원순 설근음 운미를 재구하면 宵운부와 幽운부의 음운변화(*-agʷ>-au, *-əgʷ>-əu)뿐 아니라, 藥운부와 覺운부의 음운변화(*-akʷ>-au, *-əkʷ>-əu)에 대해서도 설명하기 쉽다.

*-t 운미 입성 운부인 月운부의 글자들은 음성은 祭운부의 글자들과 성부가 같고 『시경』에서 압운한다. 또한 質운부의 글자들은 脂운부 글자들과, 物운부의 글자들은 微운부의 글자들과 성부가 같고 『시경』에서 압운한다.

祭부와 月부: 揭게 渴갈 祭제 察찰 話화 活활 害해 割할 廢폐 發발
脂부와 質부: 至지 室실 揆규 闋결 矢시 疾질 秘비 必필 尒이 苶날
微부와 物부: 醉취 卒졸 內내 訥눌 肆사 律률 帥수 帥솔 沸비 佛불

-p 운미 입성운 글자도 음성운 글자와 해성 현상을 보인다. 緝운부 글자인 納납이 음성운 脂운부 글자인 內와 성부가 같고, 葉운부 글자인 盍합은 祭운부 글자인 蓋개와 성부가 같다. 그런데 -p 운미 글자와 성부

가 같은 음성운 글자는 매우 적고, 그마저도 內가 納뿐 아니라 訥눌과도 해성 현상을 보이듯이, -p 운미 글자와 해성 현상을 보이는 음성운 글자는 종종 -t 운미 글자와도 해성 현상을 보인다. 고대 한국 한자음 자료에서도 -t 운미 글자가 음성운 글자와 압운하는 예가 있다. 『삼국유사』「왕력」에 신라의 눌지왕이 訥祇눌지와 內只내지로 표기되어 있다. 그러나 고대 한국 한자음 자료에서 -p 운미 글자가 음성운 글자와 압운하는 예는 발견하지 못했다. 이러한 이유에서 *-b를 *-d보다 더 오래된 형태로 추정한다. 리 팡꾸이는 -p 운미 글자와 압운하는 內가 상고음에서 *-b>*-d로 변화했다고 보았다.[11)]

(2) OSV로 본 음성 운부의 운미

살펴본 바와 같이 음성운 글자와 입성운 글자가 해성 현상을 보이고, 『시경』 등 상고 중국어 음운 자료에서 음성운 글자들과 입성운 글자들이 압운하기 때문에 칼그렌은 음성운에 유성 폐쇄음 운미를 재구했고, 리 팡꾸이, 똥 통허도 음성운에 유성 폐쇄음 운미를 재구하고 각 음성운에 대응되는 입성운을 모두 음성운에 넣어 운부의 수를 22개로 대폭 줄였다. 다만 칼그렌은 같은 음성운에 속한 글자여도 입성자와 압운하는 글자에는 유성 폐쇄음 운미를 재구했고, 입성자와 압운하지 않는 글자들은 운미가 없는 개음절로 분류했다. 리 팡꾸이, 똥 통허는 『시경』의 압운 상황뿐 아니라 형성자의 성부까지 고려하여 같은 음성운에 속하면 나누지 않고 모두 폐쇄음 운미를 재구했다. 그런데 똥 통허는 10개의 음성 운부 가운데 歌운부의 글자들은 운미가 없는 개음절 글자들로 본 반면에, 리 팡꾸이는 歌운부에도 유성음 운미 *-r을 재구했다.

---

11) 이 *-b>*-d 변화가 방전(旁轉)의 예이다.

*-g 운미 운부로 분류된 魚, 之, 侯, 支운부와 *-gʷ 운미 운부로 분류된 幽, 宵운부의 운미가 한대 베트남 한자음에서 유의미한 차이를 보인다. 다음에서 魚, 之, 侯, 支운부의 운미를 *-g로, 幽, 宵운부의 운미를 *-gʷ로 재구해도 될지 OSV를 통해 검토해 본다.

① 魚, 之, 侯, 支운부 운미

먼저 魚운부 글자의 OSV를 살펴보면, 한대 한자음이 남아있는 글자들은 47개로, 15개 글자가 ưa[ɨə], 6개 글자가 ua[uə]로 실현되어, ɨ, u를 a에서 변화된 주요모음으로 보면 21개 글자가 *-g>-ə로 변화된 것을 보여 준다. 나머지 魚운부 글자 가운데 운모가 ɔ로 실현된 글자는 10개인데, 모두 1등자이다. a로 실현된 글자는 7개로, 1등자가 2개, 2등자가 3개, 3등자가 2개이다. e[ɛ]로 실현된 글자는 2등자 2개, 3등자 2개로 모두 4개이다. 그밖에 u, ɔa, ɔe, ua, o로 실현된 글자도 각각 1개였다. 가장 많은 글자의 OSV가 *-g 운미가 -ə로 변화했음을 보여 준다. 다음에서 1등자인 蘇소, 午오, 布포를 제외한 나머지 글자들은 모두 3등자이다. 베트남 문자 ưa는 [ɨə]로, ua는 [uə]로 읽는다.

距 cựa[kɨə]	鋸 cưa[kɨə]	驢 lừa[lɨə]
舞 múa[muə]	扶 vùa[vuə]	序 tựa[tɨə]
所 thửa[tʰɨə]	疏 thưa[tʰɨə][12]	蘇 tua[tuə]
御 ngừa[ŋɨə]	餘 lưa[lɨə]	午 ngựa[ŋɨə]
盂 vùa[vuə]	蛆 tửa[tɨə]	貯 chứa[ʨɨə]
箸 đũa[ɗuə]	除 chừa[ʨɨə]	助 chữa[ʨɨə]
初 xưa[sɨə]	布 bủa[ɓuə]	許 hứa[hɨə]

12) 疏의 한대 음은 thưa[tʰɨə] 외에 sưa[ʂɨə]도 있다.

之운부 글자의 경우, OSV에서 개음과 운미 없이 주요모음 ơ[əː]만 갖는 글자들이 압도적으로 많다. *-əg에서 g가 ə로 변하면 əə가 되는데, 베트남 문자로 단모음 â[ə]가 아닌 장모음 ơ[əː]로 표기한 것을 보면 *əg>əə>əː로 변화했음을 알 수 있다. 한대 한자음이 남아있는 之운부 글자는 모두 23개로, 이 가운데 12개 글자가 개음 없이 əː로 실현되었고, 2개의 글자가 각각 ɨə, uə로 실현되었으며, 3개는 ɨ로 실현되었고, 2개는 əi로 실현되었다. 그밖에 ai, ay, ɔi, e로 실현된 글자가 하나씩 있다. OSV에서 *-g 운미가 ə로 실현된 글자는 23개 가운데 14개로, 다음과 같다.

棋 cờ[kəː]	旗 cờ[kəː]	坯 phơ[fəː]
婦 bụa[ɓuə]	似 tợ[təː]	祀 thờ[tʰəː]
俟 chờ[tɕəː]	絲 tơ[təː]	市 chợ[tɕəː]
侍 thờ[tʰəː]	時 giờ[zəː]	疑 ngờ[ŋəː]
載 chở[tɕəː]	治 chữa[tɕɨə]	

侯운부 글자의 OSV를 살펴보면, 한대의 한자음이 남아있는 侯운부 글자는 23개로, 이 가운데 10개의 운모가 uə로 실현되었고, 6개는 운미 없이 주요모음이 ɔ로 실현되었으며, 4개는 o로 실현되었다. 또한 2개는 əu로 실현되었고, 나머지 1개는 u로 실현되었다. 리 팡꾸이, 똥 통허의 侯운부 상고음 재구음은 *-ug이다. OSV에 의하면 ɔ나 o로 실현된 것은 g 운미가 먼저 ə로 변하고 주요모음과 함께 uə가 되었다가 uə가 원순음인 ɔ, o로 변화한 것으로 보인다. əu로 실현된 2개는 1등자로 이미 중고음과 같은 음으로 변한 것이다. 가장 많은 10개의 운모가 *-ug>-uə의 변화 과정을 거쳤다. 운미가 -ə로 실현된 글자의 OSV는 다음과 같다. 베트남 문자 ua는 앞의 자음이 q일 때를 제외하고 [uə]로 읽는다.

驅 khua[xuə]	務 mùa[muə]
斧 búa[ɓuə]	符 bùa[ɓuə]
須 tua[tuə]	輸 thua[tʰuə]
諛 dua[juə]	主 chúa[tɕuə]
注 chua[tɕuə]	註 chua[tɕuə]

支운부의 경우, 한대 한자음이 남아있는 글자는 11개인데, 이 가운데 5개 글자가 *-ig>-iə로 변화했다. 4개의 글자는 운미 없이 주요모음이 e[ɛ]로 변화했는데, 이 글자들은 2등자로 개음의 영향을 받았기 때문이다. 2등자의 개음에 대해서는 뒤에서 살펴볼 것이다. 나머지 2개의 글자는 운미가 -i(əi, ɨi)로 변했다. 베트남 문자 ia는 [iə]로 읽는다. 2등자를 제외하면 역시 가장 많은 글자들이 *-ig>-iə로의 변화 과정을 거쳤다.

碑 bia[ɓiə]	匙 thìa[tʰiə]	紫 tía[tiə]
支 chia[tɕiə]	鞋 hia[hiə]	

지금까지 살펴본 바에 의하면 魚운부, 之운부, 侯운부, 支운부 글자들의 한대 베트남 한자음은 대체로 ɨə, əː, uə, iə로 실현되었다고 할 수 있다. *-g 운미를 가졌던 것으로 보이는 글자들이 OSV에서 모두 -ə로 끝나는 것을 보면 이 글자들이 상고 중국어에서 같은 운미를 가졌다고 추정하는 것이 합리적이다. 侯운부, 支운부, 之운부, 魚운부의 리팡꾸이 재구음은 각각 *-ug, *-ig, *-əg, *-ag인데, 이것은 상고 중국어의 압운 상황과 형성자의 해성 현상에 근거한 것이다. 네 운부의 운미가 *-g라고 가정하면, 侯운부, 支운부, 之운부, 魚운부의 한대 베트남 한자음 uə, iə, əː, ɨə에는 *-g가 ə로 변화된 것이 공통으로 드러나 있다.

② 幽, 宵운부 운미

위에서 살펴본 바와 같이 상고 중국어에서 *-k 운미를 가졌던 屋, 錫, 職, 鐸 네 입성 운부와 대응되는 侯, 支, 之, 魚운부의 글자는 OSV에서 운미가 -ə로 실현되었다. 그렇다면 覺, 藥 두 입성 운부에 대응되는 幽, 宵운부 글자의 운미는 OSV에서 어떤 음으로 실현되었을까? 원순 설근음 운미를 인정하지 않는 학자들은 覺, 藥운부의 운미도 *-k, 幽, 宵운부의 운미도 *-g로 재구한다. 만일 覺, 藥운부의 운미가 *-k라면 두 입성 운부 글자와 압운하는 幽, 宵운부 글자의 운미도 OSV에서 -ə로 실현되어야 하지 않을까?

한대 베트남 한자음이 남아있는 幽운부 글자들은 18개인데, 다음에서 볼 수 있듯이 주요모음이 u인 글자를 포함해 운미가 -u인 글자가 14개, -ɔ인 글자가 4개이다. 한대 한자음이 남아있는 宵운부 글자들은 5개인데, 2개 글자의 운미가 -u이고, 두 글자는 -ɔ이며, 나머지 한 글자는 -u와 -ɔ가 운미인 두 가지 음을 갖는다. 베트남 문자로 o는 [ɔ]이다.

幽운부

尻 khu[xu]	巧 khéo[xɛɔ]	膠 keo[kɛɔ]
叫 kêu[keu]	老 rệu[ɹeu]	牢 rào[ɹaːɔ][13]
帽 mũ[mu]	猫 mèo[mɛɔ]	寶 báu[ɓaːu]
受 chịu[tɕiu]	綉 thêu[tʰeu]	酉 dậu[jəu]
柔 dịu[jiu]	悠 lâu[ləu]	誘 rủ[ɹu]
肘 khuỷu[xuiːu]	酒 rượu[ɹɨəːu]	草 tháu[tʰaːu]

宵운부

交 trao[caːɔ]	挑 khêu[xeu][14]	少 thiếu[tʰieu][15]

13) 牢(뢰)는 rào 외에 sao[ʂaːɔ]의 음도 있다.

腰 eo[ɛɔ]　　　　朝 trào[caːɔ]/chầu[tɕəu]

幽운부와 宵운부 글자의 OSV에서는 운미가 대체로 -u로 변했다. 그렇지 않은 음절도 -u처럼 원순 모음인 -ɔ로 변했다. OSV에서 幽, 宵운부 글자의 운미는 대체로 u로 실현되고, 侯, 支, 之, 魚운부 글자의 운미는 대체로 ə로 실현된 것은 幽, 宵운부의 운미와 侯, 支, 之, 魚운부의 운미가 달랐음을 의미한다.

상고 중국어에서 幽운부에 속했던 글자들은 등에 따라 중고 중국어에서 流섭으로 들어가거나 效섭으로 들어갔고, 이후 계속해서 -əu 또는 -au 운으로 읽혀 왔다. 그런데 幽운부에 대응되는 覺운부 글자들도 입성 운미를 잃고 현재 幽운부 글자와 동일한 운모를 갖는다. 다음에서 각 한자의 중국어 발음은 한어병음자모로 표기했다. 제1편에서 밝힌 바와 같이 한어병음자모 ao, iao는 원래 au, iau였으나 u와 n이 혼동되기 쉬워 ao, iao로 표기하게 되었다.[16)]

幽운부 受(shòu) 肘(zhǒu) 柔(róu) 酒(jiǔ) 巧(qiǎo) 包(bāo)
覺운부 粥(zhōu) 軸(zhóu) 肉(ròu) 六(liù) 覺(jiào) 雹(báo)

앞에서 幽운부의 주요모음을 *ə로 재구했는데, 幽운부의 3등자가

---

14) 挑(도)는 미네야 토오루(1972)의 책 뒷부분에 실린 「베트남 한자음 대조표」(6쪽)에 SV가 thao로 되어 있으나 潘悟雲(2000:64), 『네이버 베트남어 사전』에 khiêu로 수록되어 있다.

15) 少(소)는 상성과 거성 두 개의 음이 있는데, SV에서는 상성의 음은 hỏi 성조인 thiểu로, 거성의 음은 sắc 성조인 thiếu로 구분되었으나 OSV에서는 모두 sắc 성조인 thiếu로 실현되었다.

16) 한어병음자모의 영향 때문인지 ao, iao를 읽을 때 u가 아닌 o로 읽는 사람들이 많다.

-əu 운으로 실현된 것과 달리 1, 2등자는 주요모음이 변화를 겪고 중고음에서 -ɑu, -au 운으로 실현되었다. 그런데 위에서 볼 수 있듯이 覺운부 입성자들도 등에 따라 똑같은 변화를 겪고 현재 幽운부 글자와 동일한 운모로 실현되었다. 입성 운미로 인해 幽운부 글자와 중고음이 분명히 달랐던 覺운부 글자가 현재 幽운부 글자와 같은 운모를 갖는다면, 두 운부의 상고음은 같았는데 幽운부가 먼저 운미를 잃고 변화했고 覺운부가 후에 같은 운미를 잃고 幽운부와 동일한 변화 과정을 거친 것으로 보아야 하지 않을까? 또한 藥운부의 글자도 宵운부의 글자와 같은 변화를 겪고 현재 宵운부 글자와 같은 운모로 읽힌다. 이것이야말로 幽운부와 覺운부, 宵운부와 藥운부의 운미가 상고 중국어에서 같았다는 증거일 것이다.

앞에서 覺운부와 藥운부 글자의 한국 한자음에 따라 두 입성 운부의 운미를 *-kʷ로 재구했다. 藥운부와 覺운부의 글자들이 현재 구어음에서 -u 운미를 갖는 것이 원순 설근음 운미 *-kʷ의 흔적이라면, 宵운부와 幽운부 음성운 글자들의 운미가 -u인 것도 상고 시기 원순 설근음 운미 *-ɡʷ의 흔적일 수 있다. 따라서 리 팡꾸이가 OSV에서 ə로 변한 侯, 支, 之, 魚운부의 운미를 *-ɡ로 재구하고 u로 변한 幽, 宵운부의 운미를 *-ɡʷ로 차이를 둔 것은 합리적인 재구라고 할 수 있다. OSV에 드러난 증거대로 본서에서는 *-ɡ>-ə, *-ɡʷ>-u로 변화한 것으로 본다.

③ 祭, 脂, 微운부와 歌운부 운미

祭운부, 脂운부, 微운부 글자의 운미 *-d는 OSV에서 -i로 실현되었다(부록 참조). 물론 예외인 글자도 있다. 閉의 OSV는 bít과 bịt으로 -t로 실현되었다.[17] 세 운부 글자의 운미가 -i로 실현된 것은 상고 중국어의 *-d 운미가 한대 이전에 자음 운미를 잃고 모음 운미가 되었음을 의미한다. 그런데 歌운부 글자의 OSV에서도 -i가 운미인 글자가 많다.

왕 리(1980)와 똥 통허(1968)는 歌운부를 운미가 없는 개음절로 재구했는데, 리 팡꾸이(1982:53)는 유음 운미인 *-r을 재구했다. 리 팡꾸이가 歌운부에 *-r 운미를 재구한 것은 歌운부 글자들이 설첨음 -n 운미 운부인 元운부 글자들과 압운하거나 해성 현상을 보이기 때문이다. 歌운부 글자인 瑞서, 揣췌는 元운부 글자인 端단, 湍단과 성부가 같다. 판 우윈(2000:179)은 歌운부의 글자 荷하, 彼피, 呵가, 磋차, 披피와 微운부 글자인 飛비, 脂운부 글자인 底저, 邇이 등이 티베트어에서 -l 또는 -r로 끝나는 어휘와 대응되는 것을 근거로 歌운부와 일부 脂운부, 微운부 글자들에 *-l 운미를 재구했다. 微운부와 脂운부 글자는 대체로 입성자와 압운하지만, 文운부의 글자와도 해성 현상을 보인다. 脂운부 글자인 西서는 文운부 글자인 哂신과 성부가 같고, 微운부 글자인 淮회와 揮휘는 文운부 글자인 準준, 軍군과 해성 현상을 보인다.

다음의 〈표 2-9〉에서 볼 수 있듯이 한대 베트남 한자음(OSV)에서는 歌운부 글자들이 대체로 모음 운미인 -i로 끝나는 것을 볼 수 있다. 따라서 모든 歌운부 글자들이 그렇다고는 할 수 없어도, *-d, *-t 운미가 나중에 -i로 흔적을 남긴 것을 보면 적어도 다수의 글자에 설첨음 운미가 있었던 것으로 보이는데, 만일 *-ad로 재구성한다면 祭운부의 재구음과 같아질 뿐 아니라, 歌운부의 글자들은 입성자와 해성 현상을 보이지 않으므로, 앞에서 인용한 티베트어에 보이는 현상을 근거로 歌운부의 운미를 *-r로 재구할 수 있을 것이다. 그러나 한대 베트남 한자음에 의하면 한대에는 이미 모음 운미 -i로 바뀌었다.

---

17) 潘悟雲(2000:215)은 bít만을 제시했으나 bịt도 같은 의미로 사용되어 한대음을 반영하는 어휘로 볼 수 있다.

〈표 2-9〉 歌운부 글자의 베트남 한자음

한자	개합	등	중고 운	OSV	SV
羅	개구	1	歌	chài	la
磨	개구	1	戈/過	mài	ma/mạ
蛾	개구	1	歌	ngài	nga
座	합구	1	過	tòa	tọa/tòa
架	개구	2	禡	kệ	giá
紗	개구	2	麻	the	sa
瓦	합구	2	馬	ngói	ngoã
寄	개구	3	寘	gởi/gửi	ký
騎	개구	3	支	cưỡi/cỡi	kỵ
離	개구	3	支	lìa/rời	li/ly
義	개구	3	寘	nghĩa	nghĩa
移	개구	3	支	dời	di
地	개구	3	至	địa	địa
池	개구	3	支	đìa	trì
皮	개구	3	支	bìa	bì
跪	합구	3	紙	ngồi	quì/quị
垂	합구	3	支	thôi	thùy
吹	합구	3	支	thổi	xuy
炊	합구	3	支	thổi	xuy

(3) 冬운부 운미와 베트남어의 음운 현상

冬운부의 글자들은 東운부의 글자들과 한국 한자음으로 구분되지 않는다. 두 운부의 음이 비슷하기 때문에 학자들은 冬운부를 따로 세우지 않고 東운부에 넣기도 하고, 압운 상황을 근거로 冬운부를 侵운부에 넣기도 하며, 두 운부를 분리해 따로 세우기도 한다.

스 춘즈(史存直 1997:58-62)에 의하면 『시경』에서 東운부의 글자들끼리 압운한 예는 49번, 『초사楚辭』에서는 10번이었고, 冬운부의 글자들끼리 압운한 예는 『시경』에서는 11번, 『초사』에서는 6번이었다. 東운부와 冬운부의 글자들이 서로 압운한 예는 『시경』에서는 5번, 『초사』에서는 2번이었다. 스 춘즈는 『시경』과 『초사』에서 두 운부의 글자들이 7번 압운한 것을 근거로 두 운부를 분리하지 않았다.

그렇지만 東운부의 글자들은 東운부의 글자들끼리 압운하고, 冬운부의 글자들은 冬운부의 글자들끼리 압운한 사례가 훨씬 더 많아서 똥 통허(1968:272-276)는 두 운부의 주요모음이 다른 것으로 보고 東운부는 *-uŋ, 冬운부는 *-oŋ으로 재구했다.

왕 리(1980:117)는 侵운부 글자들과 압운하는 冬운부 글자들이 있는 것을 근거로, 冬운부를 따로 세우지 않고 그러한 글자들은 侵운부에 넣었다. 예를 들면 『시경』「탕蕩」 제1장에서는 侵운부 글자인 諶심이 冬운부 글자인 終종과 압운하고 『초사』「구변九辯」에서는 侵운부 글자인 湛담이 冬운부 글자인 中중, 豐풍과 압운한다. 또한 『시경』「소융小戎」 제2장에서는 侵운부 글자인 驂참이 中과 압운한다.[18] 冬운부와 侵운부 글자가 압운했다면 두 운부의 주요모음과 운미가 같아야 하지만, 冬운부 글자 가운데에는 -ŋ 운미 운부인 東운부 글자와 압운한 사례도 있고, 앞에서 살펴본 바와 같이 冬운부 글자는 蒸운부 글자와 해성 현상을 보이며, 중고음에서도 冬운부 글자의 운미는 -ŋ이고 侵운부 글자의 운미는 분명히 -m이므로, 아마도 상고음에서 두 운부의 운미가 달랐던 것으로 보인다.

冬운부는 幽운부와 覺운부에 대응되는 양성운이므로, 앞에서 冬운부 글자의 운미를 幽운부, 覺운부 글자의 운미 *-ɡʷ, *-kʷ와 조음 위치가 같은 원순음 *-ŋʷ으로 재구했고, 冬운부의 주요모음은 幽운부와 마찬가지로 *ə로 재구했다. 따라서 冬운부는 *-əŋʷ으로 재구되었다.

---

18) 侵운부와 冬운부 글자의 압운 사례는 판 우윈(潘悟雲 2000:248)에서 인용했다.

冬운부 글자와 압운하는 侵운부 글자 역시 주요모음이 *ə이므로, 주요모음이 같은 상황에서 *-m과 *-ŋʷ이 혼동되기 쉬워 시가에서 두 운부의 글자들이 압운되었던 것 같다. 冬운부와 侵운부 글자들이 압운한 이유에 대해서는 베트남어에 보이는 음운 현상이 해답이 될 수 있다. 현재 베트남어에서는 단모음 u, o, ɔ 뒤에 오는 -ŋ은 -m으로 발음된다. 즉 베트남어 화자話者들은 원순 모음 뒤에 오는 -ŋ은 -m으로 발음하고 원순 모음이 아닌 모음 뒤에 오는 -ŋ은 -ŋ으로 발음한다. 예를 들면, 겨울이라는 베트남어 어휘 mùa đông(冬)은 '무어 돔'으로 발음한다. 冬운부 글자 가운데 한대 베트남 한자음이 남아있는 글자는 中 하나인데, 中은 OSV에서 đúng으로 -ŋ 운미이다. 물론 베트남어 화자는 đúng도 '둥'이 아닌 '둠'으로 발음한다. 베트남어 화자들은 원순 모음 u, o, ɔ 뒤에 오는 -ŋ을 -m으로 발음하면서도 -m으로 발음한다고 의식하지 않는 것 같다. 베트남어 화자에게 sông을 어떻게 발음하는지 한글로 써보라고 하면 '송'이라고 쓴다. 또한 -ŋ으로 발음하되 입술을 다물라고 설명한다.[19] 적어도 고대 중국인들 일부는 冬운부의 운미를 -ŋ으로 발음하되 순음의 자질(w)을 덧붙여 발음했고, 그래서 冬운부 글자가 -m 운미 운부 글자와 압운되었던 것 같다. 베트남어에서는 음절의 초성으로 여전히 ŋ-이 사용될 정도로 옛 발음이 보존되어 있는 만큼, -ŋʷ 발음 역시 -ŋ으로 발음하되 순음의 자질(w)을 덧붙여 발음하는 지금의

19) 『네이버 베트남어 사전』에서 '공공의' 또는 '공평한'을 의미하는 công [koŋ](公)을 검색한 후 발음을 들어보면 '꽁'이 아닌 '꼼'으로 발음하는 것을 알 수 있다. 그런데도 베트남어 화자들은 -m으로 발음한다고 생각하지 않고 -ŋ으로 발음하되 입술을 다문다고 여기는 것으로 보아 冬운부(*-ŋʷ) 운미의 발음 방식이 이와 비슷하지 않았을까 여겨진다. -ŋ으로 발음하되 w, 즉 순음으로 발음하는 것이다.

방식으로 보존되었을 가능성이 있다.

冬운부 글자 일부는 『광운』에서 江운(ɔŋ)에 수록되었는데, əŋʷ에서 원순음 운미의 영향으로 주요모음이 원순 모음인 ɔŋ으로 변했기 때문일 것이다. 물론 冬운부에 속했다가 『광운』의 東운이나 冬운에 수록된 글자들도 원순음 운미의 영향으로 주요모음이 원순 모음인 uŋ(東운), woŋ(冬운)으로 변했다고 할 수 있다. 冬운부 글자가 蒸운부(*-əŋ) 글자와 해성 현상을 보이고 상고음 자료에서는 주요모음이 ə인 侵운부 글자와 압운했으면서, 중고음에서는 원순 모음 운인 東운(uŋ), 冬운(oŋ), 江운(ɔŋ)으로 합류한 것은 원순음 운미로 인해 주요모음이 원순 모음이 되었기 때문인 것으로 풀이된다.

위와 같은 과정을 거쳐 재구성된 각 운부의 주요모음과 운미는 다음과 같다. 본서에서는 리 팡꾸이의 원순 설근음설에 동의하므로 재구된 운은 리 팡꾸이의 상고음과 일치한다.

〈표 2-10〉 상고 중국어 운부 재구음

음성운	양성운	입성운
之 -əg	蒸 -əŋ	職 -ək
微 -əd	文 -ən	術 -ət
	侵 -əm	緝 -əp
幽 -əgʷ	冬 -əŋʷ	覺 -əkʷ
魚 -ag	陽 -aŋ	鐸 -ak
祭 -ad	元 -an	月 -at
	談 -am	盍 -ap
歌 -ar		
宵 -agʷ		藥 -akʷ
侯 -ug	東 -uŋ	屋 -uk
支 -ig	耕 -iŋ	錫 -ik
脂 -id	眞 -in	質 -it

현대 언어에서 개음절이 없는 언어는 찾아보기 힘들지만, "원시 유럽어의 어근은 모두 CVC 유형이고(Christal 1988), 원시 오스트로네시아 어족의 언어도 어근이 CVC이며(Blust 1988), 고대 티베트어도 현대 티베트어보다 폐음절의 어근이 훨씬 많다."[20] 국문학자인 서정범(2000:16-17)은 한국어의 조어도 단음절어로서 CVC 유형이라고 보았다. 그 근거로 눈, 코, 귀, 볼, 낯, 목, 멱, 팔, 살, 손, 발 등 신체어가 모두 단음절어이고 해, 달, 별 등의 천체어도 단음절어라는 점을 꼽았다. 또한 둘, 셋, 넷, 열 등의 수사가 단음절어인데, 그 밖의 수사도 조어를 재구해 보면 모두 단음절어라는 것이다. 주격조사도 '이'만 쓰이다가 16세기에 이르러 '가'가 사용되기 시작했다는 점도 근거로 들었다. 상고 중국어도 아마 폐음절에서 시작해 음성 운부의 글자들부터 하나씩 자음 운미를 잃었을 것이다.

3. 개음

중고 중국어에서는 2등운 글자에 개음이 없지만 한대까지는 2등운에 개음이 있었던 것으로 추정된다. 다음에서 상고 중국어에 존재했던 것으로 보이는 2등 개음과 중뉴 3등 개음에 대해 알아본다.

(1) 2등 및 중뉴 3등 개음

2등자 가운데 來모 글자는 거의 없고, 監감, 麥맥, 客객 등의 2등자는 藍람, 來래, 路로 등의 來모 글자와 해성 현상을 보인다. 또한 2등자는

---

20) Christal, D. (1988) *The Cambridge Encyclopedia of Language*, Cambridge University Press. Blust, R (1988) *Austronesian Root Theory, an Essay on the Limits of Morphology*, John Benjamins Publishing Company. 판 우원(2000:171)에서 재인용.

원래의 성모 외에 유음 성모로도 읽히는 글자가 있고,[21] 중국어와 친족어 관계에 있는 언어에서 2등자 가운데 유음 개음을 가진 글자들이 있는 등의 몇 가지 이유로, 야혼토프가 가장 먼저 2등자에 유음 개음을 재구했음을 어두자음군을 기술하면서 이미 밝힌 바 있다. 그런데 來모 글자는 다음과 같이 3등자와도 해성 현상을 보인다. 괄호 안은 각 글자의 성모를 36자모로 표기한 것이고, 성부가 같은 오른쪽 글자는 來모 글자이다.

pr 筆(幫) 律　$p^{h}r$ 品(滂) 臨　br 柭(並) 輦　mr 命(明) 令　nr 娘(泥) 良

kr 檢(見) 斂　$k^{h}r$ 泣(溪) 立　gr 倞(群) 凉　sr 使(生) 吏

야혼토프(1960)는 일부 3등자가 위와 같이 來모 글자와 해성 현상을 보이는 것을 발견하고 이 3등자들이 2등자처럼 상고 중국어에서 유음 개음을 가지고 있었다고 밝혔다.[22] 來모의 상고음이 *r이므로, 來모가 성부인 2, 3등자들은 *r 개음이 있었다고 볼 수 있다. 풀리블랭크(1961-2)는 來모 글자와 성부가 같은 3등자는 모두 중뉴 3등자로 보았다(潘悟雲 2000:297).

어두자음군 부분에서 이미 언급했듯이 리 팡꾸이(1982)는 상고 시기 來모는 *l로 재구하고, 대신 端계 성모에서 知계 성모가 분화하고 精계 성모에서 莊계 성모가 갈라져 나온 것을 설명하기 위해 2등자의 상고음 개음을 *r로 재구했다. 즉 端, 透, 定모에 개음 *r이 작용하여 설상음

---

21) 예를 들면 2등자 鬲이 '격'과 '력' 두 음으로 읽힌다.

22) 雅洪托夫(1960), 「上古漢語的複輔音聲母」, 『漢語史論文集』, 北京大學出版社, 1986. 潘悟雲(2000:297)에서 재인용. 야혼토프는 처음에는 유음 개음을 *l로 재구했다가 나중에 *r로 수정했다.

知, 徹, 澄모가 되고, 精, 淸, 從, 心모에 개음 *r이 작용하여 莊, 初, 崇, 生모가 된 것으로 풀이했다.

tr 彫(端) 啁(知)　t^{h}r 台(透) 笞(徹)　dr 桃(定) 兆(澄)
ʦr 作(精) 窄(莊)　$ʦ^{h}$r 蔡(淸) 察(初)　dzr 昨(從) 乍(崇)　sr 西(心) 洒(生)

2등자의 성모를 C라 하면 성모+개음 형태인 Cr에서 C가 남는 것인데, 端계와 精계 성모 뒤의 r은 그냥 탈락하지 않고 성모를 권설음이 되게 했다고 할 수 있다.

정 린샤오와 백종인(2011:340-341)의 연구 결과도 중뉴 3등자에 *r 개음이 있었을 가능성을 뒷받침한다. 두 학자는 『전예만상명의篆隸萬象名義』에 반절로 음이 표기된 글자들이 성모에 따라 중뉴 3등자가 반절하자로 쓰이거나 중뉴 4등자가 반절하자로 쓰인 사실을 밝혀냈다. 두 학자의 조사 결과에 의하면 章계, 精계의 글자들과 日모, 以모의 글자들은 주로 중뉴 4등의 반절하자로 음이 표기되었고, 知계와 莊계, 來모와 云모는 중뉴 3등의 반절하자로 음이 표기되었다.

知계 성모 글자는 중뉴 3등의 반절하자로 표음된 횟수가 133차례, 중뉴 4등의 반절하자로 표음된 횟수가 12차례였다. 莊계 성모 글자는 중뉴 3등자로 표음된 횟수가 46차례, 중뉴 4등자로 표음된 횟수가 두 차례였다. 2등자인 知계와 莊계 글자의 성모가 권설음이 된 것이 端계, 精계 성모에 *r 개음이 작용하였기 때문이라면 3등운에 출현하는 知, 莊계 글자가 권설음이 된 것도 중뉴 3등자에도 개음이 있었고, 그 개음은 2등 개음과 같이 *r이었음을 의미한다.

來모 글자는 중뉴 4등의 글자로 표음된 횟수가 44차례, 중뉴 3등의 글자로 표음된 횟수가 91차례로, 뚜렷하게 중뉴 3등운에 속하지는 않지만 대체로 중뉴 3등운에 속한다고 볼 수 있다. 눈에 띄는 것은 두 학자가 云모 글자를 見계나 影계 성모 글자들에서 분리하여 조사했는데, 云모의 글자들이 중뉴 3등의 반절하자로 표음된 횟수가 100차례나 되면서, 중뉴 4등의 반절하자로 표음된 횟수는 겨우 두 번뿐이라는 사실이다. 이 같은 사실은 云모가 확실히 중뉴 3등운의 성모로 쓰였음을 의미한다. 그런데 일부 云모 글자와 어원이 같은 티베트어 어휘가 -r-을 가지고 있다. 胃위 grod, 友우 grogs, 于우 ɦgro, 越월 ɦgrod 등이 해당하는데(潘悟雲 2000:343), 이 연구 결과 역시 중뉴 3등자에 *r 개음이 있었을 것이라는 추정과 일치한다.

상고 중국어의 2등 개음을 *r, 3등 개음을 *j라고 보면 중뉴 3등의 개음은 *rj로 재구할 수 있다. 그런데 OSV에 의하면 2등 개음은 한대에 이르러 모음 *-ɛ-로 변화한 것으로 보인다.

(2) 한대의 2등 개음

왕 리(1980)는 상고 중국어 개구 2등자에 *e 개음을, 합구 2등자에는 *o 개음을 재구했다. 앞에서 살펴본 바와 같이 합구 개음은 원순 설근음 성모와 순음 성모에서 기원한 것으로 본다. 판 우원(2000:289)은 왕 리가 2등 개음을 *e로 본 것은 巧교의 OSV khéo를 참조한 것으로 보았다. 그런데 판 우원은 khéo에서 e에 대응되는 중국어 성분은 개음이 아닌 주요모음이라고 보고 왕 리의 주장을 받아들이지 않았다. 판 우원(2000:297)은 2등자의 주요모음이 나중에 전설 모음이 된 것은 개음이 있었기 때문이며, 상고 시기 개음 *r이 후설의 평순 고모음 *ɯ로 변했기 때문이라고 주장했다. 그런데 후설의 개음이 이후 주요모음을 전설 모음이 되게 한 것으로 보기 어려울 뿐 아니라, OSV가 남아있는 2등자 가운데 과반수의 글자들이 OSV에서 주요모음이 e[ɛ]로 실현되었는데,

개음의 영향이 아니고서는 다른 이유를 생각하기 어렵다. 중고 중국어에서 합구운이 된 2등자들의 주요모음도 OSV에서 慣(quen), 刮(quét)과 같이 e[ɛ]로 실현되었으므로, 개합이 아닌 등의 관점에서 살펴볼 필요가 있다.

본서에서 수집한 OSV가 남아있는 372개 한자 가운데 2등자는 모두 47개뿐이다. 16개 운섭 가운데 通, 止, 遇, 臻, 果, 宕, 曾, 流, 深섭의 9개 운섭에는 2등운이 없어서 2등자가 원래 적기 때문이다. 나머지 7개 운섭 가운데 江섭과 梗섭 2등자는 OSV에서 주요모음이 e[ɛ]로 실현되지 않았다. 따라서 江섭의 2등자 4개와 梗섭의 2등자 冷랭을 제외한 42개 한자 가운데 23개 한자의 OSV에서 주요모음이 e[ɛ]로 실현되었고 한 개 한자는 ê[e]로 실현되었다. 江섭과 梗섭의 2등자를 포함해도 과반수 2등자의 OSV에서 주요모음이 전설 모음 ɛ와 e로 실현된 셈이다.

〈표 2-11〉 2등자의 베트남 한자음

운섭	한자	SK	SV	OSV
假	架	가	giá	kệ
	誇	과	khoa	khoe
	茶	다, 차	trà	chè
	紗	사	sa	the
	夏	하	hạ	hè
蟹	卦	괘	quái	quẻ
	畫	화	hoạ	vẽ
山	揀	간	giản	kén
	慣	관	quán	quen
	刮	괄	quát	quét
	盞	잔	trản	chén
	察	찰	sát	xét
	限	한	hạn	hẹn

운섭	한자	SK	SV	OSV
效	巧	교	xảo	khéo
	膠	교	giao	keo
	猫	묘	miêu	mèo
	豹	표	báo	beo
咸	監	감	giám	kèm
	裌	겹	giáp	kép
	壓	압	áp	ép
	斬	참	trảm	chém
	饞	참	sàm	thèm
	夾	협	giáp	kẹp
	狹	협	hiệp	hẹp

일본 한자음에서도 2등자의 주요모음이 e로 실현된 예가 있다. 일본 한자음 가운데 오음에서 주요모음이 e로 실현된 예를 옮겨본다.23)

〈표 2-12〉 2등자의 일본 한자음

운섭	성모	한자	한음	오음
假	見	家假價架嫁	カ(카)	ケ(케)
	見	加	カ(카)	カ(카)
	疑	芽雅	ガ(가)	ゲ(게)
	影	亞	ア(아)	エ(에)
	匣	下夏	カ(카)	ゲ(게)
	幫	把	ハ(하)	ハ(하)
	明	馬	ベ(베)	メ(메)
蟹	見	介	カイ(카이)	ケ(케)
	見	戒界階皆	カイ(카이)	カイ(카이)
	匣	械	カイ(카이)	ガイ(가이)
	匣	解	カイ(카이)	ゲ(게)

23) 일본 한자음은 이경철(2006)에 근거했다. 김태경(2016:118-122)에 정리된 내용을 참고했다.

운섭	성모	한자	한음	오음
山	疑	顔	ガン(간)	ゲン(겐)
	幫	班版	ハン(한)	ヘン(헨)
	莊	札	サツ(사츠)	セツ(세츠)
	初	察	サツ(사츠)	セツ(세츠)
咸	見	減	カン(칸)	ケン(켄)
	匣	陷	カン(칸)	ゲン(겐)
	匣	峽狹	コウ(코우)[24]	ギョウ(교우)
	初	揷	ソウ(소우)	ショウ(쇼우)

한음은 8세기 당나라 창안長安의 음이고, 오음은 5세기경 오吳나라가 위치했던 지역의 중국어음이다(이경철 2006:18-21). 한음보다 이른 시기의 한자음인 오음에 2등자의 주요모음이 대체로 e로 남아있다. 그런데 OSV에 의하면 2등 개음은 *e보다는 *ɛ였던 것으로 보인다. 한국 한자음에서도 위의 蟹섭 2등자는 'ㅐ' 또는 'ㅔ' 모음으로 읽힌다. 梗섭 2등자도 行행과 같이 'ㅐ' 모음으로 실현된 글자가 많다. 梗섭의 2등자에는 상고 중국어 시기 주요모음이 *a로 재구된 陽운부와 鐸운부에서 온 2등자가 많다. 따라서 이 글자들이 한국 한자음에서 'ㅐ' 모음으로 실현된 것도 한대의 2등 개음 *ɛ의 영향을 받았기 때문일 수 있다. ɛ는 전설 모음이므로 2등운의 주요모음을 전설 모음이 되게 했을 것이다. 이러한 이유로 상고 시기 2등 개음 *r이 한대에는 *ɛ로 변화했다고 본다. 이 2등 개음 *ɛ는 『절운』에는 반영되지 않은 것으로 보아 『절운』 전에 없어졌을 것이다.

24) 效섭 글자의 한음과 오음도 咸섭의 입성자와 같이 각각 '오우', '요우'로 실현되었다. 예를 들면 交(교), 校(교)의 한음은 'コウ (코우)', 오음은 'キョウ (쿄우)'로 실현되었다.

2.2 한대 이후 운모 체계의 변화

한대까지의 음을 상고 중국어로 분류하는데, 상고 중국어 시기는 중고 중국어 시기와 비교했을 때 상대적으로 매우 길다. 『시경』 시기와 한대를 비교해도 두 시기 사이에는 적어도 수백 년의 시간 차가 있다. 따라서 『시경』의 31개 운부는 한대 운문에 근거해 분류한 운부와도 다소 차이를 보인다. 앞에서 살펴본 대로 한대 베트남 한자음에서 음성운 운미 *-ɡʷ는 대체로 원순 모음인 -u로 실현되었고, *-ɡ는 -ə로 실현되었으며, *-d는 -i로 실현되었다. 따라서 한대에는 이미 유성 폐쇄음 운미가 소실되고 모음 운미가 형성되었다고 볼 수 있다. 루오 창페이·조우 쭈모(2007:13-14)는 한대 운문에 근거해 『시경』의 31개 운부를 다음과 같이 27개로 줄였다.

〈표 2-13〉 한대 중국어 운부

음성운	양성운	입성운
之	蒸	職
幽	冬	沃
宵		藥
	東	屋
魚(侯)	陽	鐸
歌		
支	耕	錫
脂(微)	眞(文)	質(物)
祭	元	月
	談	盍
	侵	緝

위의 표를 보면 음성운 微운부는 대응되는 양성운 文운부, 입성운 物운부와 함께 각각 脂운부, 眞운부, 質운부로 합류했다. 그런데 음성운

侯운부는 魚운부에 합류했으나(1등자는 幽운부로 합류), 侯운부에 대응되는 東운부와 屋운부는 당시 다른 운부로 합류하지 않았다. 東운부와 屋운부 글자들은 당시 모두 운미를 잃지 않았으므로, 중고 중국어 시기까지 음 변화가 크지 않았을 것이다. 侯운부가 魚운부로 합류한 상황은 한대 베트남 한자음에서도 찾아볼 수 있다. 다음에서 음의 변화가 컸던 운부를 중심으로 운부가 변화된 과정을 살펴본다.

1. 음성 운부의 변화

상고 중국어에서 전기 중고 중국어에 이르기까지는 주로 음성운이 큰 음운변화를 겪었다. 음성운의 변화를 요약하면, 상고 중국어에는 之운부, 幽운부, 宵운부, 魚운부, 侯운부, 歌운부, 支운부, 脂운부, 微운부, 祭운부의 10개 운부가 있었다. 이 가운데 微운부가 한대 이전까지 脂운부로 합류했고, 侯운부가 魚운부와 幽운부로 나뉘어 들어감으로써 한대 음성 운부로는 之운부, 幽운부, 宵운부, 魚운부, 歌운부, 支운부, 脂운부, 祭운부의 8개 운부가 있었다.

(1) 魚, 侯운부의 변화

魚운의 글자들은 상고 중국어에서 魚운부에 속하고 虞운의 글자들은 侯운부에 속하는데, 魚운부 재구음은 *ag이고 侯운부 재구음은 *ug이다. 그런데 루오 창페이·조우 쭈모(2007:13)는 선진先秦시기에는 압운하지 않던 魚운부와 侯운부의 글자들이 한대에 압운하는 것을 근거로 侯운부를 魚운부에 넣었다. 한대 베트남 한자음(OSV)을 살펴보면 魚운부와 侯운부의 글자들이 압운한 이유를 알 수 있다. 먼저 魚운부 글자의 OSV를 옮겨 본다. 가장 많은 수의 글자가 [ɨə], [uə] 형태로 실현되었다.

	SV	OSV		SV	OSV
距	cự[kɨ]	cựa[kɨə]	鋸	cứ[kɨ]	cưa[kɨə]
驢	lư[lɨ]	lừa[lɨə]	舞	vũ[vu]	múa[muə]
扶	phò[fɔ]	vùa[vuə]	序	tự[tɨ]	tựa[tɨə]
所	sở[ʂəː]	thửa[tʰɨə]	疏	sơ[ʂəː]	thưa[tʰɨə][25]
蘇	tô[to]	tua[tuə]	御	ngự[ŋɨ]	ngừa[ŋɨə]
餘	dư[jɨ]	lưa[lɨə]	午	ngọ[ŋɔ]	ngựa[ŋɨə]
盂	vu[vu]	vùa[vuə]	蛆	thư[tʰɨ]	tửa[tɨə]
貯	trữ[cɨ]	chứa[tɕɨə]	箸	trợ[cəː]	đũa[ɗuə]
除	trừ[cɨ]	chừa[tɕɨə]	助	trợ[cəː]	chữa[tɕɨə]
初	sơ[ʂəː]	xưa[sɨə]	布	bố[ɓo]	bủa[ɓuə]
許	hứa[hɨə]	hứa[hɨə]			

베트남 문자 ưa는 [ɨə]로 읽히고, ua는 [uə]로 읽힌다. 魚운의 SV에서 베트남 문자 ơ는 장모음 [əː]이다. 다음은 侯운부 글자의 OSV이다. 역시 가장 많은 수의 글자가 [uə] 형태로 실현되었다.

	SV	OSV		SV	OSV
驅	khu[xu]	khua[xuə]	務	vụ[vu]	mùa[muə]
斧	phủ[fu]	búa[ɓuə]	符	phù[fu]	bùa[ɓuə]
須	tu[tu]	tua[tuə]	輸	thâu[tʰəu]	thua[tʰuə]
諛	du[ju]	dua[juə]	主	chủ[tɕu]	chúa[tɕuə]
注	chú[tɕu]	chua[tɕuə]	註	chú[tɕu]	chua[tɕuə]

魚운부와 侯운부 글자들의 운미가 *-g>-ə로 변화를 겪고, 魚운부의 주요모음 *a는 변화하여 [ɨə]가 되었으며, 侯운부는 운미만 변화해

25) 疏의 한대 음은 thưa[tʰɨə] 외에 sưa[ʂɨə]도 있다.

[uə]가 되었다. 한대에 두 운부의 글자들이 시가에서 압운된 것을 보면, 변화된 운모에서 ɨ, u는 개음의 기능을, ə는 주요모음의 기능을 했던 것 같다. 따라서 두 운부 글자들이 압운된 것은 주요모음(ə)이 같아졌기 때문임을 알 수 있다. 그런데 魚운부와 侯운부의 모든 글자들이 위와 같이 변한 것은 아니다. 위에 수록된 侯운부 글자들은 3등자들로 중고 중국어에서 虞운으로 들어갔다. 반면 侯운부 1등자들은 당시 폐쇄음 운미가 모음 운미로 변한 幽운부(*əu)에 합류했고, 중고 중국어에서 대부분 侯운(əu)으로 들어갔으며, 그 음이 현재까지 큰 변화 없이 이어져 왔다.[26)]

魚운부 3등자는 성모의 종류에 따라 遇섭의 魚운과 虞운으로 합류했다.[27)] 즉 중고음 魚운은 魚운부 3등자로 구성되고, 虞운은 侯운부 3등자와 魚운부에서 온 3등자들로 구성되었다. 그런데 한대 베트남 한자음에서 압운되던 魚운과 虞운의 글자들은 중고 중국어에서는 다른 운으로 구분되었다. 한국 한자음에서도 魚운의 글자들은 대체로 'ㅓ', 虞운의 글자들은 'ㅜ', 'ㅠ'로 실현된 것을 볼 때, 주요모음이 두 운이 압운하던 한대 음과는 달라진 것을 알 수 있다. 베트남 한자음에서도 한대 한자음에서는 [ɨə], [uə]이던 魚운과 虞운의 운모가 중고음(SV)에서는 ə가 소실됨으로써 운모가 각각 [ɨ], [u]로 변했다. 疏소, 所소, 初초 등 魚운의 莊계 글자의 경우 개음 ɨ가 탈락하고 주요모음 [ə]만 남은 것도 볼 수 있다.

侯운부의 주요모음을 기술하면서 언급했듯이 조우 파까오(1948)는

---

26) 侯운의 글자들은 현재 한어병음자모로 ou 운모를 갖는데, 한어병음자모의 영향 때문인지 화자(話者)에 따라 [ou] 또는 [əu]로 발음된다.

27) 魚운부 1등자들은 遇섭 模운으로 들어갔고, 2등자는 假섭으로 들어갔으며, 3등자 중에서도 일부는 假섭으로 들어갔다.

산스크리트를 한자로 옮긴 자료에서 산스크리트 o, u를 모두 虞운의 글자로 옮긴 것을 발견했다. 그는 남북조 후기 운문 자료에서 虞운이 魚운과 분류되고 魚운에는 원순 모음이 아닌 모음이 있다는 사실을 밝히고 魚운을 *io, 虞운을 *iuo로 재구했다.28) 이미 제1편에서 밝혔듯이 본서에서는 虞운을 wio로 본다. o는 원순 모음이다. 따라서 조우파까오가 언급한 대로 魚운이 원순 모음 운이 아니라면, 魚운의 주요모음이 ə였을 가능성은 없었을까?

한대 베트남 한자음과 한국 한자음은 魚운의 주요모음이 ə였을 가능성을 뒷받침한다. 한국 한자음에서 莊계 성모 글자를 제외한 모든 魚운 글자들이 'ㅓ'[ə]나 'ㅕ'[iə] 모음으로 실현되었다. 다음은 성모에 따라 다른 모음으로 실현된 魚운 글자들의 한국 한자음이다. 괄호 안은 조선시대 정조 때 간행된 한자 자전인 『전운옥편』에 표기된 음이다. 除제, 煮자, 詛저는 현재 음이 조선시대 음과 다르다. 攄터는 『전운옥편』에 수록되어 있지 않아 현 한국 한자음을 수록했다.

見계: 魚(어) 語(어) 擧(거) 居(거) 去(거) 車(거) 許(허) 虛(허) (曉모 포함)
知계: 著(져) 箸(져) 儲(져) 豬(져) 除(져) 楮(져) 攄(터)
精계: 胥(셔) 徐(셔) 嶼(셔) 絮(셔) 序(셔) 沮(져) 緖(셔)
章계: 處(쳐) 書(셔) 恕(셔) 曙(셔) 署(셔) 抒(셔) 鼠(셔) 煮(져)29)
莊계: 助(조) 初(초) 楚(초) 疏(소) 梳(소) 阻(조) 詛(조) 俎(조)
기타: 女(녀) 驢(려) 呂(려) 旅(려) 慮(려) 與(여) 予(여) (泥來以모 포함)

---

28) 周法高(1948), 「切韻魚虞之音讀及其流變」, 『歷史語言研究所集刊』, 13:119-152. 최영애(2000:276-277)에서 재인용.

29) 煮의 현 한국 한자음은 '자'이다. 『전운옥편』에는 煮에 '져俗쟈'로 표기되어 있다. 즉 원래 음은 '져'인데, 당시 속음으로는 '쟈'로 읽혔음을 의미한다.

魚운이 나중에 虞운에 합류한 것을 보면, 아마도 魚운은 *iə>io의 음운변화를 겪었을 것이다. 이것은 상고 중국어에는 존재하지 않다가 『절운』 직전 시기에 생겨난 성모로 여겨지는 莊계 성모를 가진 魚운 글자가 한국 한자음에서 'ㅗ'[o] 모음으로 실현된 것과도 일치한다. 즉 魚운은 『절운』 전까지는 주요모음이 *ə였다가 『절운』 시기까지는 o로 변했을 가능성이 있다. 이것은 한대 OSV에서 상고 운미 *-ɡ가 -ə로 변해 주요모음이 된 것과도 일치한다.

『절운』 이후 虞운의 글자들은 wio에서 wiu로 변화했고, 虞운 글자 가운데 현재 [y] 운모로 읽히는 글자들은 wiu>wi>y의 음운변화를 거치고, [u] 운모로 읽히는 글자들은 wiu>iu>u의 음운변화를 거친 것으로 보인다. 두 음운변화의 원인은 모두 이화작용으로 볼 수 있다. 순음인 w와 u가 -i-를 사이에 두고 인접해 있어 하나가 탈락한 것으로 풀이된다. 그런데 이러한 음운변화는 『절운』의 魚운(io)과 虞운(wio)이 합류한 운도 시기 이후에 발생한 것으로 보인다. 『절운』 시기 魚운 글자에는 합구 개음이 없었으므로, 운도 시기에 魚운의 글자들이 虞운의 영향을 받아 wiu가 된 후에 wiu>wi>y의 음운변화를 거친 것으로 보인다. 『중원음운』 시기에 이미 촬구 개음이 형성되어 당시 魚模운 글자들의 운모가 u, y(<wi)였을 가능성이 있다.[30]

魚운부 1등자들은 중고 중국어에서 遇섭 模운(wo)으로 들어갔고, 2등자와 3등자 일부는 假섭으로 들어갔다. 그런데 魚운부 1등자들이 나중에 -u 음을 갖게 된 것도 원순 설근음이나 순음 성모의 원순음 성분 w의 영향을 받았기 때문인 것으로 보인다. 다음은 리 팡꾸이(1982:59)가 魚운부 1등자 가운데 개구호와 합구호로 분류한 글자들이

30) 이 단락은 김태경(2023b:86)에서 인용했다.

다. 합구호로 분류된 글자들이 상고 중국어에서 원순 설근음 성모를 가지고 있었다.

> 개구: 惡(오), 度(도), 莫(모), 古(고), 五(오), 姑(고), 都(도), 奴(노), 祖(조), 素(소), 布(포), 補(보)
> 합구: 孤(고), 吳(오), 狐(호), 汚(오), 誤(오)

개구호로 분류된 위의 음성운 글자들은 惡악과 惡오, 度탁과 度도, 莫막과 莫모와 같이 입성운의 개구호 독음과 음성운의 독음을 동시에 가지고 있거나 博박과 補보처럼 개구호의 입성자와 해성 현상을 보여서 개구호로 분류된 글자들이다. 그러나 개구호와 합구호로 각각 분류된 姑와 孤가 중고음에서 동음자군에 수록되었다. 즉 위의 개구호와 합구호의 글자들은 중고 중국어에서 모두 *wo(>u) 운모를 갖는다. 그렇다면 개구호로 분류된 글자들이 원순 설근음 성모를 가지고 있던 글자들의 영향을 받아 w 개음을 갖게 된 것은 상고 중국어 시기의 일이다. *ʷag에서 운미 -g가 소실되고 주요모음 a는 w의 영향을 받아 o로 변하여 魚운부 1등자는 중고음에서 wo(uo)가 되어 模운으로 들어갔다고 할 수 있다.

요약하면 魚운부와 侯운부의 글자들이 한대에는 압운함으로써 두 운부가 합쳐졌다고는 하지만, 侯운부의 1등자는 流섭으로 들어가고,[31] 侯운부 3등자만 魚운부의 1등자 및 3등자와 함께 遇섭으로 들어갔다.

---

31) 侯운부 3등자 가운데 예외적으로 流섭에 합류한 글자도 조금 있다. OSV가 남아있는 侯운부 1등자는 叩(고), 豆(두), 漏(루), 簍(루), 斗(두), 荳(두), 樓(루) 7개 글자이다. 이 글자들의 SV는 모두 əu로 실현되었는데, OSV에서는 əu로 실현된 글자가 豆와 樓 두 글자뿐이고, 나머지는 원순 모음인 ɔ, o로 실현되었다.

遇섭에 합류하지 않은 魚운부 2등자와 소수 3등자들은 假섭으로 들어갔다.

(2) 幽운부의 변화

앞에서 살펴본 바와 같이 1등운과 3등운만 있는 侯운부에서 3등자들은 虞운이 되어 遇섭으로 들어갔고, 1등자들은 幽운부 3등자들과 流섭(əu)을 형성했다. 3등자를 제외한 나머지 幽운부 1, 2, 4등자들과 宵운부 글자들은 效섭을 형성했다.[32)]

앞에서 幽운부의 상고음이 *əgʷ로 재구되었다. 幽운부 3등자들로 OSV가 남아있는 한자는 受수, 綉수, 酉유, 柔유, 悠유, 誘유, 肘주, 酒주의 8개 한자이다. 이 글자들의 중고음은 개음을 포함해 모두 *iəu로 재구되어 상고 시기 *-gʷ 운미가 모두 -u로 변했음을 알 수 있다.[33)] 幽운부에 대응되는 입성 운부인 覺운부 3등자 粥죽, 軸축, 肉육, 六륙 등도 幽운부 3등자의 중고음과 같이 근대 중국어 이후 [əu], [iəu]로 실현되어 원순 설근음 운미 *-kʷ가 -u로 변했음을 보여 준다. 또한 之운부 3등자 가운데에도 流섭으로 들어간 尤우, 有유, 友우, 久구, 丘구와 같은 글자도 상당수 있는데,[34)] 之운부의 상고음 *əg에서 *-g 운미가 예외적으로 *-gʷ와 같이 -u로 변했기 때문인 것으로 풀이된다.

---

32) 幽운부 3등자 가운데에도 예외적으로 效섭에 합류한 擾(요)와 같은 소수의 글자도 있고, 4등자 가운데에도 流섭에 합류한 幼(유)와 같은 소수의 글자도 있다.

33) OSV가 남아있는 위의 幽운부 3등자 受, 綉, 酉, 柔, 悠, 誘, 肘, 酒 가운데 OSV에서 əu로 실현된 글자가 3개, iu로 실현된 글자가 3개이다. 부록을 참조하라.

34) 剖(부), 부(掊)와 같이 예외적으로 流섭에 합류한 之운부 1등자도 극소수 있다.

앞에서 언급했듯이 幽운부 3등자를 제외하고, 幽운부 1, 2, 4등의 글자들과 宵운부 글자들은 效섭으로 합류했다. 幽운부 글자들이 效섭에 합류한 것은 *-əg^w>*-əu>-au와 같이 모음 ə가 음운변화를 겪고 a로 변해 效섭으로 들어간 것으로 보아야 한다. 중고 중국어의 效섭에는 -au 외에 -ɛu인 음절도 있는데, 이 역시 모음 ə가 음운변화를 겪고 ɛu로 변화한 것이다. 앞에서 宵운부와 藥운부의 상고음을 각각 *ag^w, *ak^{w}로 재구했다. 嚼작, 藥약, 雀작, 削삭, 邈막 등의 藥운부 글자의 운미 *-k^{w}는 근대 중국어 이후 -u로 변했고, 藥운부 글자의 운모는 宵운부 글자의 운모처럼 [au], [iau]가 되었다.[35] 참고로 效섭에 합류한, OSV가 남아있는 幽운부 1, 2, 4등자들의 베트남 한자음을 옮겨보면 다음과 같다. 다음에서 모음 ê는 [e], e는 [ɛ], o는 [ɔ]이다.

	SV	OSV		SV	OSV
尻(고)	khao	khu	巧(교)	xảo	khéo
膠(교)	giao	keo	叫(규)	khiếu	kêu
老(로)	lão	rệu	牢(뢰)	lao	rào/sao
帽(모)	mạo	mũ	猫(묘)	miêu	mèo
寶(보)	bảo	báu	草(초)	thảo	tháu

OSV가 남아있는 위의 幽운부 1, 2, 4등자 가운데 巧, 膠, 猫는 2등자, 叫는 4등자이고 나머지는 모두 1등자이다. OSV에서 牢, 寶, 草의 주요 모음이 당시 이미 a로 실현되어 效섭으로 합류했음을 보여 준다. 效섭에는 1등운부터 4등운까지 네 등이 다 있는데, 베트남 한자음으로는

35) 嚼(작), 藥(약), 雀(작), 削(삭), 邈(막) 가운데 邈은 중고 중국어에서 藥운이 아닌 覺운으로 들어갔는데, 현재 음은 效섭의 음으로 읽힌다.

效섭 1등운과 2등운 글자의 주요모음이 모두 a로 실현되었다. 그러나 중고음을 재구할 때는 등이 다르면 운모가 반드시 다르다고 보기 때문에 대체로 效섭의 1등운은 ɑu, 2등운은 au로 재구한다. 2등자인 巧, 膠, 猫의 주요모음은 모두 [ɛ]로 실현되었는데, 2등 개음 *ɛ의 영향을 받았음을 보여 준다. 4등자인 峫의 주요모음이 당시 이미 중고음과 같이 [e]로 실현된 것을 볼 수 있다.

(3) 歌운부의 변화 및 果止蟹섭의 형성

歌운부의 글자들은 중고 중국어에서 세 개의 운섭, 즉 果섭과 假섭, 止섭으로 나뉘어 들어갔다. 歌운부 1등자들은 果섭을 형성했고, 2등자들은 魚운부 2등자 및 3등자 일부와 假섭을 구성했다. 또한 歌운부 3등자들은 止섭에 합류했다.

① 果假섭의 형성

果섭은 歌운부의 1등자만으로 구성되었다. 물론 예외적으로 果섭에 합류한 倭왜와 같은 微운부 글자, 摹모와 같은 魚운부 글자도 있다. 한대 베트남 한자음이 남아있는 다음의 歌운부 1등자 가운데 羅라, 蛾아는 개구호, 磨마, 座좌는 합구호의 글자이다.

	SV	OSV		SV	OSV
羅	la	chài	磨	ma/mạ	mài
蛾	nga	ngài	座	tọa[36]	tòa

36) 花玉山(2005:82)에 중고음이 tọa, 상고음이 tòa로 되어 있는데, 미네야 토오루(1972)의 책 뒤에 실린 「베트남 한자음 대조표」의 4쪽에 실린 중고음은 tòa이다. 그런데 좌담(座談)의 베트남어 어휘가 tọa đàm인 것으로 보아 tọa

假섭에 합류한 歌운부 개구 2등자 가운데 한대 한자음이 남아있는 글자는 架가와 紗사뿐인데, 두 글자의 OSV는 주요모음이 e, ɛ로 실현되었다. 즉 架의 OSV는 kệ, 紗의 OSV는 the로 실현되었고, 架와 紗의 SV는 각각 giá, sa로 실현되었다. 앞에서 밝혔듯이 OSV에서 2등자의 주요모음이 e, ɛ로 실현된 것은 개음의 영향을 받은 것으로 보아야 한다. OSV가 남아있는 합구 2등자는 瓦와 하나뿐인데, SV는 ngoã로, OSV는 ngói로 실현되었다.

또한 假섭에는 歌운부 2등자뿐 아니라 魚운부 2등자와 소수 개구 3등자도 포함된다. 假섭에 합류한 魚운부 글자 가운데 OSV가 남아있는 글자는 嫁가, 價가, 誇과, 寡과, 茶다, 차, 牙아, 夏하, 車차, 赦사의 9개로, 이 가운데 車와 赦만 3등자이고 나머지는 모두 2등자이다. 이 글자들은 모두 SV에서는 주요모음이 a로 실현되었는데, OSV에서는 2등자인 誇, 茶, 夏와 3등자인 車의 OSV가 각각 誇 khoe, 茶 chè, 夏 hè, 車 xe로 주요모음이 e[ɛ]로 실현되었고, 나머지 글자들은 SV와 마찬가지로 OSV에서도 주요모음이 a로 실현되었다.

② 止섭의 형성

歌, 之, 支, 脂, 微운부의 3등자들이 중고 중국어 止섭의 之, 支, 脂, 微운을 형성했다. 따라서 止섭에는 3등운만 존재한다. 歌운부 3등자들이 支운의 중뉴 3등운을 형성했고, 支운부 3등자는 支운의 중뉴 4등운을 형성했다.[37] 歌, 支 두 운부 3등자의 베트남 한자음을 살펴본다.

가 중고음임은 확실하다.

37) 董同龢(1948), 「廣韻重紐試釋」, 『歷史語言研究所集刊』, 第十三本, 1-20쪽. 최영애(2000:146)에서 재인용.

먼저 支운으로 들어간 歌운부 3등자 가운데 OSV가 남아있는 글자들을 옮겨보았다.38) 한국 한자음(SK)은 『전운옥편』에 수록된 음이다.

〈표 2-14〉 歌운부 3등자의 베트남 한자음

한자	SK	SV	OSV	한자	SK	SV	OSV
寄	긔	ký	gởi/gửi39)	騎	긔	kỵ	cưỡi/cỡi
離	리	li/ly	lìa/rời	垂	슈	thùy	thôi
義	의	nghĩa	nghĩa	移	이	di	dời
池	지	trì	đìa	吹	취	xuy	thổi
炊	취	xuy	thổi	皮	피	bì	bìa

支운이 된 歌운부 3등자들은 OSV에서는 주로 [əi] 또는 [oi]로 실현되었고, SV에서는 개구호는 [i], 합구호는 uy[ui]로 실현되었다. 垂수, 吹취, 炊취는 합구호 글자들이다. 순음 성모 글자인 皮피를 제외하고, 아음 성모 글자들의 모음이 'ㅢ'로 실현된 것을 볼 수 있다.

〈표 2-15〉 支운부 3등자의 베트남 한자음

한자	SK	SV	OSV	한자	SK	SV	OSV
碑	비	bi	bia	匙	시	thì	thìa
易	이	dị	dễ	紫	ᄌᆞ	tử	tía
支	지	chi	chia	紙	지	chỉ	giấy

支운부 3등자들은 支운의 중뉴 4등운을 형성했다. OSV가 남아있는 支운부 3등자들을 위의 〈표 2-15〉에 수록했다. 이 글자들은 OSV에서는

38) OSV가 남아있는 歌운부 글자 가운데 地(지)는 脂운으로 들어갔다. 판 우원(2000:230)은 '앉다'라는 어휘 ngồi가 跪(궤)의 상고음에서 유래한 것으로 보았는데, 위의 표에는 넣지 않았다.

39) 寄는 베트남 중남부 지역에서는 gởi로, 북부 지역에서는 gửi로 발음한다.

ia[iə], SV에서는 [i]로 실현되었다.

OSV에서 之운부 3등자는 주로 [əː]로 실현되었고, 脂운부 3등자는 대부분 [i]로 실현되었다. 또한 支운부 3등자는 [iə]로 실현되었으며, 微운부 3등자들은 주로 [ui]로 실현되었다. OSV에서는 차이가 났던 支, 之, 脂, 微운의 글자들이 중고음인 SV에서는 모두 [i]로 실현되어 네 운의 글자들이 잘 구분되지 않는다. 이처럼 止섭에 잘 구분되지 않는 운이 네 개나 있는 것은 상고음의 흔적임을 알 수 있다. 之운과 脂운, 微운 글자의 구체적인 OSV와 SV는 부록을 참고하라.

③ 蟹섭의 형성

蟹섭에는 祭운부의 글자들이 포함된다. 이밖에 1등자가 없는 支, 脂 두 운부의 2등과 4등자들이 포함되며, 之운부의 1등과 2등자들이 포함된다. 微운부는 주로 1등과 3등자들로 이루어져 있고, 槐괴와 같은 극소수의 2등자가 포함되는데, 微운부의 1등자와 2등자도 蟹섭으로 들어갔다. OSV가 남아있는 글자들만 수록했다.

〈표 2-16〉 蟹섭 글자의 베트남 한자음

운부	한자	등	SV	OSV	한자	등	SV	OSV
祭	帶	1	đái	dải	膾	1	khoái	gỏi
	芥	2	giới	cải	歲	3	tuế	tuổi
	肺	3	phế	phổi				
之	每	1	mỗi	mọi	代	1	đại	đời
	袋	1	đại	đãy	坯	1	phôi	phơ
	載	1	tải	chở	戒	2	giới	cai
脂	齋	2	trai	chay	禮	4	lễ	lạy
	底	4	để	đáy	齊	4	tề	tày
	替	4	thế	thay	閉	4	bế	bít/bịt
支	卦	2	quái	quẻ	解	2	giải	cởi

운부	한자	등	SV	OSV	한자	등	SV	OSV
	鞋	2	hài	hia	畫	2	hoạ	vẽ
	溪	4	khê	khe				
微	退	1	thoái thối	lui lùi[40]	腿	1	thối	đùi

중고음에서 蟹섭을 형성한 글자들의 운은 1, 2등자의 경우 SV에서 [ai], [oi] 또는 [əi]로 실현되었고, 3, 4등자의 경우 예외 없이 [e]로 실현되었음을 확인할 수 있다.

상고 중국어에서 중고 중국어에 이르기까지 중국어 음성 운부에 발생한 변화를 요약해 본다.

侯부 3등
魚부 1, 3등
→ 遇섭

侯부 1등
幽부 3등
之부 개구3등
→ 流섭

幽부 1, 2, 4등
宵부
→ 效섭

魚부 2등, 개구3등
歌부 2등
→ 假섭

40) 潘悟雲(2000:231)은 lui만을 제시했으나, lùi도 현재 같은 의미인 '물러서다', '후퇴하다'의 뜻으로 사용된다.

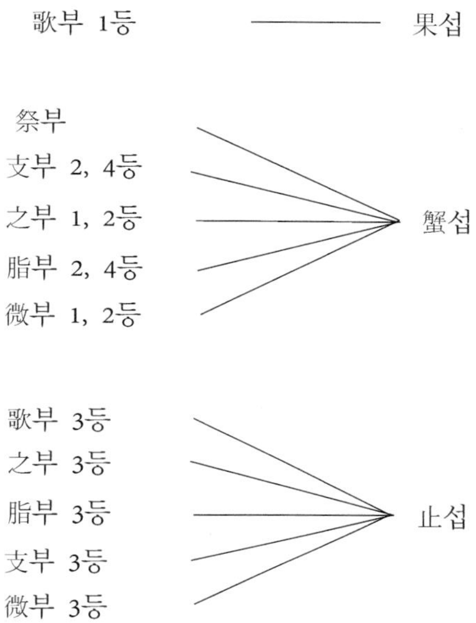

2. 양성 운부의 변화

양성 운부와 입성 운부는 전기 중고음까지 운미를 보존했기 때문에 일부 글자들을 제외하고 큰 음운변화를 겪지 않았다. 먼저 *-n 운미 운부의 변화를 살펴보면 元운부의 글자들은 山섭으로 들어갔다. 1등자가 없는 眞운부는 2등자도 매우 적으며, 주로 3등과 4등자로 구성되어 있는데, 2등과 4등자는 山섭으로 들어가고 3등자는 臻섭의 眞운으로 들어갔다. 文운부의 글자들도 2등과 4등자는 山섭에 들어가고 1등과 3등자는 臻섭에 합류했는데, 3등자 가운데 일부는 臻섭의 순 3등운인 欣운으로, 일부는 중뉴 운인 眞운으로 나뉘어 들어갔다.

*-m 운미 운부인 談운부의 글자들은 咸섭으로 들어갔다. 또 하나의 *-m 운미 운부인 侵운부의 경우 1, 2, 4등자들은 咸섭으로 들어가고 3등자들만 남아서 深섭을 구성했다.[41] 따라서 제1편에서 살펴본 바와

같이 深섭은 侵운 3등자들로만 구성되어 있다. 侵운부 1, 2등자들이 咸섭으로 합류한 과정을 살펴본다. 다음은 OSV가 남아있는 侵운부 1, 2등자들이다. 대응되는 입성 운부 緝운부 글자들도 비슷한 합류 과정을 보인다.

	SV	OSV		SV	OSV
感(감)	cảm	cám	喃(남)	nam	nôm
蠶(잠)	tàm	tằm	探(탐)	thám	thăm
含(함)	hàm	gồm	納(납)	nạp	nộp
答(답)	đáp	đốp	盒(합)	hạp	hộp

위에서 喃만 2등자이고 나머지는 모두 1등자이다. 喃을 제외한 나머지 글자 感, 蠶, 探, 含 모두 중고 중국어에서 원순 모음 ɒ를 가진 覃운(입성운은 合운)에 합류했는데, 개음이 없던 侵운부 1등자(*əm)의 경우 순음 운미 -m의 영향으로 주요모음(*ə)이 원순 모음(*ɒ)이 되면서 咸섭의 談운(ɑm)이 아닌 覃운(ɒm)에 합류했고, 2등자는 주로 咸운(*ɐm)에 합류했다. 合운의 입성자 納, 答, 盒이 OSV에서 모두 원순 모음으로 실현된 것도 순음 운미 -p의 영향을 받았기 때문이라고 볼 수 있다.

*-ŋ 운미 운부인 耕운부 글자들은 梗섭으로 들어갔다. 陽운부에서는 1등자는 宕섭으로, 2등자는 梗섭으로 들어가고 3등자는 宕섭과 梗섭으로 나뉘어 들어갔다. 蒸운부 1등과 개구 3등자는 曾섭으로 들어가고 합구 3등자는 通섭에 합류했으며, 2등자는 梗섭에 합류했다. 東운부와 冬운부는 똑같이 1등과 3등자들은 通섭으로 들어가고 2등자들은 江섭

41) 侵운부 3등자 가운데에도 黔(검), 鈐(검) 등 예외적으로 咸섭에 합류한 글자도 있다.

으로 들어갔다. 아래에 耕운부를 제외한 양성 운부의 합류 과정을 요약해 놓았다.

陽운부(*aŋ)	1등자 → 宕섭	2등자 → 梗섭	3등자 → 宕梗섭
蒸운부(*əŋ)	1등자 → 曾섭	2등자 → 梗섭	개구3 → 曾섭
	합구3 → 通섭		
東운부(*uŋ)	1등자 → 通섭	2등자 → 江섭	3등자 → 通섭
冬운부(*əŋʷ)	1등자 → 通섭	2등자 → 江섭	3등자 → 通섭

3. 입성 운부의 변화

입성 운부는 양성 운부와 똑같이 변화했다. 양성운 元운부에 대응되는 *-t 운미 운부 月운부 글자는 山섭으로 들어가고, 眞운부에 대응되는 質운부 2등자와 4등자는 山섭에 합류했으며 3등자는 臻섭으로 합류했다. 文운부에 대응되는 物운부도 2등자와 4등자는 山섭으로 들어가고 1등자와 3등자는 臻섭에 합류했다.

양성운 談운부에 대응되는 *-p 운미 운부 葉운부 글자는 咸섭을 구성했고 緝운부 글자는 侵운부 글자와 같이 1, 2, 4등자는 咸섭으로, 3등자는 深섭으로 들어갔다.

설근음 *-k 운미와 *-kʷ 운미를 가졌던 운부의 글자들도 대응되는 *-ŋ, *-ŋʷ 운미 운부와 똑같이 변화했다. 耕운부에 대응되는 錫운부 글자들은 모두 梗섭으로 들어가고 나머지 운부도 양성 운부와 똑같이 변화했다. 아래에 錫운부를 제외한 각 입성 운부의 합류 과정을 요약해 놓았다. 다음에서 覺운부, 屋운부, 鐸운부, 職운부는 각각 양성운 冬운부, 東운부, 陽운부, 蒸운부에 대응되는 입성 운부이다. 藥운부는 음성운 宵운부에 대응되며, 대응되는 양성 운부는 없다. 覺운부 4등자는 매우 적은데, 梗섭에 합류했다.

鐸운부(*ak)	1등자 → 宕섭	2등자 → 梗섭	3등자 → 宕梗섭
屋운부(*uk)	1등자 → 通섭	2등자 → 江섭	3등자 → 通섭
職운부(*ək)	1등자 → 曾섭	2등자 → 梗섭	개구3 → 曾섭
	합구3 → 通섭		
覺운부(*əkʷ)	1등자 → 通섭	2등자 → 江섭	3등자 → 通섭
	4등자 → 梗섭		
藥운부(*akʷ)	1등자 → 通宕섭	2등자 → 江섭	3등자 → 宕섭
	4등자 → 梗섭		

제1편에서 간략하게 살펴본 대로, 중고 중국어의 입성 운미 -k는 소실되거나 [a]나 [e] 모음 뒤에서 [u] 또는 [i]로 흔적을 남겼다. 梗섭과 曾섭의 입성 운미는 구어음에서 [i]로 흔적을 남겼고, 江섭과 宕섭의 입성 운미는 [u]로 흔적을 남겼다. 앞에서 밝힌 대로 한어병음자모 iao의 운미는 원래 [u]였다.

宅(梗)	zhè	zhái	角(江)	jué	jiǎo
白(梗)	bó	bái	覺(江)	jué	jiào
得(曾)	dé	děi	落(宕)	luò	lào

위와 같이 두 종류의 운미로 갈라지게 된 원인을 해석하는 데에는 이견이 있다. 쉬에 펑성(F. S. Hsueh 1975:102)은 운미 -k는 내전內轉에서는 [u]로, 외전外轉에서는 [i]로 변했다는 독특한 분석을 내놓았다.

내전과 외전이라는 용어는 전기 운도인 『운경韻鏡』에 처음 나오는데, 『운경』에서는 내전과 외전이 무엇인지에 대한 설명이 전혀 없이 43장의 운도를 내전 20장, 외전 23장으로 나누어 놓았다. 내외전에 대한 설명이 처음 실린 운도는 『사성등자四聲等子』이다. 『사성등자』에 실린 「변내외전례變內外轉例」에 "내전은 순음, 설음, 아음, 후음에는 2등자가 전혀 없고 치음에만 2등자가 있으며, 외전은 오음에 4등이 다 갖추어져 있는 것이다."라는 설명이 있다. 그러면서 深, 曾, 止, 宕, 果, 遇, 流, 通섭은 내전으로 분류하고 江, 山, 梗, 假, 效, 蟹, 咸, 臻섭은 외전으로 분류했다. 외전은 오음에 4등이 다 갖추어져 있다는 설명과 달리, 江섭은 2등운만 있는데, 외전으로 분류된 것으로 보아 2등운이 있으면 외전, 없으면 내전으로 분류한 셈이다.

내전과 외전에 대한 또 하나의 견해는 내전과 외전이 주요모음의 고저高低의 차이로 구분된다는 것이다. 루오 창페이羅常培는 청대에 기원한 이러한 학설 및 이 학설에 동의하는 일본인 학자들의 주장을 이어받아 "내전은 모두 후설모음 [u], [o], 중설모음 [ə] 및 전설 고모음 [i], [e]를 가진 운이며, 외전은 모두 전설모음 [e], [ɛ], [æ], [a], 중설모음 [ɐ] 및 후설 저모음 [ɑ], [ɔ]를 가진 운을 말한다"라고 밝혔다.42)

쉬에 평성은 曾섭은 원래 내전이었는데, 梗섭에 합류하며 외전이 되었고, 원래 외전이었던 江섭은 宕섭에 합류하면서 내전이 된 것이 내전에서는 [u]로, 외전에서는 [i]로 변했다는 자신의 주장을 뒷받침한다고 보았다. 본서에서는 내전, 외전과 상관없이 입성 운미의 종류에 따라 -i가 되었거나 -u가 되었거나 아니면 소실되었다고 본다.

제1편에서 살펴보았듯이 梗섭 입성자의 -k 운미는 SV에서 경구개음 [c]로 실현되었다. 宅의 SV는 trạch[cac], 百의 SV는 bạch[ɓac]인데, -c와 -i는 조음 위치가 같은 경구개음이다. 조음 위치가 후설인 -k가

---

42) 羅常培, 「釋內外轉」, 『歷史語言硏究所集刊』, 第四本 第二分, 1933, pp. 209-226. 최영애(2000:120-121)에서 재인용. 청대에는 주요모음이나 고모음, 전설 모음 등의 개념은 생각할 수 없었으므로 치엄(侈弇)이라는 글자로 내전과 외전을 풀이하려 했다. 루오 창페이는 "후설 모음은 발음할 때 혀가 수축하고 고모음은 입이 덮이기(弇) 때문에 '內'라고 하고, 전설 모음은 발음할 때 혀가 펴지고 저모음은 입이 벌어지기(侈) 때문에 '外'라고 한다"라고 내외의 의미까지 풀었다.

-i로 변할 확률보다는 같은 조음 위치의 -c가 -i로 변할 확률이 훨씬 높다(제1편 5.2 입성운의 운모 체계 참고). 더욱이 宅과 百의 구어음에서 주요모음이 SV와 마찬가지로 [a]인 것을 보면, 梗섭의 베트남 한자음은 이른바 독서음과 구어음이라 불리는 두 갈래 중에서 구어음에서 비롯된 음으로 보인다.

江, 宕섭 입성자가 구어음에서 -u 운미를 갖는 현상에 대한 해답은 OSV에서 幽, 宵운부의 운미는 [u]로 실현되고, 侯, 支, 之, 魚운부의 운미는 [ə]로 실현된 것에서 찾을 수 있다. 幽, 宵운부의 운미와 侯, 支, 之, 魚운부 운미의 OSV에 의하면 *-gʷ는 -u로, *-g는 -ə로 변화되었는데, 상고 운부의 운미 체계에 발생한 것으로 보이는 *-g>*-ə, *-gʷ>*-u 변화와 거의 동일한 변화인 *-k>-ə, *-kʷ>-u 변화가 상고 중국어에서 중고 중국어에 이르는 기간 동안 다시 한번 발생했을 가능성이 있다.

魚운부 글자들의 상고음은 *-ag, 魚운부 1등자의 중고음은 *-wo로 재구성되지만, 현재 魚운부 1등자는 표준 중국어에서 대체로 u 운모로 읽힌다. 따라서 입성자인 鐸운부(*ak) 글자들과 변화 양상이 다른 것처럼 보이는데, u 운모로 변화되기 전의 운모를 보면 매우 비슷하다. 魚운부 1등자들은 『절운』에서 模운으로 들어갔고, 模운의 『절운』 시기 재구음은 *wo(uo)이다. 그런데 鐸운부 1등자들의 현재 운모 역시 대부분 uo(wo)로 실현되었다. 魚운부 1등자의 상고음과 『절운』음, 鐸운부 1등자의 상고음 및 중고음 이후의 음을 비교해 본다.

魚운부 惡*ag〉uo 度*dag〉duo 莫*mag〉muo 五*ŋag〉ŋuo 奴*nag〉nuo 古*kag〉kuo

鐸운부 落*lak〉luò 諾*nak〉nuò 作*ʦak〉ʦuò 索*sak〉suǒ 郭*kʷak〉kuō 博*bak〉buó

앞에서 魚운부 1등자들은 원순 설근음 성모를 가진 글자의 영향을 받아 w 개음을 가졌을 가능성을 언급했다. 즉 *ʷag에서 운미 -g가 소실되고 w의 영향으로 주요모음이 o로 변하면서 wo(uo)가 되었다면, 鐸운부 1등자도 원순 설근음 성모의 영향으로 w 개음이 있었고 *ʷak에서 운미 k가 소실되고 a는 w의 영향으로 원순 모음 o로 변하여 지금의 운모 uo가 되었을 가능성이 있다. 이것은 독서음의 변화이고, 鐸운부에 속한 酪락이 lào[lau]가 된 것은 구어음을 반영한 것이다. 宕섭에 병합된 鐸운부 글자가 구어음에서 au 운모로 실현된 것은, *-kʷ 운미를 보존했던 覺, 藥운부 글자와 한 운섭으로 합쳐져서 그 영향을 받았기 때문일 것이다.

앞에서 상고 중국어의 幽운부(*əgʷ) 글자들이 중고 중국어에서 效섭과 流섭으로 나뉘어 들어간 것을 살펴보았다. 幽운부에 대응되는 覺운부(*əkʷ) 글자들도 현대 중국어 구어음에서 幽운부 글자들과 똑같이 效섭과 流섭의 운모인 au, iau 및 əu(ou), iəu(iou) 운모를 갖는다. 이것은 -əkʷ 운미를 가졌던 覺운부 글자들이 폐쇄음 운미를 잃은 후에, 幽운부 글자들이 폐쇄음 운미를 잃고 겪은 음운변화, 즉 流섭과 效섭으로 나뉘어 들어간 변화를 그대로 겪었음을 의미한다. 괄호 안은 한어병음자모로 나타낸 음이다.

覺운부　雹(báo) 覺(jiào) 粥(zhōu) 軸(zhóu) 肉(ròu) 六(liù)
幽운부　造(zào) 草(cǎo) 矛(máo) 柔(róu) 求(qiú) 由(yóu)

또한 宵운부의 상고음은 *agʷ인데, 宵운부 글자들은 현재 대부분 au 운모를 갖는다. 宵운부에 대응되는 입성 운부 藥운부의 글자들은 현재 운모가 au인 글자들과 uo인 글자들로 나뉜다. 藥운부 글자들이 먼저 宕섭에 합류했고, 뒤이어 江섭을 구성했던 覺운부 글자들도 宕섭으로 들어갔다. 『절운』 시기 覺운 글자의 운모는 ɔk로 재구성되는데, 이 시기에도 운미에 원순음 성분이 있었을 가능성이 있다. 즉 $ɔk^w$이었을 가능성이 있다. 覺운 글자들은 상고음 $*ək^w$에서 원순음 운미의 영향으로 『절운』에서는 주요모음이 원순 모음인 ɔ가 되고($ɔk^w$), 이후 주요모음이 ɔ에서 평순 모음인 a로 변해 宕섭에 합류했는데, 주요모음과 운미가 모두 원순음이어서 이화작용으로 인해 그와 같은 변화가 발생했을 것이다. 그후 覺운 글자들의 $-k^w$ 운미는 -u가 되었을 것이다. 물론 이것은 구어음에서의 변화이다.

구어음 $-ak^w$ → -au
$-iak^w$ → -iau

성모 부분에서 살펴본 바와 같이 江, 宕섭의 입성자들은 현대 중국어에서 독서음과 구어음의 두 갈래 음으로 읽히는데, 독서음에서는 üe[ye], uo[uo]로 읽힌다. 독서음에서는 원순음 성모의 w 성분으로 인해 江, 宕섭의 입성자들이 다음과 같은 변화 과정을 거쳤던 것으로 보인다.

독서음 -wak → -wo → -uo
-wiak → -wio → -yo → -ye
↘ -io

구어음에서는 운미의 원순음 흔적이 남으면서 이화작용으로 인해 성모의 원순음 흔적이 개음으로 자리잡지 못했다. 반면 독서음에서는 성모의 원순음 흔적이 개음으로 남으면서 원순 설근음 운미 $-k^w$가 이화작용으로 인해 원순음 성분을 잃고 -k가 되었다가 소실되었다. 이러한 이유로 독서음과 구어음이 갈라지게 된 것으로 보인다.

흔히 -k 운미는 -i와 -u로 흔적을 남겼다고 뭉뚱그려서 말한다. 그러나 지금까지 살펴본 바에 의하면, -i로 흔적을 남긴 것은 曾섭, 梗섭의 입성자들로, 베트남 한자음에 의하면 -i로 흔적을 남긴 梗섭 입성자의 운미는 -k>-c>-i의 음운변화를 겪은 것으로 보인다. 또한 -u로 흔적을 남긴 것은 江섭과 일부 宕섭의 입성 운미로, 상고 중국어의 원순 설근음 운미 $-k^w$의 흔적이다. 그밖에 상고 중국어의 侯, 支, 魚, 之운부의 *-g 운미가 한때 베트남 한자음에서 -ə로 변했다가 소실된 것과 같이, 通섭과 일부 宕섭 입성자의 -k 운미 및 曾, 梗섭 입성자의 독서음의 -k 운미는 소실되었다고 할 수 있다.

03 성조의 기원

베트남어의 성조는 중고 중국어의 성조 체계와 매우 비슷하다. 현대 베트남어의 성조 체계 및 베트남어 성조와 중국어 성조의 상관관계에 대해서는 제1편에서 이미 살펴보았다. 여기서는 베트남어 성조의 기원에 관해 지금까지 알려진 학자들의 학설을 검토해 보고, 한대 베트남 한자음(OSV)의 성조 체계와 당대 베트남 한자음(SV)의 성조 체계를 비교해 본다.[1)]

3.1 성조의 기원에 관한 여러 학설

앙리 마스페로(Henri Maspero 1912)는 베트남어의 성조를 연구하고, "같은 어족에 속하는 언어끼리는 규칙적으로 대응되는 성조가 있고, 성조가 없는 언어가 성조가 있는 언어에서 어휘를 차용할 때 성조는 차용하지 않으며, 베트남어에 보이는 성조와 성모 간의 대응 관계가 타이어에 보이는 성조와 성모 간의 관계와 같다"[2)]는 이유로, 베트남어가 몬·크메르어에 속하지 않으며 타이어족에 속한다고 주장했다. 몬·

1) 이 장의 내용은 김태경(2024)에 실린 내용을 정리해 옮겨 실은 것임을 밝혀 둔다.

2) 마스페로(1912)의 연구는 오드리쿠르(2018:2)에서 재인용. 오드리쿠르의 원 논문은 De l'origine des tons en vietnamien, *Journal Asiatique* 242: 69-82 (1954)으로, *Problèmes de phonologie diachronique*: 146-160에 게재된 것을 Marc Brunelle(2018:1-25)가 영어로 번역해 인터넷에 게재한 The origin of tones in Vietnamese를 참조했다. https://shs.hal.science/halshs-01678018.

크메르어에 속하는 언어는 대체로 성조가 없다. 그런데 오드리쿠르(André-Georges Haudricourt 1954)는 마스페로의 이러한 주장을 뒤집고 베트남어가 타이어족이 아닌 몬-크메르어에 속한다고 발표했다. 마스페로는 베트남어에서 hỏi, ngã 성조를 가진 어휘들이 몬-크메르어에서 무성의 마찰음 -h(마스페로는 -h는 이전의 *-s, *-ś에서 유래했다고 보았다)로 끝나는 어휘와 연관되어 있음을 발견했는데(오드리쿠르 2018:15), 오드리쿠르는 이 어말 자음이 베트남어에서 성조를 발생시켰다고 보고, 성조 언어는 성조가 없는 언어와 발생학적으로 같은 어족에 속할 수 없다는 마스페로의 견해를 부정했다.

오드리쿠르는 오스트로아시아어족[3)]에 속하는 몬어(Mon language), 리앙어(Riang language), 크무어(Khmu language), 므농어(Mnong language) 등을 연구하고, 마스페로가 발견한 것과 마찬가지로 베트남어에서 hỏi, ngã 성조를 가진 어휘들이 이 언어들에서는 어말 자음이 -h, -s인 어휘들과 연관되어 있음을 발견했다. 오드리쿠르는 이것을 근거로 어말 자음 -h(<-s)가 음높이가 내려가는 성조, 즉 거성을 발생시켰다고 주장했다. 그는 또한 베트남어에서 sắc, nặng 성조를 가진 어휘들이 이 언어들에서는 성문 파열음 -ʔ가 어말 자음인 어휘와 관련되어 있음을 발견하고, 이 어말 자음 -ʔ가 올라가는 성조, 즉 상성을 발생시켰다고 주장했다. 따라서 베트남어는 오스트로아시아어족에 속하지만, 이 어족의 다른 언어들과는 달리 성조를 갖는다는 것이다.

오드리쿠르는 베트남어 성조에 관한 위와 같은 연구 결과를 중국어

3) 오스트로아시아어족(Austroasiatic languages)에서 '오스트로'는 남쪽을 의미하므로, 남아시아어족으로 번역된다. 오스트로아시아어족의 언어 가운데 베트남어 및 캄보디아에서 사용되는 크메르어만이 오늘날 공식적으로 한 국가의 나라말로 쓰인다.

에서 베트남어로 차용된 어휘에도 적용해 중국어의 거성과 상성도 운미에서 기원했다는 학설을 발표했다. 오드리쿠르의 연구 결과에 의하면 베트남어의 성조 가운데 hỏi, ngã 성조는 고대 중국어의 거성에 대응되고 sắc, nặng 성조는 상성에 대응되므로, 고대 베트남어의 성조 체계는 다음과 같이 요약된다.

〈표 3-1〉 한대 베트남어의 성조 체계

성조 / 음역	A(평성)	B(상성)	C(거성)	D(입성)
고음역	ngang	sắc	hỏi	sắc
저음역	huyền	nặng	ngã	nặng

위의 성조 범주는 고대 중국어의 평, 상, 거, 입성에 각각 대응되며 각 성조가 성모가 유성음인지 무성음인지에 따라 두 개의 음역으로 나뉜 것과 일치한다. 오드리쿠르(2011:15)에 따르면, B 범주에 속하는 베트남어 어휘가 다른 몬-크메르어에서는 성문 파열음 -ʔ로 끝나는 어휘와 대응된다. 예를 들면 베트남어의 sắc 성조 어휘 lá(잎)는 리앙어에서는 laʔ, 크무어에서는 hlaʔ이고, cá(물고기)는 리앙어와 크무어에서 kaʔ이다. chó(개)는 리앙어와 크무어에서 soʔ이고, chí(머릿니)는 리앙어로 siʔ이며, nặng 성조 어휘 gạo(쌀)는 리앙어로 koʔ, 크무어로 rənkoʔ이다. 또한 C 범주에 속하는 베트남어 어휘는 다른 몬-크메르어에서 -h나 -s 말음을 갖는 어휘들과 대응된다. 예를 들면 베트남어의 hỏi 성조 어휘 bảy(일곱, 7)는 몬어로 tpah이고, ngã 성조 어휘 mũi(코)는 몬어로 muh이며, rê~(뿌리)는 몬어로 rüh, 므농어로는 ries이다.

그는 또한 이 결과를 중국어 어휘에도 적용해 중국어의 거성과 상성이 베트남어의 C 범주, B 범주와 각각 규칙적으로 대응하고 있는 것을 발견하고, 중국어의 거성과 베트남어의 C 범주는 이미 소실된 –h(<-s)

말음에서 비롯했고 중국어의 상성과 베트남어의 B 범주는 소실된 -ʔ 말음에서 비롯했다고 주장했다. 오드리쿠르는 마스페로가 베트남어의 A, B, C 세 성조 범주에 속한 것으로 제시한 베트남어 어휘 외에, 중국어에서 차용된 더 많은 어휘를 추가해서 자신의 가설을 입증하려 했다.

오드리쿠르의 연구 결과가 발표된 후, 풀리블랭크(Pulleyblank 1962), 정장 상팡(鄭張尚芳 2012:464), 판 우윈(潘悟雲 2000:156)은 성조의 운미 기원설을 보강하는 자료를 제시했다. 특히 정장 상팡은 중국어 거성이 -s 운미에서 비롯됐다는 주장을 뒷받침하기 위해, 중국어 거성의 글자에서 유래한 것으로 보이는 몇 개의 한국어 어휘를 제시했다.

그런데 베트남어와 같은 어족에 속하는 리앙어, 크무어 등의 언어에서는 어말 자음 -ʔ가 성조를 발생시키지 않았는데, 왜 같은 어족의 다른 언어와 달리 베트남어에서만 어말 자음 -ʔ가 성조를 발생시켰을까? 또한 성조가 없는 몬·크메르어의 다른 언어들과는 달리 베트남어에서만 –h가 소실되며 성조가 생긴 것도 설명하기 어렵다.

사가르(Sagart 1986)는 산스크리트의 -h가 거성의 글자로 음역되지 않고 -k 입성의 글자로 음역된 것을 밝히고, 만일 거성이 -h를 거쳤다면 거성의 -h로 산스크리트 -h를 음역했을 것이라고 주장했다.[4] 또한 정장 상팡이 거성의 -s 운미 기원설을 증명하는 자료로 제시한 ㅅ 받침을 가진 한국어 어휘들에 대해, 김태경(2014)은 이 어휘들이 거성의 -s 운미 기원설을 뒷받침하는 자료로 활용되기 어려움을 보여 주는 조선시대 증거 자료를 제시했다.

판 우윈(2000:160)은 또한 상성이 -ʔ 운미에서 기원했음을 입증하기

---

4) Sagart, L.(1986), “On the Departing Tone”, *Journal of Chinese Linguistics* Vol. 14 Number1. 潘悟雲(2000:183)에서 재인용.

위해 중국어 상성의 글자와 대응되는 티베트어 어휘가 -g 운미를 갖는 사례를 제시했는데, 상성뿐 아니라 평성 및 거성의 글자에 대응되는 티베트어 어휘도 똑같이 -g 운미를 갖는 사례가 상당수 있다. 그러므로 티베트어 어휘의 -g 운미는 상성의 -ʔ 운미 기원설의 증거가 될 수 없다.

노먼(1996:84)도 상성은 -ʔ 운미, 거성은 -s 운미를 가졌다면 상고 중국어는 성조 언어가 아닌 셈이 되므로 성조의 운미 기원설에 회의적인 시각을 보였다. 상성은 -ʔ 운미, 거성은 -s 운미, 입성은 -p, -t, -k 운미를 가졌고 평성은 상, 거, 입성에 속하지 않는 나머지 음절로 분류되기 때문이다.

상고 중국어 음운자료에서도 평성자平聲字는 평성자끼리 압운하고 상성자上聲字는 상성자끼리, 입성자入聲字는 입성자끼리 압운했지만, 거성자去聲字는 입성자와 압운하는(董同龢, 1968:309-313) 등 복잡한 양상을 보였다. 따라서 청대淸代 고음古音 학자인 뚜안 위차이段玉裁는 상고 중국어에 거성이 없었다고 주장하기도 했는데(王力 1980:122), 상고 중국어에 보이는 이 같은 거성자와 입성자의 압운 상황은 한대 베트남 한자음이 아닌 오히려 중고 중국어를 반영한 베트남 한자음에서 거성과 입성이 모두 sắc, nặng 성조로 실현된 것과 일치한다. 오드리쿠르의 주장대로 중국어에서 도입한 한자의 베트남어 발음을 통해 성조의 운미 기원설이 타당한지 살펴본다.

3.2 중국어와 베트남어 성조의 상관관계

현재 베트남어에는 ngang, huyền, hỏi, ngã, sắc, nặng의 6개 성조가 있는 것으로 알려져 있다. 이 가운데 ngang, huyền 성조는 중고 중국어의 평성에 상응하고, hỏi, ngã 성조는 중고 중국어의 상성에 대응된다. sắc, nặng 성조는 운미가 폐쇄음인가 그렇지 않은가에 따라 음높이가 달라지며, 중고 중국어의 거성 및 입성에 대응되는 성조이다. 그런데 오드리쿠르 등에 의하면, 한대 한자음에서는 hỏi, ngã 성조가 중국어의 거성에 대응되고 sắc, nặng 성조가 중국어의 상성에 대응된다. 중국어의 평, 상, 거, 입성의 성조가 중고음을 반영한 베트남 한자음(SV)과 한대 베트남 한자음(OSV)에서 어떤 성조로 읽히는지 〈표 3-2〉에 요약해 놓았다. 각 성조는 성모가 무성음인지 유성음인지에 따라 두 개의 음역으로 나뉜다.

〈표 3-2〉 중국어의 사성과 베트남어의 성조

성조 \ 한자음	OSV		SV	
	무성음	유성음	무성음	유성음
평성	ngang	huyền	ngang	huyền
상성	sắc	nặng	hỏi	ngã
거성	hỏi	ngã	sắc	nặng
입성	sắc	nặng	sắc	nặng

이제 각 성조의 한자가 SV와 OSV에서 위에 제시한 성조 패턴과 맞게 변화했는지 살펴보려 한다. 비교를 위해 한대 베트남 한자음이 남아있는 한자의 SV와 OSV를 조사 대상으로 했다. 조사 대상인 372개 한자의 SV와 OSV의 출처에 대해서는 제1편 03 베트남 한자음의 음운 체계 부분을 참고하라. 먼저 성조의 운미 기원설을 발생시킨 거성부터 살펴본다.

1. 거성

앞에서 밝힌 대로 마스페로가 hỏi, ngã 성조를 가진 베트남어 어휘들이 몬·크메르어에서 무성의 마찰음 -h(<*-s, *-ś)로 끝나는 어휘와 관련이 있다고 발표하자, 오드리쿠르는 어말 자음 -h가 거성의 발생과 관련이 있다고 주장했다. 그는 이 연구 결과를 중국어에도 적용해 hỏi, ngã 성조를 가진 베트남어 어휘가 중국어의 거성자와 대응하는 것을 발견하고 중국어의 거성 역시 h(<-s) 말음에서 비롯했다고 주장했다.

본서에서는 중국어 거성의 글자들 가운데 오드리쿠르가 인용한 24개[5] 글자를 포함해 OSV가 남아있는 글자를 101개 수집했는데, 이 가운데 監감, 正정을 제외한 99개 한자가 SV와 OSV에서 각각 어떤 성조로 실현되었는지 살펴보았다. 監, 正은 『광운』에 평성과 거성 두 개의 음으로 수록되어 있다. 監의 SV는 sắc 성조인 giám이고, OSV는 huyền 성조인 kèm이다. 正의 SV는 sắc 성조인 chính과 chánh이고, OSV는 ngang 성조인 giêng이다. 즉 두 글자의 SV는 모두 거성인 sắc 성조로 실현되었으나 OSV는 평성으로 실현되어서, 중고음은 거성자에서 유래했고 한대 음은 평성자에서 유래했을 가능성이 있기 때문이다. 나머지 99개의 글자들 가운데 懟대, 蒜산, 試시, 座좌, 兔토는 SV에서 두 개의 성조로 실현되었고, 度도, 露로, 信신, 盎앙, 退퇴, 閉폐는 OSV에서 두 개의 성조로 실현되었다. 두 개의 성조를 가진 글자들은 두 개의 성조에 모두 표기했다. 밑줄이 그어진 글자들은 유성음 성모 글자들이다.

---

5) 이밖에 오드리쿠르는 騎(기)와 機(기)도 거성으로 제시했으나 騎는 거성의 음 외에 평성 음도 있고, 機는 평성자(平聲字)라 제외했다.

〈표 3-3〉 중국어 거성자(去聲字)의 베트남어 성조

	SV	OSV
ngang	試	諫鋸劍鏡戒庫慣叫放聖訴綉信盎印箭注註替退豹嫩度萬望雁
huyền	蒜座	禁退代渡煉練漏務霧未味侍御二殿座夏
hỏi	載免	嫁價芥卦寄帶赦蒜歲試盎載置免肺布膾懟墓
ngã	慰箭櫃義陷	慰櫃忌袋豆荳露利帽喩義易字箸助治陷畫
sắc	架嫁價諫彊芥鋸劍鏡戒庫慣誑卦叫禁寄帶放變赦蒜聖歲少訴綉試信盎燕印注註鑄中替置蛻免退販肺閉布豹況膾誆撞懟墊	彊誑少信燕鑄中蛻販閉況誆亮路露
nặng	忌嫩代袋懟度渡豆荳亂亮煉練路露漏利萬望命帽墓務霧未味悶侍雁御喩二易字箸殿助座地治夏畫	架變閉撞度亂命悶墊地

몇 개의 예외가 되는 글자들을 제외하고, 무성음 성모 글자들은 SV에서 음거성인 sắc 성조로 실현되었고 유성음 성모 글자들은 양거성인 nặng 성조로 변했음을 알 수 있다. 이것은 음운 변화 규칙과 일치한다(〈표 3-2〉 참조). 그러나 한대 한자음은 다르다. 오드리쿠르에 의하면 OSV에서 무성음 성모 글자들은 hỏi 성조로 변하고, 유성음 성모 글자들은 ngã 성조로 실현되었어야 한다. 그런데 위의 표에 실린 글자들을 살펴보면 거성의 글자들은 한대 한자음에서 hỏi, ngã 성조뿐 아니라, 평성인 ngang, huyền 성조로도 더 많이 실현되었고, 또 일부는 sắc, nặng 성조로도 실현되어 오드리쿠르의 주장과는 다른 양상을 보인다. 오드리쿠르는 OSV에서 hỏi, ngã 성조로 실현된 24개의 거성자를 인용했는데, 지금처럼 OSV가 남아있는 거성자를 더 많이 조사 대상에 넣었다면 결과는 달라졌을 것이다.

풀리블랭크는 거성의 -s, -h 운미 기원설을 입증하기 위해, 베일리(Bailey)가 쓴 "간다리(Gandhārī)어"에서 거성의 글자가 산스크리트 -s 음절을 음역音譯하는 데 사용된 사례를 다음과 같이 인용했다.[6]

波羅奈 Vārāṇasi	三昧 samādhi	提謂 Trapuṣa
忉利 trāyastriṃsa	迦維羅衛 Kapilavastu	

먼저 波羅奈파라내가 Vārāṇasi에, 三昧삼매가 samādhi에 대응되게 쓰인 것은 거성의 -s, -h 운미 기원설을 어느 정도 입증하는 듯 보이지만, 다른 어휘의 음역은 전혀 그렇지 않다. 산스크리트 trāyastriṃsa를 忉利도리로 음역했는데, 어디까지가 忉 부분이고 어디부터가 利 부분인지 분명해 보이지 않는다. 忉를 trāyast로, 利를 riṃsa로 음역했다고 해도 당시 음과 일치한다고 볼 수 없다. 迦維羅衛가유라위 Kapilavastu도 衛가 vastu라고 가정하면 迦維는 kapi를 음역한 것인데, 역시 당시 음과 맞지 않는다. 2음절 提謂제위로 표기된 Trapuṣa도 학자들이 재구한 提謂의 상고음과는 거리가 너무 멀다. 음이 일치하는 글자를 찾을 수 없어서, 음이 비슷한 한자로 음역했음을 알 수 있다.

또한 풀리블랭크(1999:128-129)는 지명인 대마도對馬島, 즉 Tsushma 섬이 『위략魏略』에서 對馬로 음역되었다는 것과, 『한서漢書』에서 Talas가 都賴도뢰로, Kashimir는 罽賓계빈으로 음역된 사례를 제시했다. 이밖에 한대의 음역 자료로 貴霜귀상이 Kushan에 대응되고 貳師이사가 Nesef에 대응되는 것도 거성의 -s 운미 기원설의 증거로 제시했다.

---

6) H. W. Bailey(1946), Gandhārī, *BSOAS* Ⅱ pp. 764-797. 풀리블랭크(1999:128)에서 재인용. 간다리(Gandhari)어는 기원전 3세기부터 4세기까지 현 파키스탄 북부 지역인 간다라 지방에서 쓰인 언어이다.

그런데 하나씩 살펴보면 대마도는 현재 일본어로 쓰시마 섬으로 읽히는데, 여기서 거성자인 對의 말음이 '시'로 실현되었을 뿐 아니라 對의 초성 역시 'ㅆ'이 되었다는 사실에도 주목해야 한다. 상고 중국어 음성운에 폐쇄음 운미가 없었다고 보는 학자들은 對를 입성 物운부에 넣고 운미를 *-t로 재구하지만, 음성 운부에 넣을 경우 微운부에 속하며, *təd로 재구된다. t는 한국어의 된소리 'ㅆ'으로 실현되었고 d는 'ㅅ'으로 실현되었다고 볼 수 있다. 일부 학자들의 재구음대로 *-d가 아닌 *-t였다고 해도 초성에서는 된소리로, 모음 뒤에서는 'ㅅ'으로 실현되었다고 풀이할 수 있다. 그렇다면 당시 일본어에서 치조음 'ㄷ'계열의 음이 마찰음으로 실현되었을 가능성이 있다.

都賴가 Talas로 음역된 것에서는 賴가 las와 대응된다. 그러나 貴霜이 Kushan으로, 貳師가 Nesef로 음역된 것에서 貴와 貳가 각각 kus, nes로 실현된 것으로 본 것은 비약이다. 풀리블랭크는 貴의 한대 운미를 *-i로 재구한 것이나 칼그렌처럼 *-d로 재구한 것은 부적절하며, *-s가 적절한 것으로 보았다. 그러나 貴霜에서는 貴가 ku를 음역하고, 霜이 han이 아닌 shan을 음역한 것으로 보인다. Nesef도 貳가 ne를, 師가 sef를 음역한 것으로 보인다. 霜, 師 모두 生모의 글자들인데, s를 이 글자들의 성모가 아닌, 앞 글자의 운미로 보는 것은 지나친 비약이다. 판 우윈(2000:156)도 이 점을 지적했으나 罽가 Kash로 음역된 것은 설득력이 있다고 보았다. 그런데 罽賓 Kashimir에서 罽가 Kash라면 賓으로 mir를 음역한 것이므로, 이 역시 음이 같은 글자를 찾지 못해서 음이 비슷한 글자로 음역했음을 보여 준다.

풀리블랭크(1999:128)는 또한 이른 시기에 번역된 불경 자료에서 지참支讖[7]이 Abhāsvara를 阿會亘아회긍으로, Akanistha는 阿迦貳吒아가이타로, śuddhāvāsa는 首陀衛수타위로 음역한 것도 예로 들었다. hās가 거성자인 會로, nis가 貳로 음역된 것을 인용한 것이다. 그런데 阿가 첫 어휘에서는 ab에 대응되고 두 번째 어휘에서는 a에 대응된다. 또한 吒는 會와 같은 거성자인데, -s 운미가 없는 tha를 음역하는 데 쓰였다. 이것은 음이 일치하는 어휘가 없으면 음이 비슷한 글자로 음역했음을 의미한다.

지금처럼 말소리를 객관적으로 기록하기 위해 제정한 국제 음성 문자(IPA)도 없던 시대에 음운체계가 서로 다른 언어끼리 음역할 경우 정확하게 음을 옮기는 것은 불가능했을 것이다. 『계림유사鷄林類事』에[8] 고려시대 우리말 어휘 '손님'이 孫命손명으로, '귀신'은 幾心기심으로, '아홉(九)'은 鴉好아호로, '몸(身)'은 門문으로 표기되어 있는 것에서도 알 수 있듯이, 음운체계가 달라 정확하게 음역할 수 없는 경우 비슷한 음이 나는 글자를 활용했을 것이다. '홉'이 好로 음역되었다고 해서 好에 -p 운미가 있었다고 주장할 수는 없다. 마찬가지로 몇 개의 거성자가 -s 음절을 음역하는 데 쓰였다고 해서 거성자에 -s 운미가 있었다고 주장할 수는 없다.

정장 상팡(2012:464)은 한국어의 빗, 그릇, 맛, 갓, 짓(다) 등의 어휘가 篦비, 器기, 味미, 蓋개, 制제 등 거성의 한자에서 유래했다고 보고 한국어

---

7) 지참(支讖)은 지루가참(支婁迦讖)의 약칭이다. 후한 말의 승려이다. 지는 대월지의 사람을 뜻하는 것이며, 그의 본명은 로칵세마(Lokaksema)로 루가참은 그의 본명을 음역한 것이다. 월지(月支)는 기원전 1천년경 중국 간쑤성 서부의 메마른 초원지대에 살았던 유목민들로 중국 역사에 처음 기술된 고대 민족이다. 기원전 176년 흉노에게 큰 패배를 당한 후, 월지족은 대월지와 소월지로 나뉘었다(『위키백과사전』).

8) 『鷄林類事』는 고려시대에 고려를 방문하고 당시 우리말 어휘를 한자로 옮긴 송(宋)나라 사람 쑨 무(孫穆)가 저술한 저서이다. 이 책에 당시 고려어 어휘 355개가 한자로 음이 표기되어 있다.

발음을 근거로 거성의 -s 운미 기원설을 제시했다. 그러나 조선시대 자료에서는 '빗'과 '빋', '그릇'과 '그륻', '맛'과 '맏', '갇'과 '갓', '짓다'와 '짇다'처럼 ㄷ받침과 ㅅ받침이 혼용되었다. 그러다가 동사의 경우 ㄷ받침이, 명사의 경우 ㅅ받침이 일반적으로 쓰이게 되었다(김태경 2014). 예를 들면 조선시대 자료에 동사 '믿다'는 '밋다'로도 표기되어 있다. 물을 '긷다'汲도 '깃다'로도 표기되어 있고, '싣다'載도 '싯다'로도 표기되어 있다.[9] 그러므로 이 역시 거성의 -s 운미 기원설을 뒷받침하는 자료로 보기 어렵다.

정장 상팡은 또한 일본어의 奈내 nasi, 芥개 kalasi, 蓋개 kabusu도 거성의 -s 운미 기원설을 증명하는 자료로 보았는데, 이 글자들은 祭운부에 속한 글자들로 모두 *-d가 운미인 글자들이다.[10] 당시 일본어에서 *-d가 마찰음으로 변한 사례가 있음은 앞에서 대마도의 對를 논할 때 이미 살펴보았다.

거성의 글자들이 오드리쿠르의 주장과는 달리 OSV에서 여러 가지 성조로 다양하게 읽히는 것을 살펴보았다. 거성자의 OSV는 상고 중국어 음운자료에 나타난 거성자의 압운 상황과 매우 비슷하다. 지앙 요우까오江有誥는 『당운사성정唐韻四聲正』에서 평성자는 평성자끼리 압운하고, 상, 거, 입성자는 상, 거, 입성자끼리 압운한다는 관점에 근거해, 각 성조의 글자들이 후대 운서에서와는 다르게, 다른 성조의 글자들과 압운된 상황을 고찰했다. 똥 통허(董同龢 1968:309-313)는 지앙 요우까오의 연구 결과를 정리했는데, 상고 중국어 음운자료에서 다른 거성자

9) 남광우(2008), 『古語辭典』 참조.
10) 이외에 '빌리다'를 의미하는 假 kasu도 제시했는데, '빌리다'를 의미하는 假의 성조는 거성이 아닌 상성이므로, 적절한 증거 자료가 아니다.

와 압운하지 않고 평성자와만 압운한 거성자가 13자, 다른 거성자와 압운하지 않고 상성자와만 압운한 거성자가 두 글자였다. 그런데 같은 거성자와 압운한 글자들 중에는 거성자 외에 다른 성조의 글자들과 압운한 사례가 많았다. 평성자와 압운한 사례가 다른 성조 글자와 압운한 사례에 비해 많은데, 평성의 글자들이 많았기 때문일 것이다. 똥 통허(1968:311)에 실린, 상고 중국어 자료에서 거성자끼리 압운된 사례를 제외하고, 거성자가 다른 성조의 글자와 압운된 상황을 옮겨보면 다음과 같다.

평성자와만 압운한 글자: 鳳訟憲戲震信鎭患甸化慶證僭
상성자와만 압운한 글자: 獸狩
평성, 거성자와 압운한 글자: 用頌誦議義地志畏著倨壞佩刃愼進候臭救佞定
姝性聖政病命抗壯貺悵障愴讓貨挫笑眩慢漫
遯悶獻運訓汶順
상성, 거성자와 압운한 글자: 試餌記御慮豫助賦路顧固悟步晦閔諫稼舊茂戊
입성, 거성자와 압운한 글자: 悴備肆意氣歲制斃世厲害隘戒背代肺富
평성, 상성, 입성자와 압운한 글자: 至事
평성, 상성, 거성자와 압운한 글자: 佑祐

위의 압운 사례는 OSV에서 거성자가 여러 가지 성조로 실현된 것과 비슷하며, 거성이 -h(<-s) 말음에서 비롯했다는 주장과도 맞지 않는다. 또한 풀리블랭크(1999:128)는 적어도 3세기까지 중국어에 마찰음 운미가 존재했다고 보았는데, OSV가 남아있는 거성자 가운데 -s 운미가 남아있는 한자는 하나도 없다. 베트남이 전한前漢 시기인 기원전 111년에 중국에 복속된 것을 고려하면, 3세기까지 중국어에 마찰음 운미가 있었다고 가정할 경우 적어도 몇몇 거성자의 OSV에 -s 운미가 남아있어야 한다. 그러므로 거성자의 한대 베트남 한자음은 성조의 -s 운미

기원설을 입증하기 어렵다.

2. 상성

앞에서 밝힌 대로 오드리쿠르는 오스트로아시아어족에 속하는 리앙어, 크무어 등을 연구하고, 베트남어에서 sắc, nặng 성조를 가진 어휘들이 이 언어들에서는 -ʔ가 어말 자음인 어휘와 연관이 있음을 발견했다. 그는 이 어말 자음 -ʔ가 상성을 발생시킨 것으로 보았다. 상성의 글자들이 오드리쿠르의 주장대로 OSV에서 sắc, nặng 성조로 실현되었는지 살펴본다.

한대 한자음이 확인된 79개의 상성자를 조사 대상으로 했다. SV에서 상성자들은 hỏi, ngã 성조로 실현되었는데, 무성음 성모 글자들은 hỏi 성조로, 유성음 성모 글자들은 ngã 성조로 실현되었다.

〈표 3-4〉 중국어 상성자(上聲字)의 베트남어 성조

	SV	OSV
ngang		雨
huyền	跪	比腿跪祀俟夏
hỏi	揀感繭考苦寡巧狗卷捲肯緊斗寶本斧比少所審嬸枉紫盞底點井種主肘酒紙斬草寵腿板解弩簍	叩所枉肘解仰誘
ngã	貯剪冷禮老聾晚每舞俟仰染瓦俑勇蛹雨以忍	俑勇
sắc	叩餅許蜆	揀感繭苦寡巧狗卷捲肯緊斗餅寶本斧比少審嬸紫盞底貯剪點井種主紙斬草板許蜆弩聾舞父瓦以
nặng	距跪父婦似祀序受市午酉誘重夏限蜆戶	考卷捲寵酒距冷禮老簍晚每婦似序受市染午蛹酉忍重限戶

그런데 〈표 3-4〉를 보면, 밑줄 친 유성음 성모 글자들의 상당수가

SV에서 nặng 성조로 실현된 것을 볼 수 있다. 이것은 유성의 파열, 파찰, 마찰음, 즉 전탁 성모를 가진 상성의 글자들이 거성으로 변한 이른바 '탁상변거濁上變去'를 반영한 것이다. '탁상변거'로 인해 거성으로 변한 전탁 성모 글자를 제외하고, 차탁 성모 글자는 SV에서 양조陽調인 ngã 성조로 실현되었다. 물론 예외도 있다. 차탁 성모 글자인 午오(疑모), 酉유(以모), 誘유(以모)는 nặng 성조로 실현되었다.

반면 OSV에서는 오드리쿠르의 주장대로 대부분의 상성의 글자들이 sắc, nặng 성조로 실현되었는데, 이것은 거성의 OSV와는 다른 양상이다. 물론 sắc, nặng 성조로 실현되지 않은 16개의 글자가 있지만, 다수의 글자가 sắc, nặng 성조로 실현되었다. 그렇다면 이것을 어말 자음 -ʔ가 상성을 발생시킨 증거로 보아야 하는지 살펴본다.

풀리블랭크(1999:139-140)는 성문 폐쇄음 성모가 다른 언어의 설근음이나 구개수음을 음역하는 데 사용되었으므로, 성문 폐쇄음 운미도 똑같은 자음 운미를 음역할 수 있다고 보았다. 그러므로 설근음이나 구개수음 -q를 음역하는 데 쓰인 상성의 글자에도 성문 폐쇄음 운미가 있었다고 보았다. 풀리블랭크에 의하면 '師子사자'는 아마도 토카리아어[11]에서 ṣecake나 śiśäk를 나타낸 것일 수 있는데, 상성자인 子가 -k 운미 음절을 옮기는 데 쓰였으므로, 이것은 子에 성문 폐쇄음 운미가 있었음을 의미한다. 또한 『위략』에 기록된 '昆子곤자'는 털가죽이 있는 짐승인데, 튀르크어의 qarsaq일 가능성이 있으며, 여기서도 子가 -q 운미 음절에 대응된다. 이외에도 史사는 소그드인[12]의 성姓인데, Sulik에

11) 토카리아어(Tocharian languages)는 지금의 신장 타림 분지에서 쓰이던 인도유럽어족의 언어이다.

12) 소그드(Sogd, 粟特) 민족은 중앙아시아 소그디아나를 근거지로 하는 인도유럽어족 계통의 이란계 민족을 가리킨다. 3세기부터 8세기까지 실크로드

대응되는 것도 상성 글자들에 성문 폐쇄음 운미가 있었음을 의미하는 예로 들었다. 그런데 수많은 어휘 가운데 상성자에서 유래했을 가능성이 있는 한두 개 글자의 음이 비슷하다고 해서 증거 자료로 채택할 수는 없다. 더군다나 이미 살펴보았듯이 음이 같은 글자가 아닌, 비슷한 음이 나는 글자로 음역한 사례에 해당할 가능성이 높다.

풀리블랭크가 위와 같이 중국어의 상성이 설근舌根 파열음으로부터 유래했을 가능성을 추론한 후, 판 우윈(2000)은 중국어 상성의 글자와 대응되는 티베트어 어휘가 -g 운미를 갖는 사례를 제시함으로써 상성의 -ʔ 운미 기원설을 입증하려 했다. 다음은 상성자들의 티베트어 발음이다.

〈표 3-5〉 상성자(上聲字)의 티베트어 발음

중국어	티베트어	뜻	중국어	티베트어	뜻
語	ŋag	말하다	許	sŋag	찬양하다
武	dmag	군대	後	ɦog	아래
韭	sgog	부추	友	grog	친구
擧	kjag	들다	虎	stag	호랑이

그런데 평성자 및 거성자에 대응되는 티베트어 어휘도 똑같이 -g 운미를 갖는 사례가 상당수 있다. 판 우윈(2000)에서 상고음 운미를 다룬 부분에 인용된, 중국어 평성 및 거성자에 대응되는 티베트어 어휘를 인용하면 다음과 같다.

무역로에서 동서무역을 장악했다.

〈표 3-6〉 평성자(平聲字)의 티베트어 발음

중국어	티베트어	뜻	중국어	티베트어	뜻
塗	ɦdag	칠하다	膚	pags	피부
模	ɦbag	초상	揉	njug	쓰다듬다
除	ɦdag	제거하다	頭	thog	머리
豝	phag	멧돼지	樓	thog	층집
螻	grog	개미	支	gdeg	지지하다

〈표 3-7〉 거성자(去聲字)의 티베트어 발음

중국어	티베트어	뜻	중국어	티베트어	뜻
御	mŋag	임명하다	晝	gdugs	정오, 낮
裕	lhugs	충분하다	候	sgug	기다리다
住	ɦdug	머물다	湊	ɦtshogs	모이다

이와 같이 상성자뿐 아니라 평성자 및 거성자에 대응되는 티베트어 어휘도 -g 운미를 갖는 사례가 상당수 있으므로, 티베트어 어휘의 -g 운미는 상성의 -ʔ 운미 기원설의 증거가 될 수 없다. 티베트어의 -g 운미는 상성이 -ʔ 운미에서 비롯했음을 입증하는 자료가 아니라 상고 시기 음성운 글자들에 유성 폐쇄음 운미가 있었음을 입증하는 자료로 보아야 한다. 따라서 풀리블랭크가 언급한 대로 史가 Sulik에 대응되게 쓰였다면 그것은 史가 상성자여서가 아니라 史가 之운부(*əg)에 속한 글자이기 때문일 것이다. 또한 子도 之운부 글자이므로, 설근음 운미 글자를 음역하는 데 쓰였을 수 있다.

판 우윈(2000:161-162)은 이밖에도 상성의 글자가 설근 파열음 운미와 대응되는 여러 가지 사례를 제시했다. 일부 옮겨보면, 煮자는 미얀마어에서 kjak으로 읽힌다. 또한 오스트로네시아어족[13] 언어의 -q 운미는

13) 오스트로네시아(Austronesia)는 남쪽의 섬을 의미하므로, 오스트로네시아

현재 -ʔ나 -h로 변했는데, 사오어邵語의 panaq(射)는 아미스어(Amis)로는 panaʔ이고, 부눈어(Bunun),[14] 인도네시아어로는 panah이다. 판 우윈은 이 어휘들이 중국어의 '弩노' *naq>*naʔ에 대응되는 것으로 보았다. 그런데 naq에서 panaq가 유래했다고 확언할 수 있을까?

만일 상성자에 성문 폐쇄음 운미가 있었다면 입성자와 압운해야 하는데, 상성자와 입성자가 압운한 예는 거의 없다. 똥 통허(1968:312)에 의하면 상고 중국어 자료에서 거성자와 압운한 입성자가 52개인 반면, 상성자와 압운한 입성자는 若약 한 글자였고, 평성자와 압운한 입성자도 軸축 한 글자였다.

더욱이 상성의 글자들이 성문 폐쇄음 운미가 있어서 입성자들과 마찬가지로 OSV에서 sắc, nặng 성조로 실현되었다면, 중고 중국어에서 폐쇄음 운미가 없었던 거성자들은 왜 SV에서 sắc, nặng 성조가 되었는지 설명하기 어렵다.

또한 상성자들이 상고 시기 -ʔ 운미를 가졌다면, 상고 시기 비음 운미를 가진 글자들 가운데 평성자들은 -m, -n, -ŋ이 되고, 상성자들은 -mʔ, -nʔ, -ŋʔ이 되며, 거성자들은 -ms, -ns, -ŋs이 된다. 노먼(1996:84)은 이 가운데 거성을 예로 들어 일부 거성자가 -s 운미를 가지고 있었다고 가정할 수 있다고 해서 모든 거성자가 -s를 지니고 있었다고 할 수 없으며, 더욱이 오스트로아시아어족의 언어 자료나 고대 음역音譯

어족은 남도(南島)어족으로 번역된다. 아프리카 남동쪽의 인도양에 위치한 마다가스카르부터 동남아시아, 태평양 지역에 걸쳐 널리 사용되고 있는 여러 언어가 이 어족에 속한다.

14) 사오어는 타이완 중부 한 소수민족의 언어이고, 아미스어는 타이완 동부 해안에 사는 원주민의 언어이며, 부눈어 역시 타이완 중부에 사는 원주민의 언어로, 세 언어 모두 오스트로네시아어족에 속하는 언어이다.

자료에서 -s가 비음 뒤에 위치할 수 있다는 증거가 지금까지 발견된 적이 없다고 언급했다. 또한 -mʔ, -nʔ, -ŋʔ와 같은 발음이 실제로 사용되었는지도 의문이다. 그리고 베트남어에서 sắc, nặng 성조를 가진 어휘들이, 베트남어와 같은 어족에 속하는 언어에서 -ʔ가 어말 자음인 어휘와 대응된다면, 왜 이 언어들에서는 -ʔ가 성조를 발생시키지 않았는지도 설명하기 어렵다.

상성의 경우 SV와 OSV가 다른 성조로 실현되었지만, 이것은 SV가 당대 이후의 성조를 반영한 것이고 OSV는 한대의 성조를 반영하기 때문일 것이다. SV와 OSV가 반영하는 언어는 수백 년에서 천 년 가까이 차이가 난다. 현재 중국어 각 방언의 성조 값과 성조 형태가 얼마나 다른지 살펴보면 OSV가 반영하는 중국어 방언 지역과 SV가 반영하는 중국어 방언 지역이 달랐을 가능성을 생각할 수 있다. 또한 상성의 성조 값이 그동안 변화했을 가능성에도 무게를 둘 수 있다. 상성이 두 음역으로 나뉘는 방언도 중국어의 7대 방언 가운데 위에粵 방언밖에 없다. 그러므로 상성의 성조 값이 달라진 것이 베트남 한자음에 반영된 것으로 보인다.

3. 평성

한대 한자음이 확인된 글자 가운데 正을 제외한 137개의 평성자가 SV와 OSV에서 각각 어떤 성조로 실현되었는지 살펴보았다. 正은 『광운』에 평성과 거성에 동시에 수록되어 있는데, 正의 OSV giêng은 평성의 성조에, SV chính과 chánh은 거성의 성조에 대응되어 조사 대상에 넣지 않았다. SV는 거성의 음에서, OSV는 평성의 음에서 유래했을 가능성이 있기 때문이다. 중국어의 음평성에 해당하는 베트남어 성조는 ngang, 양평성에 해당하는 베트남어 성조는 huyền이다. 무성음 성모를 가진 글자들이 음평의 성조로, 유성음 성모를 가진 글자들이 양평의 성조로 읽힌다. 〈표 3-8〉에서 볼 수 있듯이 hỏi, ngã, sắc, nặng 성조로 실현된 소수의 글자가 있지만, OSV에서는 대체로 이 규칙이 그대로 적용되었다. 그런데 SV에서는 공명음 성모, 즉 疑모, 泥모, 來모의 차탁 성모 글자들이 음평인 ngang 성조로 실현되었다. 중국어에서는 차탁 성모 글자들도 다른 유성음 성모 글자와 마찬가지로 양평성으로 실현된 것을 감안하면, 이것은 베트남어에만 보이는 특징이다. 아마도 당시 베트남어에는 현 미얀마어에서처럼 무성의 공명음 성모가 존재했고, 이것이 SV에 반영된 것일 수 있다. 물론 OSV에서도 유성음 성모를 가진 소수 글자들이 음평으로 실현된 것을 볼 수 있다.

〈표 3-8〉 중국어 평성자(平聲字)의 베트남어 성조

	SV	OSV
ngang	間慳江腔溪尻誇筐交膠驅今機金彎坯番邊噴飛碑紗絲聲疏蘇鬆須輸申心烏腰齋蛆鉦鐘朱曾支車添初葱追錐吹炊針編呼喧喃娘挑羅藍郎粱驢連蓮廉簾鐮零爐籠牢龍樓離磨猫巫紋眉蠅牙蛾言餘延王容盂源園圓柔悠逾窬遺訣疑夷姨移	間江溪尻誇筐交膠驅今金挑坯番邊噴飛碑紗絲疏蘇鬆須輸申心腰齋鉦鐘支車遮添初葱針探喃臀蓮零牢垂言餘延王容悠訣從缸鞋
huyền	遮狂裙棋旗茶臀房煩繁帆扶符垂繩時匙辰尋蠶停除齊朝從池饞層沉皮含函缸鞋壺	錐呼喧狂裙棋旗娘茶羅藍郎粱驢連廉簾鐮爐籠牢龍樓離磨猫紋眉房煩繁帆扶符繩蠅時匙辰尋牙蛾盂源園圓疑夷姨移蠶停除齊朝曾池饞層沉皮含函壺
hỏi		慳機蛆朱追吹炊
ngã		騎窬
sắc	探	彎聲逾沉
nặng	騎	腔烏編巫柔遺

성대의 진동을 수반하는 유성음 성모 글자들은 일반적으로 무성음

성모 글자들보다 낮은 음역의 성조로 실현되는 것으로 알려져 있다. 베트남 한자음에서도 음평인 ngang 성조는 중국어의 제1성처럼 같은 음높이가 유지되는 직선조의 성조인데, 양평인 huyền 성조보다 높은 음역에서 실현된다. huyền 성조는 ngang 성조보다 낮은 음역에서 출발해 더 낮은 음역으로 서서히 내려가는 성조로, 오도제五度制 표기법을 적용해 표기한다면 21 정도의 음높이이다. 현대 표준 중국어에서 전탁 성모 평성자는 무성음이 된 후 중간 음역에서 고음역으로 올라가는 상승조의 양평성으로 읽힌다. 베트남어에는 유성음 성모가 남아있으므로 huyền 성조가 중고 중국어의 양평성에 근접한 성조 형태일 가능성이 높다.

4. 입성

한대 한자음이 확인된 58개의 입성자가 SV와 OSV에서 어떤 성조로 실현되었는지 살펴보았다. 입성자의 SV의 경우, 무성음 성모 글자는 sắc 성조로, 유성음 성모 글자는 nặng 성조로 변화했다는 규칙에 대체로 부합한다. OSV에서는 일부 來모 글자들과 疑모, 日모 글자가 sắc 성조로 실현된 사례가 있으나, 역시 대체로 무성음 성모 글자는 sắc 성조로, 유성음 성모 글자는 nặng 성조로 실현되었다.

〈표 3-9〉 중국어 입성자(入聲字)의 베트남어 성조

	SV	OSV
sắc	角刼結裌哭刮菊橘急答剝發法碧撇惜錫壓折節察尺隻貼燭脫筆割歇夾瘧	角刼結裌哭刮菊橘急答剝法碧撇惜錫壓折節察尺隻貼燭脫筆割歇辣蠟力冽烈兀杌辱
nặng	局及納讀辣臘蠟力冽烈錄木墨縛佛席屬贖亦逆兀杌辱越濁盒狹	發夾局及納讀臘錄木墨縛瘧佛席屬贖亦逆越濁盒狹

베트남은 기원전 111년부터 서기 938년까지 중국의 지배를 받았기 때문에 당대의 중국 한자음을 반영하는 SV의 성조 체계도 성모와 운모 체계처럼 당대 관화官話의 성조 체계를 보존했을 가능성이 있다. 관화는 관리들이 쓰는 말로 당시 표준어로 볼 수 있다. 당시 중국 조정에서 관리를 식민지로 파견했으므로 베트남 한자음에 성조를 포함한 중고음이 더 잘 보존되었을 가능성도 있다.

한대 한자음에서는 hỏi, ngã 성조가 중국어의 거성에 대응되므로, 오드리쿠르는 OSV에서 hỏi, ngã 성조로 읽히는 중국어의 거성자들을 증거로 운미 -s>-h에서 거성이 유래한 것으로 보았다. 그러나 전술한 대로 OSV가 남아있는 99개의 거성자를 대상으로 살펴본 결과, 거성자는 hỏi, ngã 성조뿐 아니라 평성인 ngang, huyền 성조로도 많이 실현되었고, 일부는 sắc, nặng 성조로도 실현되었다. 이것은 상고 중국어 음운 자료에서 거성자들이 다른 성조의 글자들과 압운하고 있는 양상과 비슷하며, 거성의 -h, -s 운미 기원설과 배치된다. 상성의 경우 오드리쿠르의 주장대로 다수 상성자의 OSV가 sắc, nặng 성조로 실현되었지만, 살펴본 대로 sắc, nặng 성조 역시 -ʔ 운미에서 비롯했음을 입증할 만한 결정적인 증거는 없다.

중국어의 평, 상, 거, 입 네 성조는 SV의 성조와 대응될 뿐 아니라 OSV의 성조와도 대응되는데, 성모의 유무성 여부에 따라 두 개의 음역으로 나뉜 것까지 동일하다. 같은 오스트로아시아어족에 속하는 언어들에는 성조가 없는데, 베트남어에만 성조가 있고, 그 성조가 중국어의 성조 체계와 일치한다면, 베트남어에서만 운미에 의해 자연 발생학적으로 성조가 생겼을 가능성보다는 중국어의 영향을 받아 성조가 생겼을 가능성을 생각해 보아야 한다.

마스페로는 성조가 없는 언어가 성조가 있는 언어에서 어휘를 차용할 때 성조는 차용하지 않는다고 했지만, 그것은 한국어와 일본어처럼 중국어와 완전히 다른 유형학적 특징을 가진 언어들에 주로 적용될 것이다. 베트남어도 중국어와 같은 단음절어로, 같은 음절도 성조에 따라 의미가 달라지기 때문에 고대 중국어에서 어휘를 차용할 때 성조도 차용했을 것이다. 베트남어에서 사용되는 한자어의 성조가 중국어의 성조와 대응된다는 사실 자체가 베트남어의 성조가 중국어에서 차용되었음을 의미하는 것이 아닐까? 베트남어의 음상성, 즉 hỏi 성조가 현대 표준 중국어의 제3성(중고 중국어의 음상성)과 거의 동일한 곡선조曲線調로 읽히는 것도 우연이 아닐 것이다.

지금까지 살펴본 바에 의하면 베트남어의 성조는 중국어 성조의 영향을 받은 것으로 보인다. 성조 값이 시대에 따라, 지역에 따라 달라진다는 점을 고려하면, SV의 성조와 OSV의 성조 값이 다른 것은 SV가 반영하는 중국어가 OSV가 반영하는 중국어와 달랐기 때문이라고 할 수 있다.

참고문헌

강신항 1991. 『鷄林類事 고려 방언 연구』, 성균관대학교 출판부.

계지연 2016. 「베트남漢字音의 聲類體系 研究」, 동국대학교 석사학위논문.

김부식 『三國史記』, 신호열 역, 2007, 서울: 동서문화사.

김상근 1995. 『中語學基礎』, 서울: 중앙대학교 출판부.

김태경 2014. 「조선시대 자료를 통한 중국어 성조의 운미 기원설 고찰」, 『중국어문학논집』, 87:21-43.

김태경 2016. 『상고중국어 음운체계와 한국어 어휘의 어원』, 학고방.

김태경 2020. 「베트남 한자음의 특징 및 베트남어 어휘의 어원 고찰」, 『중국학논총』, 67:1-23.

김태경 2021. 「베트남 한자어의 성조 값 연구-五度制 성조 표기법을 적용하여」, 『외국학연구』, 57:367-390.

김태경 2023a. 「見母 2等字의 베트남 한자음」, 『중국어문학지』, 82:239-260.

김태경 2023b. 「合口 3等 介音의 순서와 撮口 韻母의 형성 과정」, 『중국어문학지』, 85:67-90.

남광우 2008. 『古語辭典』, 서울: 교학사.

서정범 2000. 『國語語源辭典』, 서울: 보고사.

성백인·김현권 1988. 『언어학개론』, 서울: 한국방송대학교출판부.

엄익상 2002. 『중국언어학 한국식으로 하기』, 서울: 한국문화사

엄익상 2019. 『중국어 음운론과 응용』, 서울: 한국문화사.

이경철 2006. 『일본한자음의 이해』, 서울: 도서출판책사랑.

이병운 2015. 「현대 베트남어 한자음 종성 [k/c]와 [ŋ/ɲ]에 관한 연구」, 『교사교육연구』, 54(4):716-725.

이상이 2015. 「한국·일본·베트남漢字音의 韻類體系 比較研究」, 동국대학교 박사학위논문.

일　연 『삼국유사』, 김원중 역, 2007. 서울: 민음사.

鄭林嘯·백종인 2011. 「篆隷萬象名義 重紐韻 중 舌齒音의 분류 문제」, 『인문학연구』, 충남대학교 인문과학연구소. 85:331-345.

정보라 2019.『가장 쉬운 독학 베트남어 첫걸음』, 서울: 동양북스.
최영애 2000.『중국어음운학』, 서울: 통나무.
최영애 2011.『중국어란 무엇인가』, 서울: 통나무.
Karlgren, Bernhard(칼그렌) 1954. "Compendium of Phonetics in Ancient and Archaic Chinese", BMFEA 26, 최영애 역, 1985,『고대한어음운학개요』, 서울: 민음사.
Norman, Jerry(노먼) 1988. *Chinese*, Cambridge: Cambridge University Press. 전광진역, 1996,『중국언어학총론』, 서울: 동문선.
董同龢 1968[1981]『漢語音韻學』, 臺北: 文史哲出版社.
郭錫良 1986.『漢字古音手冊』, 北京: 北京大學出版社.
花玉山 2005.「越南音與字喃研究」, 南京師範大學 博士學位論文.
李方桂 1982.『上古音研究』, 北京: 商務印書館.
李 榮 1973.『切韻音系』, 臺北: 鼎文書局.
李新魁 1999.『李新魁自選集』, 鄭州: 大象出版社.
李珍華·周長楫 1999.『漢字古今音表』, 北京: 中華書局.
劉新中 2006.『海南閩語的語音研究』, 北京: 中國社會科學出版社.
陸志韋 1988.「記徐孝重訂司馬溫公等韻圖經」,『近代漢語音韻論集』, 北京: 商務印書館.
羅常培·周祖謨 2007.『漢魏晉南北朝韻部演變研究』, 北京: 中華書局.
潘悟雲 2000.『漢語歷史音韻學』, 上海教育出版社.
阮廷賢 2012.「漢越語音系與喃字研究」, 復旦大學 博士學位論文.
邵榮芬 1998.「韻法橫圖與明末南京方音」,『漢字文化』, 3:25-37.
史存直 1997.『漢語音韻學論文集』, 上海: 華東師範大學出版社.
唐作藩 2002.『音韻學教程』, 北京: 北京大學出版社.
王 力 1980.『漢語史稿』, 北京: 中華書局.
威妥瑪 1886.『語言自邇集』, 張衛東 譯, 2002, 北京: 北京大學出版社.
嚴學宭 1998.「原始漢語複聲母類型的痕迹」,『古漢語複聲母論文集』, 北京語言文化大學出版社.
楊劍橋 1998.『漢語現代音韻學』, 上海: 復旦大學出版社.
曾運乾 2004.『音韻學講義』, 北京: 中華書局.

鄭張尙芳 1984.「上古音構擬小議」『語言學論叢』, 14:36-49.
鄭張尙芳 2012.「漢語聲調平仄之分與上聲去聲的起源」,『鄭張尙芳語言學論文集』, 北京: 中華書局, 463-467.
周德淸 1324.『中原音韻』, 1978, 北京: 中華書局
竺家寧 2008.『聲韻學』, 臺北: 五南圖書出版公司.
三根谷徹 1972.『越南漢字音の硏究』, 東京: 東洋文庫.
Pulleyblank, E. G.(蒲立本) 1962. The Consonantal System of Old Chinese, *Asia Major* 9. 潘悟雲, 徐文堪譯,『上古漢語的輔音系統』, 北京: 中華書局, 1999[2008].
F. S. Hsueh 1975. *Phonology of Old Mandarin*, Mouton & Co. B. V., Publishers, The Hague.
André Haudricourt, De l'origine des tons en vietnamien, *Journal Asiatique* 242: 69-82, 1954. Reprinted in *Problèmes de phonologie diachronique*: 146-160, translated by Marc Brunelle, 2018.
Hashimoto, Mantaro J. "Internal Evidence for Ancient Chinese Palatal Endings." *Language*, Volume 46, Number 2, pp.336-365, 1970.

부록: 베트남 한자음 표

일러두기

1. 漢代 한자음이 남아 있는 372개 한자의 唐代 한자음(SV)과 漢代 한자음(OSV)을 수록했다.
2. 각 한자는 한글 자모(가나다) 순으로 수록했다.
3. 각 한자가 속한 『광운』의 운이 상성, 거성, 입성운이면 평성 운을 옆에 표기했다.

	성모	운(평성)	운부	성조	SV	OSV
架	見	禡(麻)	歌부	去	giá	kệ
嫁	見	禡(麻)	魚부	去	giá	gả
價	見	禡(麻)	魚부	去	giá	cả
角	見	覺(江)	屋부	入	giác	góc
間	見	山	元부	平	gian	căn
揀	見	產(山)	元부	上	giản	kén
慳	溪	山	元부	平	kiên	sẻn
諫	見	諫(刪)	元부	去	gián	can
感	見	感(覃)	侵부	上	cảm	cám
監	見	銜	談부	平/去	giám	kèm
江	見	江	東부	平	giang	sông
腔	溪	江	東부	平	xoang	giọng
彊	見	漾(陽)	陽부	去	cưỡng	cứng
芥	見	怪(皆)	祭부	去	giới	cải
距	羣	語(魚)	魚부	上	cự	cựa
鋸	見	御(魚)	魚부	去	cứ	cưa
劍	見	梵(凡)	談부	去	kiếm	gươm
劫	見	葉(鹽)	葉부	入	kiếp	cướp
繭	見	銑(先)	元부	上	kiển	kén
結	見	屑(先)	質부	入	kiết	kết
裌	見	洽(咸)	葉부	入	giáp	kép
鏡	見	映(庚)	陽부	去	kính	gương
戒	見	怪(皆)	之부	去	giới	cai
溪	溪	齊	支부	平	khê	khe
叩	溪	厚(侯)	侯부	上	khấu	khỏ
尻	溪	豪	幽부	平	khao	khu
考	溪	晧(豪)	幽부	上	khảo	khụ[1)]
苦	溪	姥(模)	魚부	上	khổ	khó
庫	溪	暮(模)	魚부	去	khố	kho

哭	溪	屋(東)	屋부	入	khốc	khóc
誇	溪	麻	魚부	平	khoa	khoe
寡	見	馬(麻)	魚부	上	quả	góa
慣	見	諫(刪)	元부	去	quán	quen
刮	見	鎋(刪)	月부	入	quát	quét
狂	羣	陽	陽부	平	cuồng	cuồng
筐	溪	陽	陽부	平	khuông	khuông
誆	羣	漾(陽)	陽부	去	cuống	cuống
誑	見	漾(陽)	陽부	去	cuống	cuống
卦	見	卦(佳)	支부	去	quái	quẻ
巧	溪	巧(肴)	幽부	上	xảo	khéo
交	見	肴	宵부	平	giao	trao
膠	見	肴	幽부	平	giao	keo
狗	見	厚(侯)	侯부	上	cẩu	chó
驅	溪	虞	侯부	平	khu/xu	khua
局	羣	燭(鍾)	屋부	入	cục	cuộc
菊	見	屋(東)	覺부	入	cúc	khúc
裙	羣	文	文부	平	quần	cùn
卷	見	獮(仙)	元부	上	quyển	cuốn/cuộn
捲	見	獮(仙)	元부	上	quyển	cuốn/cuộn
跪	羣	紙(支)	歌부	上	quì/quỵ	ngồi[2]
櫃	羣	至(脂)	微부	去	quĩ/quỹ	cũi[3]
叫	見	嘯(蕭)	幽부	去	khiếu	kêu
橘	見	術(諄)	質부	入	quất	quít
今	見	侵	侵부	平	kim	kim
禁	見	沁(侵)	侵부	去	cấm	kìm
及	羣	緝(侵)	緝부	入	cập	kịp
急	見	緝(侵)	緝부	入	cấp	kíp
肯	溪	等(登)	蒸부	上	khẳng	khứng

1) 潘悟雲(2000:206)은 考(고)를 老(로)로 주를 다는 것에 착안해 베트남어 어휘 khụ(늙은)의 음을 적용했다.

2) 潘悟雲(2000:230)은 '앉다'라는 어휘 ngồi가 跪(궤)의 상고음에서 유래한 것으로 보았다.

3) 판매대, 계산대의 의미로 쓰이는 어휘 quầy도 櫃(궤)의 한자음에서 유래한 것으로 보인다. 潘悟雲(2000:154)은 櫃의 상고음을 củi(땔나무)로 표기했으나 오드리쿠르(2018:9)가 제시한 '짐승의 우리'를 가리키는 어휘는 cũi이다.

忌	羣	志(之)	之부	去	kỵ	cữ
寄	見	寘(支)	歌부	去	ký	gởi/gửi[4)]
棋	羣	之	之부	平	kỳ	cờ
旗	羣	之	之부	平	kỳ	cờ
機	見	微	微부	平	cơ	cửi
騎	羣	支	歌부	平	kỵ	cưỡi/cỡi
緊	見	軫(眞)	眞부	上	khẩn	kín
金	見	侵	侵부	平	kim	kim
喃	娘	咸	侵부	平	nam	nôm
納	泥	合(覃)	緝부	入	nạp	nộp
娘	娘	陽	陽부	平	nương	nàng
弩	泥	姥(模)	魚부	上	nỏ[5)]	ná
嫩	泥	慁(魂)	文부	去	nộn	non
茶	澄	麻	魚부	平	trà	chè
答	端	合(覃)	緝부	入	đáp	đốp
撞	澄	絳(江)	東부	去	tráng[6)]	đụng
代	定	代(咍)	之부	去	đại	đời
袋	定	代(咍)	之부	去	đại	đãy
帶	端	泰	祭부	去	đái	dải
懟	澄	至(脂)	微부	去	trụy/đối	tủi
挑	透	蕭	宵부	平	khiêu[7)]	khêu
度	定	暮(模)	魚부	去	độ	đo/đạc
渡	定	暮(模)	魚부	去	độ	đò
讀	定	屋(東)	屋부	入	độc	đọc
斗	端	厚(侯)	侯부	上	đẩu	đấu
豆	定	候(侯)	侯부	去	đậu	đỗ
荳	定	候(侯)	侯부	去	đậu	đỗ
臀	定	魂	文부	平	đồn	trôn
羅	來	歌	歌부	平	la	chài

4) 베트남 중남부 지역에서는 gởi로, 북부 지역에서는 gửi로 발음한다.

5) 三根谷徹(1972), 「베트남 한자음 대조표(越南漢字音對照表)」의 15쪽에는 弩(노)의 SV가 努(노)와 같이 nỗ로 되어 있으나 현재 '큰 활'의 뜻으로 쓰이는 어휘는 nỏ여서 수정했다.

6) 撞(당)은 평성의 음 chàng도 있다.

7) 挑(도)는 三根谷徹(1972), 「베트남 한자음 대조표」의 6쪽에는 thao로 되어 있으나, 潘悟雲(2000:64), 『네이버 베트남어 사전』에 khiêu로 수록되어 있다.

亂	來	換(桓)	元부	去	loạn	rộn
辣	來	曷(寒)	月부	入	lạt	rát
藍	來	談	談부	平	lam	chàm
臘	來	盍(談)	葉부	入	lạp	chạp
蠟	來	盍(談)	葉부	入	lạp	sáp
郎	來	唐	陽부	平	lang	chàng
冷	來	梗(庚)	耕부	上	lãnh	lạnh
亮	來	漾(陽)	陽부	去	lượng	sáng
梁	來	陽	陽부	平	lương	rường
驢	來	魚	魚부	平	lư	lừa
力	來	職(蒸)	職부	入	lực	sức
連	來	仙	元부	平	liên	liền[8]
煉	來	霰(先)	元부	去	luyện	rèn
練	來	霰(先)	元부	去	luyện	rèn
蓮	來	先	元부	平	liên	sen
冽	來	薛(仙)	月부	入	liệt	rét
烈	來	薛(仙)	月부	入	liệt	rát
廉	來	鹽	談부	平	liêm	rèm
簾	來	鹽	談부	平	liêm	rèm
鐮	來	鹽	談부	平	liêm	liềm
零	來	青	耕부	平	linh	riêng
禮	來	薺(齊)	脂부	上	lễ	lạy
老	來	晧(豪)	幽부	上	lão	rệu
路	來	暮(模)	魚부	去	lộ	sá
爐	來	模	魚부	平	lô	lò
露	來	暮(模)	魚부	去	lộ	rõ/ló/lõ[9]
錄	來	燭(鍾)	屋부	入	lục	lọc
壟	來	腫(鍾)	東부	上	lũng	luống
籠	來	東	東부	平	lung	lồng
牢	來	豪	幽부	平	lao	rào/sao[10]
龍	來	鍾	東부	平	long	rồng
漏	來	候(侯)	侯부	去	lậu	rò

8) 潘悟雲(2000:224)에는 連(련)의 OSV가 rền으로 표기되어 있다.

9) 상고음은 阮廷賢(2012:272)에서 rõ(명확한)와 ló(명백하게 되다), 오드리쿠르(2018:9)에서 lõ(튀어나온)를 인용했다.

10) sao의 음은 『네이버 오픈사전』에서 인용했다.

樓	來	侯	侯부	平	lâu	lầu
簍	來	厚(侯)	侯부	上	lẩu	rọ
利	來	至(脂)	脂부	去	lợi[11]	lãi
離	來	支	歌부	平	li/ly	lìa/rời
磨	明	戈	歌부	平/去	ma/mạ	mài
晩	微	阮(元)	元부	上	vãn	muộn
萬	微	願(元)	元부	去	vạn	muôn
彎	影	删	元부	平	oan[12]	uốn
望	微	漾(陽)	陽부	去	vọng	mong
每	明	賄(灰)	之부	上	mỗi	mọi
命	明	映(庚)	耕부	去	mệnh/mạnh	mạng
帽	明	號(豪)	幽부	去	mạo	mũ
木	明	屋(東)	屋부	入	mộc	mọc
猫	明	肴	幽부	平	miêu	mèo
墓	明	暮(模)	魚부	去	mộ	mả
巫	微	虞	魚부	平	vu	mụ
務	微	遇(虞)	侯부	去	vụ	mùa
舞	微	麌(虞)	魚부	上	vũ	múa
霧	微	遇(虞)	侯부	去	vụ	mù
墨	明	德(登)	職부	入	mặc	mực
紋	微	文	文부	平	văn	vằn
未	微	未(微)	微부	去	vị	mùi
味	微	未(微)	微부	去	vị	mùi
眉	明	脂	脂부	平	mi	mày
悶	明	慁(魂)	文부	去	muộn	muộn
剝	幫	覺(江)	屋부	入	bác	bóc/tróc[13]

---

11) 潘悟雲(2000:154)은 중고음을 lị로 표기했다. 三根谷徹(1972), 「베트남 한자음 대조표」, 75쪽에는 lị, lợi 두 음이 다 표기되어 있으나, lợi는 미네야 토오루(三根谷徹)가 참고한 세 권의 서적에 기록된 음이고, lị는 한 권에만 수록된 음이다. 무엇보다 현재 베트남어에서는 lợi가 利의 한자음으로 쓰인다.

12) 三根谷徹(1972), 「베트남 한자음 대조표」의 47쪽에 彎(만)이 oan으로 표기되어 있는데, oan의 의미는 한자의 뜻과 거리가 있다. oằn이 한자의 뜻과 일치하는데, 베트남 한자음에서는 한자 자체의 뜻과 음이 일치하지 않는 사례가 꽤 있어서 확언하기 어렵다.

13) 潘悟雲(2000:292)은 剝(박)의 OSV tróc이 *proc에서 변화된 것으로 보았다. 剝의 한자음은 bác 외에 bóc도 있는데, 주요모음을 고려하면 한대 음으로

縛	奉	藥(陽)	鐸부	入	phọc	buộc
發	非	月(元)	月부	入	phát	buột
房	奉	陽	陽부	平	phòng	buồng
放	非	漾(陽)	陽부	去	phóng	buông
坯	滂	灰	之부	平	phôi	phơ
番	敷	元	元부	平	phiên	phen
煩	奉	元	元부	平	phiền	buồn
繁	奉	元	元부	平	phiền/phồn	phồn
帆	奉	凡	侵부	平	phàm	buồm
法	非	乏(凡)	葉부	入	pháp	phép
碧	幫	昔(淸)	鐸부	入	bích	biếc
邊	幫	先	元부	平	biên	bên
變	幫	線(仙)	元부	去	biến	lộn
撇	滂	屑(先)	月부	入	phiết	phết
癟	並	屑(先)	月부	入	biết	bẹt
餠	幫	靜(淸)	耕부	上	bính	bánh
寶	幫	晧(豪)	幽부	上	bảo	báu
本	幫	混(魂)	文부	上	bản	vốn
父	奉	麌(虞)	魚부	上	phụ	bố
扶	奉	虞	魚부	平	phù/phò	vùa
斧	非	麌(虞)	侯부	上	phủ	búa
婦	奉	有(尤)	之부	上	phụ	bụa
符	奉	虞	侯부	平	phù	bùa
噴	滂	魂	文부	平	phun	phun
佛	奉	物(文)	物부	入	phật	bụt
比	幫	旨(脂)	脂부	上	tỉ/tỷ	bì/ví
飛	非	微	微부	平	phi	bay
碑	幫	支	支부	平	bi	bia
似	邪	止(之)	之부	上	tự	tợ[14]
祀	邪	止(之)	之부	上	tự	thờ
俟	崇	止(之)	之부	上	sĩ	chờ
紗	生	麻	歌부	平	sa	the
赦	書	禡(麻)	魚부	去	xá	thả
絲	心	之	之부	平	ti	tơ
蒜	心	換(桓)	元부	去	toán/toàn	tỏi[15]

볼 수 있다.

14) tựa도 '닮은'의 의미로 쓰인다.

序	邪	語(魚)	魚부	上	tự	tựa
席	邪	昔(淸)	鐸부	入	tịch	tiệc
惜	心	昔(淸)	鐸부	入	tích	tiếc
錫	心	錫(靑)	錫부	入	tích	thiếc
聖	書	勁(淸)	耕부	去	thánh	thiêng
聲	書	淸	耕부	平	thanh	tiếng
歲	心	祭	祭부	去	tuế	tuổi
少	書	小(宵)	宵부	上/去	thiểu/thiếu	thiếu
所	生	語(魚)	魚부	上	sở	thửa
疏	生	魚	魚부	平	sơ	thưa/sưa
訴	心	暮(模)	魚부	去	tố	thưa
蘇	心	模	魚부	平	tô	tua
屬	禪/章	燭(鍾)	屋부	入	thục/chúc	thuộc[16]
贖	船	燭(鍾)	屋부	入	thục	chuộc
鬆	心	鍾	東부	平	tung	long
受	禪	有(尤)	幽부	上	thụ	chịu
垂	禪	支	歌부	平	thùy	thôi
須	心	虞	侯부	平	tu	tua
綉(繡)	心	宥(尤)	幽부	去	tú	thêu
輸	書	虞	侯부	平	thâu	thua
繩	船	蒸	蒸부	平	thằng	thừng
蠅	以	蒸	蒸부	平	dăng	lằng
市	禪	止(之)	之부	上	thị	chợ
侍	禪	志(之)	之부	去	thị	thờ
時	禪	之	之부	平	thì/thời	giờ
匙	禪	支	支부	平	thì	thìa
試	書	志(之)	之부	去	thí/thi	thử
申	書	眞	眞부	平	thân	xin
辰	禪	眞	眞부	平	thần	thìn
信	心	震(眞)	眞부	去	tín	tín/tin

15) 蒜(산)의 중고음은 三根谷徹(1972), 「베트남 한자음 대조표」의 10쪽에서, 상고음은 潘悟雲(2000:231)에서 인용했다. tỏi의 의미가 '마늘'로 蒜에 '달래', '작은 마늘'의 뜻이 있어 의미상 연결되어 수록했다.

16) 阮廷賢(2012:266)에 屬(속)의 상고음과 중고음 모두 thuộc으로 표기되어 있으나, 三根谷徹(1972), 「베트남 한자음 대조표」, 58쪽을 참고했다. chúc은 章모에서, thục은 禪모에서 유래한 음이다.

心	心	侵	侵부	平	tâm	tim
尋	邪	侵	侵부	平	tầm	tìm
審	書	寢(侵)	侵부	上	thẩm	thấm
嬸[17]	書	寢(侵)	侵부	上	thẩm	thím
牙	疑	麻	魚부	平	nha	ngà
蛾	疑	歌	歌부	平	nga	ngài
雁	疑	諫(刪)	元부	去	nhạn	ngan
壓	影	狎(銜)	葉부	入	áp	ép
仰	疑	養(陽)	陽부	上	ngưỡng	ngửa
盎	影	宕(唐)	陽부	去	áng	ảng/ang
御	疑	御(魚)	魚부	去	ngự	ngừa
言	疑	元	元부	平	ngôn	ngôn
餘	以	魚	魚부	平	dư	lừa
亦	以	昔(淸)	鐸부	入	dịch	diệc/riệc[18]
逆	疑	陌(庚)	鐸부	入	nghịch	ngược
延	以	仙	元부	平	diên	lan
燕	影	霰(先)	元부	去	yến	én
染	日	琰(鹽)	談부	上	nhiễm	nhuộm
午	疑	姥(模)	魚부	上	ngọ	ngựa[19]
烏	影	模	魚부	平	ô	quạ
兀	疑	沒(魂)	物부	入	ngột	ngút
杌	疑	沒(魂)	物부	入	ngột	ghế[20]
瓦	疑	馬(麻)	歌부	上	ngoã	ngói
王	云	陽	陽부	平	vương	vua
枉	影	養(陽)	陽부	上	uổng	uổng
腰	影	宵	宵부	平	yêu	eo
辱	日	燭(鍾)	屋부	入	nhục	nhuốc

17) 嬸(심)은 『광운』에 수록되어 있지 않아 『집운』의 운을 참고했다. 審의 중고음은 潘悟雲(2000:159)에서 인용했다.

18) 三根谷徹(1972), 「베트남 한자음 대조표」, 102쪽을 참고했다.

19) 오드리쿠르(2018:12), 阮廷賢(2012:272)에 午의 한더 음을 중고음과 마찬가지로 ngọ라 표기했으나, 말을 베트남어로 ngựa라 하고 午가 상고음에서 魚운부에 속하므로 ngựa로 수정했다. 참고로 馬(마)의 베트남 한자음은 mã이다.

20) 오드리쿠르(2018:11) 참조. 杌(올)의 상고음이 중고음과 차이가 크지만, 의미가 관련되어 인용했다.

俑	以	腫(鍾)	東부	上	dũng	dõng
勇	以	腫(鍾)	東부	上	dũng	dõng
容	以	鍾	東부	平	dung	dong
蛹	以	腫(鍾)	東부	上	rũng	dộng[21]
雨	云	麌(虞)	魚부	上	vũ	mưa
盂	云	虞	魚부	平	vu	vùa
源	疑	元	元부	平	nguyên	nguồn
園	云	元	元부	平	viên	vườn
圓	云	仙	文부	平	viên	tròn
越	云	月(元)	月부	入	việt	vượt
慰	影	未(微)	微부	去	ủi	ủi
酉	以	有(尤)	幽부	上	dậu	dậu
柔	日	尤	幽부	平	nhu	dịu
悠	以	尤	幽부	平	du	lâu
喩	以	遇(虞)	侯부	去	dụ	rõ
逾	以	虞	侯부	平	du	lố
窬	以	虞	侯부	平	du	lỗ
誘	以	有(尤)	幽부	上	dụ	rủ[22]
遺	以	脂	微부	平	di	lọi
諛	以	虞	侯부	平	du	dua
義	疑	寘(支)	歌부	去	nghĩa	nghĩa
疑	疑	之	之부	平	nghi	ngờ
二	日	至(脂)	脂부	去	nhị	nhì
以	以	止(之)	之부	上	dĩ	lấy
夷	以	脂	脂부	平	di	lì
易	以	寘(支)	支부	去	dị	dễ
姨	以	脂	脂부	平	di	dì
移	以	支	歌부	平	di	dời
印	影	震(眞)	眞부	去	ấn	in
忍	日	軫(眞)	文부	上	nhẫn	nhịn
字	從	志(之)	之부	去	tự	chữ

21) 현재 번데기(蛹)의 뜻으로 쓰이는 베트남어 어휘는 한대 음인 dộng인데, nhộng도 번데기의 뜻으로 쓰인다. 음운변화 규칙에는 맞지 않지만, 이 어휘 역시 한자음에서 비롯된 어휘로 보인다.

22) 潘悟雲(2000:206)은 dũ로 표기했으나, 사전에 dũ라는 어휘가 없고 '유혹하다'의 뜻으로 rủ가 사용되는 것으로 보아 rủ가 한대 음으로 보인다.

紫	精	紙(支)	支부	上	tử	tía
盞	莊	産(山)	元부	上	trản	chén
蠶	從	覃	侵부	平	tàm	tằm
載	精	代(咍)	之부	去	tải	chở
齋	莊	皆	脂부	平	trai	chay
底	端	薺(齊)	脂부	上	để	đáy
蛆	清	魚	魚부	平	thư	tửa
貯	端	語(魚)	魚부	上	trữ	chứa
箸	澄	御(魚)	魚부	去	trợ	đũa
剪	精	獮(仙)	元부	上	tiễn	xén
殿	定	霰(先)	文부	去	điện	đền
箭	精	線(仙)	元부	去	tiễn	tên
折	章	薛(仙)	月부	入	chiết	đứt
節	精	屑(先)	質부	入	tiết	tết
墊	定	㮇(添)	侵부	去	điếm	đệm
點	端	忝(添)	談부	上	điểm	đếm
井	精	靜(淸)	耕부	上	tỉnh	giếng
正	章	淸	耕부	平/去	chính/chánh	giêng
停	定	青	耕부	平	đình	đừng
鉦	章	淸	耕부	平	chinh	chiêng
除	澄	魚	魚부	平	trừ	chừa
齊	從	齊	脂부	平	tề	tày
助	崇	御(魚)	魚부	去	trợ	chữa[23]
朝	澄	宵	宵부	平	triều	trào/chầu[24]
從	從	鍾	東부	平	tòng/tùng	thong
種	章	腫(鍾)	東부	上	chủng	giống
鐘	章	鍾	東부	平	chung	chuông
座	從	過(戈)	歌부	去	tọa/tòa[25]	tòa

23) 潘悟雲(2000:189)은 '수리하다'라는 뜻의 베트남어 어휘 chữa가 助(조)의 상고음에서 온 어휘로 보았다. 필자는 '치유하다'라는 뜻의 2음절어 cứu chữa가 救助에서 온 것으로 보고 그대로 인용했다.

24) 阮廷賢(2012:113)에는 chầu로 되어 있으나 『네이버 베트남어 사전』에는 triều외에 trào만이 수록되어 있다. 三根谷徹(1972)의 「베트남 한자음 대조표」 93쪽에는 澄모 朝(조)의 한자음이 triều와 chiều로 수록되어 있어 trào가 중고음 이전의 한자음임을 말해 준다.

25) 花玉山(2005:82)에 座(좌)의 중고음이 tọa, 상고음이 tòa로 되어 있는데, 三

主	章	麌(虞)	侯부	上	chủ	chúa
朱	章	虞	侯부	平	chu	đỏ
肘	知	有(尤)	幽부	上	trửu	khuỷu
注	章	遇(虞)	侯부	去	chú	chua[26]
酒	精	有(尤)	幽부	上	tửu	rượu
註	知	遇(虞)	侯부	去	chú	chua
鑄	章	遇(虞)	幽부	去	chú	đúc
中	知	送(東)	冬부	去	trúng	đúng
重	澄	腫(鍾)	東부	上	trọng	chuộng
曾	從	登	蒸부	平	tăng	từng
支	章	支	支부	平	chi	chia
地	定	至(脂)	歌부	去	địa	địa
池	澄	支	歌부	平	trì	đìa
紙	章	紙(支)	支부	上	chỉ	giấy
車	昌	麻	魚부	平	xa	xe
遮	章	麻	魚부	平	già	che
察	初	黠(山)	月부	入	sát	xét
斬	莊	豏(咸)	談부	上	trảm	chém
饞	崇	咸	談부	平	sàm	thèm
尺	昌	昔(淸)	鐸부	入	xích	thước
隻	章	昔(淸)	鐸부	入	chích	chiếc
添	透	添	談부	平	thiêm	thêm
貼	透	帖(添)	葉부	入	thiếp	thếp
替	透	霽(齊)	脂부	去	thế	thay
初	初	魚	魚부	平	sơ	xưa
草	淸	晧(豪)	幽부	上	thảo	tháu
燭	章	燭(鍾)	屋부	入	chúc	đuốc
葱	淸	東	東부	平	thông	song
寵	徹	腫(鍾)	東부	上	sủng	chuộng
追	知	脂	微부	平	truy	đuổi

根谷徹(1972), 「베트남 한자음 대조표」의 4쪽에 실린 중고음은 tòa이다. 그런데 座談(좌담)의 베트남어 어휘가 tọa đàm인 것으로 보아 tọa가 중고음임은 확실하다.

26) 阮廷賢(2012:278)에 注(주)의 상고음이 음평으로 수록되어 있는데, 성모는 다르지만 같은 거성의 글자인 註(주)의 상고음이 현재 한대 베트남 한자음에서 음평이어서 오류는 아닌 것으로 보인다.

錐	章	脂	微부	平	chuy	dùi
吹	昌	支	歌부	平	xuy	thổi
炊	昌	支	歌부	平	xuy	thổi
層	從	登	蒸부	平	tầng	từng
治	澄	志(之)	之부	去	trị	chữa
置	知	志(之)	之부	去	trí	để
沉	澄	侵	侵부	平	trầm	đắm/chìm
針	章	侵	侵부	平	châm/trâm	kim
濁	澄	覺(江)	屋부	入	trọc	đục
脫	透	末(桓)	月부	入	thoát	thốt
探	透	覃	侵부	平	thám	thăm
蛻	透	泰	月부	去	thuế	lốt
兔	透	暮(模)	魚부	去	thố/thỏ[27]	thỏ
退	透	隊(灰)	微부	去	thoái/thối	lui/lùi[28]
腿	透	賄(灰)	微부	上	thổi	đùi
板	幫	潸(刪)	元부	上	bản	ván
販	非	願(元)	元부	去	phán	bán
編	幫	仙	眞부	平	biên	bện
肺	敷	廢	祭부	去	phế	phổi
閉	幫	霽(齊)	脂부	去	bế	bít/bịt[29]
布	幫	暮(模)	魚부	去	bố	bủa
豹	幫	效(肴)	宵부	去	báo	beo
皮	並	支	歌부	平	bì	bìa
筆	幫	質(眞)	物부	入	bút	bút[30]
夏	匣	馬禡(麻)	魚부	上/去	hạ	hè
限	匣	産(山)	文부	上	hạn	hẹn
割	見	曷(寒)	月부	入	cát	cắt
含	匣	覃	侵부	平	hàm	gồm

27) 三根谷徹(1972), 「베트남 한자음 대조표」의 15쪽에 兔(토)의 중고음이 thố와 thỏ로 수록되어 있다.

28) 潘悟雲(2000:231)은 退(퇴)의 상고음으로 lui만을 제시했으나, lùi도 현재 같은 의미인 '물러서다', '후퇴하다'의 뜻으로 사용된다.

29) 潘悟雲(2000:215)은 閉(폐)의 상고음으로 bít만을 제시했으나 bịt도 같은 의미로 사용되어 한대 음을 반영하는 어휘로 볼 수 있다.

30) 潘悟雲(2000:231)에 pút으로 표기되어 있으나 오타로 보인다. 베트남 문자 p는 외래어, 주로 고유명사의 표기에만 초성으로 사용된다.

函	匣	覃	談부	平	hàm	hòm
陷	匣	陷(咸)	談부	去	hãm	trõm
盒	匣	合(覃)	緝부	入	hạp	hộp
缸	匣	江	東부	平	hàng	cong
解	見	蟹(佳)	支부	上	giải	cởi
許	曉	語(魚)	魚부	上	hứa	hứa
歇	曉	月(元)	月부	入	yết	hết
蜆[31)]	匣/曉	銑(先)	元부	上	hiện/hiến	hến
夾	見	洽(咸)	葉부	入	giáp	kẹp
狹	匣	洽(咸)	葉부	入	hiệp	hẹp
鞋	匣	佳	支부	平	hài	hia
戶	匣	姥(模)	魚부	上	hộ	họ
呼	曉	模	魚부	平	hô	hò
壺	匣	模	魚부	平	hồ	vò
畫	匣	卦(佳)	支부	去	hoạ	vẽ
況	曉	漾(陽)	陽부	去	huống	huống
膾	見	泰	祭부	去	khoái	gỏi
喧	曉	元	元부	平	huyên	ồn

31) 蜆(현)은『광운』銑운에 匣모인 胡典(호전)절, 曉모인 呼典(호전)절 두 개의 반절로 음이 표기되어 있고 霰운에도 溪모인 苦甸(고전)절로 음 표기가 되어 있다. 潘悟雲(2000:64)에는 중고음이 hiện으로 표기되어 있지만, 三根谷徹(1972),「베트남 한자음 대조표」의 32쪽에는 曉모로 되어 있고 hiến으로 음표기가 되어 있다.

찾아보기

• 저자소개

김태경(연세대학교 중국연구원 연구교수)

저서
『언어학 그리고 중어학』
『쉽게 배우는 중국어 음운학』
『상고중국어 음운체계와 한국어 어휘의 어원』

역서
『고대 이집트의 역사-태고부터 페르시아의 정복까지』 1권, 2권
『십족을 멸하라』

베트남 한자음과 중국어 역사 음운학

초판 인쇄 2025년 12월 22일
초판 발행 2025년 12월 31일

지 은 이 | 김태경
펴 낸 이 | 하운근
펴 낸 곳 | 學古房

주 소 | 경기도 고양시 덕양구 통일로 140 삼송테크노밸리 A동 B224
전 화 | (02)353-9908 편집부(02)356-9903
팩 스 | (02)6959-8234
홈페이지 | http://hakgobang.co.kr/
전자우편 | hakgobang@naver.com
등록번호 | 제311-1994-000001호

ISBN 979-11-6995-713-7 93720

값 : 23,000원